"一带一路"国别商务丛书

# "一带一路"中国—尼泊尔商务报告

《"一带一路"国别商务丛书》编辑委员会 编著

中国商务出版社

**图书在版编目（CIP）数据**

"一带一路"中国—尼泊尔商务报告：汉、英/
《"一带一路"国别商务丛书》编辑委员会编著.
—北京：中国商务出版社，2018.11（2019.4 重印）
（"一带一路"国别商务丛书）
ISBN 978 - 7 - 5103 - 2642 - 4

Ⅰ.①一… Ⅱ.①一… Ⅲ.①国际商务 - 国际合作 -
研究报告 - 中国、尼泊尔 - 汉、英 Ⅳ.①F752.735.5

中国版本图书馆 CIP 数据核字（2018）第 238152 号

"一带一路"国别商务丛书

**"一带一路"中国—尼泊尔商务报告**
**YIDAIYILU ZHONGGUO NIBOER SHANGWU BAOGAO**
《"一带一路"国别商务丛书》编辑委员会　编著

| | |
|---|---|
| 出　　版：中国商务出版社 | |
| 地　　址：北京市东城区安定门外大街东后巷 28 号　　邮　编：100710 | |
| 责任部门：创新运营事业部（010 - 64515145 LYJ@ cctpress. com） | |
| 责任编辑：谭　宁 | |
| 助理编辑：刘玉洁 | |
| 总 发 行：中国商务出版社发行部（010 - 64266193　64515150） | |
| 网　　址：http：//www. cctpress. com | |
| 邮　　箱：LYJ@ cctpress. com | |
| 排　　版：北京宝蕾元科技发展有限责任公司 | |
| 印　　刷：北京九州迅驰传媒文化有限公司 | |

开　　本：787 毫米 ×1092 毫米　1/16
印　　张：17.25　　　　　　　字　　数：264 千字
版　　次：2018 年 12 月第 1 版　　印　　次：2019 年 4 月第 2 次印刷
书　　号：ISBN 978 - 7 - 5103 - 2642 - 4
定　　价：68.00 元

# 编辑委员会

# 致　谢

中国驻尼泊尔大使馆　张　帆　谷凯波　马勇发　翟俊峰　张欣欣
尼泊尔驻华大使馆　朱　灿

商　务　部　李少彤　杨伟群　彭　伟
国家口岸管理办公室　白　石

西藏自治区商务厅　李文革　边　巴　王　平　杨国良　边　珍
云南省商务厅　赵瑞君　刘光溪　孙　燕　朱　非　寇　杰
　　　　　　　　周学文

# 出版说明

2013 年，中国国家主席习近平在访问中亚和东南亚国家时，先后提出共建丝绸之路经济带和 21 世纪海上丝绸之路的重大倡议，这是顺应时代潮流、促进国际发展合作、推动构建人类命运共同体的中国方案。5 年来，"一带一路"倡议受到了沿线国家的积极支持和响应，有力地促进了中国与沿线国家互利共赢的合作关系。

为深入推进"一带一路"建设，促进双赢和多赢的双边合作、区域合作，为我国与"一带一路"沿线国家的商务发展、企业投资等提供科学依据和决策参考，商务部国际贸易经济合作研究院（以下简称商务部研究院）启动了《"一带一路"国别商务丛书》编写工作。丛书以商务部研究院专家为核心创作团队，在院长顾学明、党委副书记于广生的指导下，通过对我国与"一带一路"沿线国家海量商务数据的全面梳理与深入分析，系统揭示我国与"一带一路"沿线各国的商务合作历史与现状、问题与成果，深刻剖析商务发展前景与机遇。

丛书架构经专家反复论证，统一为四篇。第一篇根据分卷国对"一带一路"的认知度和参与度，概括介绍"一带一路"相关发展建设情况，突出引领性。第二篇为我国与分卷国商务发展分析，突出指导性。第三篇为"一带一路"倡议下，我国与分卷国的重点优秀项目介绍，突出示范性。第四篇为我国和分卷国专家应邀撰写的论文，突出前瞻性。所有文章，力图用历史发声、数据说话、案例实证。

本套丛书是我国首部立足于我国与分卷国商务分析的"一带一路"国别研究丛书。除中外专家就我国与分卷国的双边关系、货物贸易、服务贸易、投资与工程合作等逐一进行分析研究外，我国与分卷国经贸关系密切的省（区、市）也就双方经贸合作现状与前景规划进行了总结和展望。

为增强丛书的客观性、全面性，商务部研究院除邀请我国重要研究机构专家撰写论文外，还同时邀请了"一带一路"分卷国智库（专家）参与。中外智库（专家）在对历史与数据分析的基础上，对双边经贸合作进行了科学研判，并提供了相关解决方案。

丛书的重点优秀项目案例，主要由我国驻分卷国大使馆经济商务参赞处提供，具有权威性、影响力和引领作用。

本丛书适合从事"一带一路"倡议相关工作的政府、商协会、企业、金融与咨询机构等参考使用，也是国际经济与贸易、世界经济、国际商务等专业高校学生和科研工作者的重要参考资料。希望本丛书的出版，能增强政界、商界、学界对我国与"一带一路"沿线国家商务发展情况的了解，为我国与分卷国及有关地区和企业的投资、合作、发展提供决策参考数据及指导支持。

由于时间与水平有限，本丛书难免有疏漏和不足之处，敬请读者批评指正。

编　者

2018 年 9 月 10 日

# 序　一

中国和尼泊尔是山水相连的友好邻邦，巍峨的喜马拉雅山见证了中尼交往的悠久历史。自 1955 年建交以来，中尼两国彼此尊重，相互支持，平等相待，在和平共处五项原则基础上，两国关系不断取得新进展。2009 年，两国建立世代友好的全面合作伙伴关系。2017 年，中尼签署在"一带一路"倡议下开展合作的谅解备忘录，带动两国各领域、多角度、全方位发展合作，推动两国关系迈上新台阶。

于红
中国驻尼泊尔大使

2018 年 6 月，奥利总理对中国进行正式访问，中尼双方领导人就进一步巩固中尼传统友谊、深化两国互利合作深入交换意见，达成广泛共识。中尼两国政府发表联合声明，双方同意加快落实两国政府关于在"一带一路"倡议下开展合作的备忘录，全方位、持续推进中尼"一带一路"建设，加强口岸、公路、铁路、航空、通信等方面互联互通，打造跨喜马拉雅立体互联互通网络，推动两国世代友好的全面合作伙伴关系深入发展。

当前，中尼两国互联互通正在全面推进中。中方努力提升吉隆口岸运行水平，积极恢复开通樟木口岸。中方正力所能及地援助尼方修复、改善和升级连接两国的阿尼哥公路和沙拉公路。中尼双方在铁路领域的合作也在加强。两国铁路部门已建立起沟通机制，中方向尼方提供技术、人才培养等多方面支持。航空方面，两国已开通拉萨、成都、昆明、广州、西安、香港至加德满都的航线，每周往来90个航班。此外，中方还援助尼方建设博卡拉国际机场，机场建成后将成为尼泊尔第二个国际机场。中尼两国跨境陆路光缆已接通，标志着尼泊尔正式通过中国的线路接入互联网。

中尼双方已建立起多种交流沟通与合作机制。双方定期进行外交磋商，中尼经贸联委会已召开11次会议，中尼非政府合作论坛已召开14届。中尼双方在检验检疫及认证、海关、金融、农业、林业、能源、油气、产能、跨境经济合作区等领域，建立起合作交流机制或启动形成稳定合作模式，并在政府部门、议会、政党之间各层级进行交流与合作。地方交流合作日益活跃。

根据尼泊尔政府统计，中国对尼投资已连续两个财年保持第一，成为尼第一大外资来源国。中资企业是尼承包工程市场的主要参与者，为尼经济发展和人民生活水平改善做出了积极贡献。中尼民间交流与合作日趋活跃，来自中国的民营企业和民间资本投资尼泊尔酒店、餐馆、物流、制造业等行业，建成诸如尼泊尔规模最大、最先进的水泥厂。中国已成为尼重要游客来源国，2017年来尼中国游客达13万人次，旅游合作方兴未艾。

当前，中尼两国都站在各自发展的重要节点，中国特色社会主义进入新时代，尼泊尔顺利完成政治转型，两国共同面临着合作发展新机遇。对发展的共同追求是机遇，对加强各领域合作的决心是机遇，共同参与"一带一路"倡议也是机遇。中尼双方应抓住目前有利时机和难得机遇，为两国关系深化和发展开辟更广阔前景。

"一带一路"不是中国一家的独奏曲，而是各国共同参加的交响乐，将为解决当前世界和区域经济面临的问题寻找方案，为实现联动式发展注入新能量。中国期待同尼方一道，以脚踏实地的精神，坚持共商、共建、共享原则，秉持开放包容、互利共赢理念，加强政策沟通、对接发展战略，推动"一带一路"建设，走深走实、行稳致远。相信中尼双方将扎实推动各项协议的落实，着力推动两国互联互通，改善口岸设施，推进贸易便利化，推动跨境经济合作区建设，加强灾后重建、投资、旅游合作，促进人文往来，加强政府、议会、政党、地方政府、商界、媒体、青年、妇女等交流，深化各领域合作，打造中尼命运共同体。

《"一带一路"中国—尼泊尔商务报告》通过政府、民间、专家智库、一线企业等不同视角，全面、深入、理性地反映了"一带一路"倡议下中尼两国的经贸发展历史与现状、潜力与机遇、风险与应对措施。我在此祝贺该书出版，相信该书将为促进中尼经贸合作发挥积极作用。

中国驻尼泊尔大使

2018 年 7 月 16 日

# Foreword 2<sup>*</sup>

**Ambassador of Nepal to China
Leela Mani Paudyal**

"The Belt and Road Initiative" has received worldwide attention since it was proposed in 2013. Over the past five years, we have clearly seen that China is pursuing "the Belt and Road Initiative" as a framework and foundation for common prosperity, more than for its own development. China hopes to promote the development of countries along the route through "the Belt and Road Initiative" to create a harmonious and inclusive global order.

Nepal is China's close neighbor, trusted partner and good friend with time-tested historical strong ties. Both the countries have excellent state of political relations, long and historical cultural ties and growing economic and trade cooperation over the years. Both the countries have developed a solid foundation for strengthening relations further. China's unprecedented achievements in economic and technological realms, and "the Belt and Road Initiative", offer wide ranges of opportunities for Nepal.

Because of the financial and technological gaps, the rich resources of Nepal are still in a dormant stage. One glaring example of untapped potential to develop is hydropower. Most of the rivers in Nepal originate from the high Himalayas and sharply descend onto the flat land within a short vertical distance. Due to this feature of river flow, Nepal has a huge po-

* 参考译文见附录一。

tential to produce clean hydro-energy. Theoretically, Nepal can produce more than 80, 000 MW power out of which around 800MW (a mere 1% of theoretical capacity) has been harnessed till now. A similar gap, albeit of a different magnitude, lies in building physical infrastructure like railways, high ways, airports, sewerage system, municipal waste management, meeting and conference venues, irrigation and water supply, to name a few.

Having the world's most diverse topography within a short span of aerial distance, Nepal's landscape holds all kinds of climates from alpine to tropical and virtually can grow any kinds of plants and vegetables available in the world in a natural environment. There is food deficiency and food items worth billions of dollars are imported every year, but ironically the vast swathes of land are fallow.

Tourism is another area that remains to be harnessed fully. Due to the uniqueness of landscape, we have unparallel varieties of adventure tourism ranging from mountaineering, paragliding, mountain biking, high altitude marathon, skydiving, white water rafting, cannoning to trekking, to name a few. We have rich and diverse ancient culture, and a unique and rare blending of Buddhism and Sanatana Dharma (Hinduism) coexisting in peace and harmony. Despite of this huge potential to attract tourists, the number of visitors to Nepal last year was about a million that is just over 3% of the total population. This indicates the potentialities in tourism development.

On such backdrop the publication of *"The Belt and Road" China-Nepal Business Report* is timely to present the business opportunities and potential market in Nepal in the above mentioned fields. We believe that China's abundant financial and technological resources can help boost our all-round development aspirations, especially in the areas of cross-border connectivity, energy, agriculture and tourism.

At the invitation of Chinese Premier H. E. Li Keqiang, the Prime Minister of Nepal, Rt. Hon. K. P. Sharma Oli, paid an official visit to China in June this year. Leaders from both the countries have reached an important understanding on strengthening mutually beneficial cooperation under the framework of "the Belt and Road Initiative" by development of trans-Himalayan multi-dimensional connectivity networks. The Himalayas have remained an important gateway for inter-civilizational exchanges since thousands of years. Today, Nepal can serve as a connecting bridge between the world's two largest populous countries and the most vibrant economies for win-win cooperation. Connectivity will also help integrate the geographically least integrated regional economies in the world and help socio-economic development of entire region.

Nepal and China have signed numerous agreements to intensify cooperation on connectivity, and further accelerate economic and trade relations, such as MOUs on avoiding double taxation, joint development of power, production capacity and investment promotion, development of cross-border economic zones, and development of industrial parks, development of railway connectivity, and so on and so forth.

Nepal has gone through historical political transformation in recent years, and a new government has been formed with the fresh mandate of the people for the next five years. The Government is moving forward with the motto of "Prosperous Nepal and Happy Nepali" for all-round fast development to realize the people's long-due aspirations for greater prosperity. Rt. Hon. KP Sharma Oli in his statement to business community in Beijing on July 20, 2018 has assured the protection of legitimate right of Chinese businesses in Nepal, calling on Chinese investors to tap the vast potentials for investments in Nepal.

Nepal has aimed at becoming a middle-income country by 2030. To achieve this goal, the Nepali people, in addition to their hard work, also need the strong support of China. In this context, it is heartening for me to note that the publication of *"The Belt and Road"* *China-Nepal Business Report* will provide useful information on business opportunities in Nepal among the Chinese entrepreneurs and potential investors. I sincerely hope that *"The Belt and Road"* *China-Nepal Business Report* will help boost the confidence of Chinese investors to take decision for investment in Nepal. I thank you all for those who have contributed to bringing out this report in such a comprehensive and elegant form.

Ambassador of Nepal to China

17 July 2018

# 目　录

南亚地缘格局与中国尼泊尔"一带一路"合作的前景

# 附　录

# 图目录*

* 图目录仅保留商务数据相关图片

# 表 目 录

# 专 栏 目 录

# 第一篇 "一带一路"倡议与成果

# 第一章　"一带一路"倡议

　　以中国为源头的古丝绸之路作为经济全球化的早期版本，是当时世界上最重要的商贸大动脉，其间商贾云集，彼此互通有无，极大地促进了沿线各国间的经贸发展和文明交流。2013 年，中国国家主席习近平在访问中亚和东南亚国家时，先后提出共建丝绸之路经济带和21 世纪海上丝绸之路的重大倡议。这是在思接千载中赓续了古丝绸之路"开放包容、和平共处、互利共赢"的精神，在以邻为壑的国际政治经济迷雾中坚持了"美美与共，天下大同"的信念。5 年来，"一带一路"倡议受到了沿线国家的积极支持和响应，有力促进了中国与沿线国家互利共赢的合作关系。

## 第一节　"一带一路"倡议目标

　　打造政治互信、经济融合、文化包容的利益共同体、责任共同体和命运共同体，是"一带一路"倡议的重要目标。参与各方都能达到互利共赢、实现各自的发展目标，进而形成利益共同体，是"一带一路"倡议得以落实的基础。实现利益共享的同时，携手应对面临的挑战，合力化解存在的威胁，共同承担责任和义务，进而形成责任共同体，是"一带一路"倡议得以持久的稳定器。最终，建设持久和平、普遍安全、共同繁荣、开放包容、清洁美丽的世界，进而形成人类命运共同体，是"一带一路"倡议的终极目标。利益共同体是形成责任共同体的基础，经济发展联动性的增强有助于各方形成休戚与共的命运共同体。

## 一、 利益共同体

构建利益共同体是基础。"一带一路"倡议旨在惠及参与各方，跨越国界利益，通过沿线国家的互联互通和贸易投资便利化等深度国际经济合作，推动经济全球化朝着更加开放、包容、普惠、平衡、共赢的方向发展，实现互利共赢。

"一带一路"沿线国家和地区，由于受资源禀赋、产业基础、历史条件等因素的制约，发展尚不平衡，且多为发展中国家。"一带一路"倡议的落实，有利于沿线经济体深化分工协作，将经济互补性转化为经济发展的内生动力。

"一带一路"的"朋友圈"贯穿欧亚非大陆，既有发展动力强劲的东亚"朋友圈"，也有实力雄厚的欧洲北美"朋友圈"，可以使沿线各国充分挖掘各自潜力、深入合作，建立全球性大跨度、活力强、前景好的经济利益格局。

## 二、 责任共同体

构建责任共同体是稳定器。当今经济全球化趋势不可阻挡，国家不再是唯一的行为体，包括私营部门、国际组织、非政府组织都是经济建设的重要参与者。要落实"一带一路"倡议，实现各经济体协调发展，必须共同携手维护军事安全、经济安全、政治安全、社会安全、文化安全、能源资源安全、环境安全和公共安全。中国倡导"一带一路"参与方形成共同、综合、合作、可持续的新安全观，促进不同国家及其人民和谐共处、相互学习，共同担负解决国际性难题的责任。唯有各方携起手来，勇于承担各自的责任，才能避免零和博弈，实现共商、共建、共享的发展格局。

## 三、 命运共同体

形成命运共同体是最终目标。从利益共同体、责任共同体到命运共同体，是

"一带一路"倡议的目标升华。

"一带一路"倡议的落实推进是形成命运共同体的载体，是在政治、经济、文化、生态等多领域形成"同呼吸、共命运"格局的具体实践。形成人类命运共同体，在政治上，意味着要相互尊重、平等协商，坚决摒弃冷战思维和强权政治，走对话而不对抗、结伴而不结盟的国与国交往新路；在经济上，要同舟共济，促进贸易和投资自由化便利化，推动经济全球化朝着更加开放、包容、普惠、平衡、共赢的方向发展；在文化上，要尊重世界文明多样性，以文明交流超越文明隔阂、文明互鉴超越文明冲突、文明共存超越文明优越；在生态上，要坚持环境友好，合作应对气候变化，保护好人类赖以生存的地球家园。

总的来说，中国怀着美好的愿景，希望以共商、共建、共享为原则，在和平合作、开放包容、互学互鉴、互利共赢的丝路精神指引下，将"一带一路"建成繁荣之路、开放之路、创新之路和文明之路。

---

### 专栏1-1　"一带一路"国际合作高峰论坛

2017年5月，"一带一路"国际合作高峰论坛在北京举行。29位外国元首、政府首脑及联合国秘书长、世界银行行长、国际货币基金组织总裁等重要国际组织负责人出席领导人圆桌峰会，来自30多个国家约1500名各界嘉宾作为正式代表出席论坛。中国国家主席习近平在开幕式上发表题为《携手推进"一带一路"建设》的主旨演讲。高峰论坛共举办了6场平行主题会议，就政策沟通、设施联通、贸易畅通、资金融通、民心相通、智库交流达成76大项、270多项具体合作成果，发布了《"一带一路"国际合作高峰论坛圆桌峰会联合公报》。

"加强政策沟通"平行主题会议签署了32个双边、多边合作文件以及企业合作项目，涉及18个国家和8个国际组织。"加快设施联通"平行主题会议就对接规划和技术标准、推进国际骨干通道建设、扩大早期收获成果、促进沿线各国经济繁荣与区域经济合作等问题进行广泛交流。"推进贸易畅通"

平行主题会议发布了《推进"一带一路"贸易畅通合作倡议》，提出与沿线国家共同推动落实《联合国2030年可持续发展议程》，支持世贸组织和联合国相关机构20项贸易投资促进安排，建议各方推进"一带一路"贸易畅通合作，实现更具活力、更加包容、更可持续的经济全球化。中国将从2018年起举办中国国际进口博览会。"促进资金融通"平行主题会议签署了"一带一路"融资指导原则。"增进民心相通"平行主题会议宣布启动《中国社会组织推动"一带一路"民心相通行动计划（2017—2020）》、"丝路沿线民间组织合作网络"以及"增进'一带一路'民心相通国际智库合作项目"。"智库交流"平行主题会议形成智库共识、联合研究报告、协议联合成立"一带一路"研究院等多项成果。

"一带一路"国际合作高峰论坛是自2013年"一带一路"倡议提出以来围绕相关主题召开的最高规格的论坛，具有全球性重要意义。论坛为解决当前世界和区域经济面临的问题寻找方案，为实现联动式发展注入新动能，展现中国在新的历史时期的大国担当。

## 第二节　"一带一路"倡议实施框架

### 一、顶层设计框架

2015年3月，中国对外发布《推动共建丝绸之路经济带和21世纪海上丝绸之路的愿景与行动》，提出共建"一带一路"的顶层设计框架，为"一带一路"未来发展描绘宏伟蓝图。其中，在丝绸之路经济带上，延展三大方向：从中国西北、东北，经中亚、俄罗斯至欧洲、波罗的海；从中国西北经中亚、西亚至波斯湾、地中海；从中国西南经中南半岛至印度洋。21世纪海上丝绸之路延展两大方向：从中国沿海港口过南海，经马六甲海峡到印度洋，延伸至欧洲；从中国沿海港口过南海，向南太平洋延伸。

## 二、　主体框架

"六廊六路多国多港"是共建"一带一路"的主体框架，为各国参与"一带一路"合作提供了基本导向。"六廊"指新亚欧大陆桥、中蒙俄、中国—中亚—西亚、中国—中南半岛、中巴和孟中印缅六大国际经济合作走廊。"六路"指铁路、公路、航运、航空、管道和空间综合信息网络，是基础设施互联互通的主要内容。"多国"指一批率先合作国家，通过取得早期收获成果，发挥示范带动效应。"多港"指若干保障海上运输大通道安全畅通的合作港口，通过与"一带一路"沿线国家共建一批重要港口和节点城市，进一步繁荣海上合作。

## 三、　经济走廊

经济走廊是连接"一带一路"沿线国家的纽带，也是实现"以点带面，从线到片，逐步形成区域大合作"格局的有效途径。新亚欧大陆桥、中蒙俄、中国—中亚—西亚三大经济走廊将充满活力的东亚经济圈与发达的欧洲经济圈联系在一起，中国—中南半岛、中巴、孟中印缅三大经济走廊将丝绸之路经济带和21世纪海上丝绸之路联系到一起，形成一个参与国家多、辐射区域广的合作发展新高地。共建经济走廊成为推进"一带一路"建设、共享发展成果的重要举措。

表1-1　"一带一路"六大经济走廊

| 已签协议的自贸区 | 基本情况 |
| --- | --- |
| 新亚欧大陆桥经济走廊 | 由中国东部沿海向西延伸，经中国西北地区和中亚、俄罗斯抵达中东欧。 |
| 中蒙俄经济走廊 | "丝绸之路经济带"同"欧亚经济联盟"、蒙古国"草原之路"倡议对接，打造中蒙俄经济走廊。 |
| 中国—中亚—西亚经济走廊 | 由中国西北地区出境，向西经中亚至波斯湾、阿拉伯半岛和地中海沿岸，辐射中亚、西亚和北非有关国家。 |

续表

| 已签协议的自贸区 | 基本情况 |
|---|---|
| 中国—中南半岛经济走廊 | 以中国西南为起点，连接中国和中南半岛各国，是中国与东盟扩大合作领域、提升合作层次的重要载体。 |
| 中巴经济走廊 | 共建"一带一路"的旗舰项目，中国、巴基斯坦两国政府高度重视，积极开展远景规划的联合编制工作。 |
| 孟中印缅经济走廊 | 连接东亚、南亚、东南亚三大次区域，沟通太平洋、印度洋两大海域。 |

资料来源：《推动共建丝绸之路经济带和21世纪海上丝绸之路的愿景与行动》。

### 1. 新亚欧大陆桥经济走廊

新亚欧大陆桥经济走廊建设以中欧班列等现代化国际物流体系为依托，重点发展经贸和产能合作，拓展能源资源合作空间，构建畅通高效的区域大市场。目前，已有多个项目在新亚欧大陆桥经济走廊开工运营。中欧班列陆续开通，中国已有35个城市相继开通了前往德国杜伊斯堡、汉堡，西班牙马德里等欧洲城市的集装箱班列。中哈（连云港）物流合作基地稳步发展，自2014年5月正式投产以来，已初步实现深水大港、远洋干线、中欧班列、物流场站的无缝对接，二期工程正在稳步推进中。中哈霍尔果斯国际边境合作中心建设有序推进，已有28个重点项目入驻，共计吸引4000多家相关商户入驻经营。

### 2. 中蒙俄经济走廊

2014年9月，中国国家主席习近平在出席中国、俄罗斯、蒙古国三国元首会晤时提出，将"丝绸之路经济带"同"欧亚经济联盟"、蒙古国"发展之路"倡议对接，打造中蒙俄经济走廊。2015年7月，三国有关部门签署《关于编制建设中蒙俄经济走廊规划纲要的谅解备忘录》。2016年6月，三国元首共同见证签署《建设中蒙俄经济走廊规划纲要》，这是共建"一带一路"框架下的首个多边合作规划纲要。在三方的共同努力下，规划纲要已进入具体实施阶段。

中俄完成关于建设黑河界河公路桥、黑河跨境索道协定的谈判和签署工作，两国跨境基础设施建设项目取得积极进展；同江铁路桥俄方一侧建设取得实质性进展，黑河界河公路桥正式开工；中蒙俄完成《沿亚洲公路网政府间国际道路运输协定》的签署工作，并组织开展三国卡车试运行活动；在既有铁路合作基础上，中蒙双方磋商后续行动计划，中蒙俄启动铁路通道研究工作。

### 3. 中国—中亚—西亚经济走廊

2014年6月，中国国家主席习近平在中国—阿拉伯国家合作论坛第六届部长级会议上提出，构建以能源合作为主轴，以基础设施建设、贸易和投资便利化为两翼，以核能、航天卫星、新能源三大高新领域为突破口的中阿"1+2+3"合作格局。2016年G20杭州峰会期间，中哈（哈萨克斯坦）两国元首见证签署《"丝绸之路经济带"建设与"光明之路"新经济政策对接合作规划》。中国与塔吉克斯坦、吉尔吉斯斯坦、乌兹别克斯坦等国签署共建丝绸之路经济带的合作文件，与土耳其、伊朗、沙特、卡塔尔、科威特等国签署共建"一带一路"合作备忘录。目前，《中亚区域运输与贸易便利化战略（2020）》运输走廊建设中期规划有序实施；《上海合作组织成员国政府间国际道路运输便利化协定》制定、谈判、签署和生效等工作已完成；《中哈俄国际道路临时过境货物运输协议》已签署，并组织开展了试运行活动；与中亚有关国家国际道路运输协议正在进行。

### 4. 中国—中南半岛经济走廊

2016年5月，第九届泛北部湾经济合作论坛暨中国—中南半岛经济走廊发展论坛发布《中国—中南半岛经济走廊倡议书》。中国与老挝、柬埔寨等国签署共建"一带一路"合作备忘录，启动编制双边合作规划纲要。此外，中国积极推进中越陆上基础设施合作，启动澜沧江—湄公河航道二期整治工程前期工作，开工建设中老铁路，启动中泰铁路，促进基础设施互联互通。设立中老磨憨—磨丁经济合作区，探索边境经济融合发展新模式。

截至2017年底，雅万高铁、中泰铁路、中老铁路、马新高铁和马来西亚南部铁路等一批高铁和铁路建设合作项目已取得阶段性成果；《大湄公河次区域交通发展战略规划（2006—2015）》已实施，初步形成了该次区域9大交通走廊；《大湄公河次区域便利货物及人员跨境运输协定》的实施和修订工作取得突破性进展，各国达成新的便利化措施和实施时间表；中越北仑河二桥主体建设已顺利完工。

### 5. 中巴经济走廊

2015年4月，中国、巴基斯坦两国领导人出席中巴经济走廊部分重大项目动工仪式，签订51项合作协议和备忘录。目前，"中巴友谊路"——巴基斯坦喀喇昆仑公路升级改造二期、中巴经济走廊规模最大的公路基础设施项目——白沙瓦至卡拉奇高速公路已顺利开工，瓜达尔港自由区起步区正在加快建设，走廊沿线地区能源电力项目快速上马。此外，中巴双方已完成巴1号铁路干线升级改造及哈维连陆港建设项目的联合可行性研究，还共同商定了铁路、公路和港口领域的后续优先项目，并完成前期技术准备工作。

### 6. 孟中印缅经济走廊

2013年12月，孟中印缅经济走廊联合工作组第一次会议在中国昆明召开，各方签署会议纪要和联合研究计划，正式启动孟中印缅经济走廊建设政府间合作。2014年12月，召开孟中印缅经济走廊联合工作组第二次会议，广泛讨论并展望了孟中印缅经济走廊建设的前景、优先次序和发展方向。从目前进展看，中国企业已成功中标孟加拉吉大港卡纳普里河底隧道项目；中国和印度在线路提速可行性研究、高速铁路可行性研究、人员培训、铁路车站再开发研究、合办铁道大学等方面的合作也已取得阶段性成果。

---

**专栏1–2  中国—尼泊尔 "一带一路" 倡议合作情况**

中国和尼泊尔自建交以来，经贸往来日趋密切，在"一带一路"倡议下，双方合作更为深远。

（1）政策引领方面

中国国家主席习主席的"一带一路"倡议，得到尼方积极响应。尼方愿拓展同中方在贸易投资、交通运输、基础设施、旅游、航空等领域合作，密切人文交流，以更好造福两国人民。两国政府签署《关于在"一带一路"倡议下开展合作的谅解备忘录》。尼泊尔支持并与中国共同发出推进"一带一路"贸易畅通合作倡议。尼是亚投行创始成员国。

（2）陆路联通方面

20世纪60年代中国援建的阿尼哥公路，连接了中国西藏樟木口岸和尼泊尔首都加德满都，联通喜马拉雅山脉南北两麓。目前双方共有六对口岸。吉隆口岸正在扩大开放。有关道路、桥梁、边检站等设施建设也在不断推进。

（3）空中丝路方面

按照双边协议，中尼间定期航班将增加至每周70班。目前，昆明、成都、拉萨、广州、中国香港均有直达加德满都的航线。

中国西藏航空与尼合资成立的喜马拉雅航空公司，是迄今为止尼民航史上最大的一笔外商直接投资。

（4）贸易投资方面

目前，中国企业在水电、航空、建材、通信、农林、旅游、矿产、餐饮、基础设施建设等多个领域与尼方展开合作，创造互利共赢局面。

目前，中国能建、中国电建、三峡集团、东方电气等中国企业在尼共投资、承建水电站16座。华为、中兴、中通服等中国企业为尼泊尔通信基础设施建设贡献力量。华为、联想、金立、小米、一加、中兴、OPPO和酷派等中国手机品牌，纷纷进入尼泊尔手机市场。

（5）农业技术合作方面

中尼双方将在水稻、玉米、蔬菜、家畜等领域开展合作，帮助尼提高农业生产能力，增加农民收入，促进农业经济的发展。

（6）发展援助方面

尼泊尔是最不发达国家。自两国建交以来，中国对尼泊尔提供了力所能及的无私援助，涉及工业农业、道路桥梁、学校医院、水利水电、民航旅游、市政交通、医疗卫生、文化体育、边检设施、职业教育、自然保护、文物修复、防灾减灾等诸多领域，为改善当地民生、促进尼经济和社会发展、加强两国政府与人民的深厚友谊做出积极贡献。中方为尼提供了各类人力资源培训和政府奖学金名额。2016年2名尼学员成为北大南南学院首届博士生。

自 1999 年以来，中国政府先后派出了 10 批援尼医疗队，共约 200 人。援尼医疗队救治了大量患者，为提升尼泊尔医疗技术水平、促进中尼卫生合作做出重要贡献。

（7）人文交流方面

中国是尼泊尔重要游客来源国，中方支持尼泊尔恢复旅游业。尼方欢迎中国游客，目前免除了中国游客的签证费。

## 第三节　行动计划与支持措施

### 一、相关规划与政策

为推动"一带一路"建设尽快取得实质性成果，中国政府有关部门制定了一系列实施行动计划与措施。其中包括《推动"一带一路"能源合作的愿景与行动》《共同推进"一带一路"建设农业合作的愿景与行动》《关于推进绿色"一带一路"建设的指导意见》《"一带一路"建设海上合作设想》等（见表 1-2），以引领和支持地方积极参与"一带一路"建设。同时，各地方政府也根据自身特点和优势，制定出相关规划和行动方案。

表 1-2　中国政府推动"一带一路"发展相关规划与政策

| 文件名称 | 发布单位 | 发布时间 | 主要内容 |
|---|---|---|---|
| 《国务院关于推进国际产能和装备制造合作的指导意见》 | 国务院 | 2015.5 | 提出推进国际产能合作的重要意义、总体要求、主要任务、12 个重点领域和 3 个主要区域，强化服务保障和风险防控体系建设等。 |
| 《推动共建"一带一路教育行动"》 | 教育部 | 2016.7 | 明确教育合作使命、合作愿景与合作原则，未来的 3 大重点合作方向，以及中方的举措。 |

续表

| 文件名称 | 发布单位 | 发布时间 | 主要内容 |
|---|---|---|---|
| 《推进"一带一路"建设科技创新合作专项规划》 | 科技部、国家发展和改革委员会、外交部、商务部 | 2016.9 | 指出"一带一路"框架下开展科技合作的重要意义、总体要求、重点任务以及12个重点合作领域，完善合作体制机制、加大财政和人才等支持力度，落实相关组织保障措施。 |
| 《关于建设中蒙俄经济走廊规划纲要》 | 国家发展和改革委员会 | 2016.9 | 制定中蒙俄经济走廊合作建设宗旨、重点合作领域、合作原则、资金来源及合作机制等。 |
| 《中欧班列建设发展规划（2016—2020年)》 | 国家发展和改革委员会 | 2016.10 | 提出至2020年中欧班列发展总体要求，形成东中西部空间布局，7项重点任务和5项保障措施。 |
| 《关于贯彻落实"一带一路"倡议 加快推进国际道路运输便利化的意见》 | 交通运输部、外交部、国家发展和改革委员会、公安部、财政部、商务部、海关总署和质检总局 | 2016.11 | 提出国际道路运输便利化的发展目标，与"一带一路"沿线主要国家建立健全国际道路运输合作关系和合作机制，并提出工作重点和保障措施。 |
| 《中医药"一带一路"发展规划(2016—2020年)》 | 国家中医药管理局、国家发展和改革委员会 | 2016.12 | 明确未来5年中医药国际合作基本原则、目标和五大主要方向，以及政策、财政金融、人才和组织保障措施。 |
| 《"一带一路"文化发展行动计划(2016—2020年)》 | 文化部 | 2017.1 | 确立未来5年"一带一路"文化合作指导思想、基本原则、发展目标和文化交流合作五大重点任务，以及组织、政策、资金和人才等保障措施。 |
| 《推动丝绸之路经济带和21世纪海上丝绸之路能源合作愿景与行动》 | 国家发展和改革委员会、国家能源局 | 2017.5 | 明确中国与相关国家能源合作方面的合作原则、合作重点，制订中国行动计划和未来展望。 |

| 文件名称 | 发布单位 | 发布时间 | 主要内容 |
|---|---|---|---|
| 《"一带一路"生态环境保护合作规划》 | 环境保护部 | 2017.5 | 明确与相关国家生态合作方面的思路、原则及发展目标，突出合作的重要意义，强调加强生态环保政策沟通、促进国际产能合作与基础设施建设绿色化、发展绿色贸易和绿色资金融通、促进民心相通等，提出重点加强能力建设，发挥地方优势，明确重大项目和保障措施。 |
| 《共同推进"一带一路"建设农业合作的愿景与行动》 | 农业部、国家发展和改革委员会、商务部、外交部 | 2017.5 | 明确农业合作5项原则，指明框架思路及五大合作重点、4个合作机制，以及中国未来的行动计划与目标。 |
| 《关于推进绿色"一带一路"建设的指导意见》 | 环境保护部、外交部、国家发展和改革委员会、商务部 | 2017.5 | 提出推进绿色"一带一路"建设总体思路，明确4项基本原则、4项主要任务及中远期主要目标，制定组织、资金、人才等保障措施。 |
| 《"一带一路"建设海上合作设想》 | 国家发展和改革委员会、国家海洋局 | 2017.6 | 阐释海上丝绸之路合作重要意义，明确合作原则、合作思路及五大合作重点，制订行动计划。 |
| 《标准联通"一带一路"行动计划（2018—2020年）》 | 国家标准化管理委员会 | 2018.1 | 确定标准联通总体要求、主要目标、重点任务、九大专项行动及在政策、机制、评估和宣传引导方面的保障措施。 |

资料来源：推进"一带一路"建设工作领导小组办公室。

## 二、 财政金融支持

中国政府鼓励金融机构积极参与"一带一路"金融合作。中国国家开发银行在"一带一路"沿线国家签约项目100余个，金额超过400亿美元，发放贷款超过 300 亿美元；中国进出口银行在"一带一路"沿线国家签约项目 1100 余个，金额超过 1000 亿美元，发放贷款超过 800 亿美元；中国出口信用保险公司对"一带一路"沿线国家出口和投资风险的承保金额超过 3200 亿美元。2017 年 1 月，中国金融期货交易所等三家交易所合计收购巴基斯坦证券交易所 30% 的股权。上海黄金交易所和迪拜黄金与商品交易所签署协议，在国际金融市场首次应用"上海金"。中国与"一带一路"沿线国家共同完善金融服务网络，共有 10 家中资银行在"一带一路"沿线 26 个国家设立了 68 家一级分支机构，"一带一路"沿线 21 个国家的 55 家银行在华设立了 6 家子行、20 家分行和 40 家代表处。

中国积极开展国际合作，与多边开发银行共同设立多边开发融资合作中心，同国际货币基金组织合作建立能力建设中心，打造新型合作平台，创新融资机制。

2016 年 1 月，中国倡议的亚洲基础设施投资银行（以下简称"亚投行"）正式营业。亚投行是首个由中国倡议筹建、由亚洲发展中国家共同发起并主导的多边开发性金融机构。亚投行总部设在北京，法定资本 1000 亿美元，迄今有 86 个正式成员国。亚投行遵循高效、精简、清廉、清洁的原则，通过贷款、股权投资等多种金融工具，重点支持基础设施建设，旨在促进亚洲区域互联互通和经济一体化进程，促进区域经济一体化和区域经济繁荣。

## 专栏 1-3 亚洲基础设施投资银行

2013 年 10 月，中国国家主席习近平提出筹建亚洲基础设施投资银行的倡议。2014 年 10 月，包括中国、印度、新加坡等 21 个首批意向创始成员国的财长和授权代表在北京签约。2015 年 12 月，亚洲基础设施投资银行章程生效。2016 年 1 月，亚洲基础设施投资银行正式营业。亚投行的主要职能是推动区域内发展领域的公共和私营资本投资，尤其是基础设施和其他生产性领域的发展；利用其可支配资金为本区域发展事业提供融资支持，包括能最有效支持本区域整体经济和谐发展的项目和规划，特别关注本区域欠发达成员的需求；鼓励私营资本参与投资，尤其是基础设施和其他生产性领域发展的项目、企业和活动，并在无法以合理条件获取私营资本融资时，对私营投资进行补充；并且为强化这些职能开展的其他活动和提供的其他服务。

截至 2017 年，亚洲基础设施投资银行批准并承诺为 12 个亚洲发展中国家的 23 个项目提供 42 亿美元贷款。这些项目的投资建设，对改善借款国的城市设施、交通、能源供给能力和使用效率、水利设施，帮助其提升产业承载能力，加快工业化和城镇化进程，推进国际产能合作，促进区域互联互通具有积极意义。中国政府、韩国政府和英国政府先后分别捐赠 5000 万美元、800 万美元和 5000 万美元，作为亚投行成立的项目准备特别基金的捐赠资金，用于支持低收入成员国的项目开发准备。

丝路基金于 2014 年 11 月由中国国家主席习近平在"加强互联互通伙伴关系"对话会上宣布成立，中国出资 400 亿美元。丝路基金旨在为"一带一路"沿线国家 基础设施、资源开发、产业合作和金融合作等与互联互通有关的项目提供投融资 支持。同年 12 月，丝路基金在北京完成工商注册，正式起步运行。2017 年 5 月，中国国家主席习近平在"一带一路"国际合作高峰论坛开幕式上宣布中国将加大对"一带一路"建设资金支持，向丝路基金新增资金 1000 亿元人民币，进一步增强了丝路基金资本实力，为"一带一路"建设提供更加有力、多币种和可持续的投融资支持。

## 专栏 1 - 4　丝路基金

丝路基金自成立以来，秉承"开放包容、互利共赢"的理念，按照市场化、国际化、专业化的原则开展运营，通过以股权为主的多元化投融资方式，重点支持"一带一路"框架下的基础设施、资源开发、产能合作和金融合作等领域项目。截至 2017 年底，丝路基金累计签约项目 18 个，承诺投资金额超过 72 亿美元，投资覆盖俄、蒙、中亚、南亚、东南亚、西亚、北非及欧洲等地区，与"一带一路"有关国家政府、企业和金融机构建立起良好的合作关系，为建设"一带一路"投资平台奠定良好基础。

丝路基金关注和支持"一带一路"建设中兼具经济效益、社会效益和产业价值的中长期基础设施建设及产能合作项目。如：2015 年，丝路基金入股三峡南亚公司并为卡洛特水电站提供资金支持，该项目在中巴两国领导人见证下签署并写入了《中巴关于建立全天候战略合作伙伴关系的联合声明》，有助于改善巴基斯坦经济社会民生。2016 年，丝路基金投资参与了中俄能源合作的标志性项目——亚马尔液化天然气一体化项目，带动多样化资金进入项目，保障了项目的顺利实施，促进石油产业大型装备制造合作。日前，亚马尔项目已正式投产，成为将北极航道打造成"冰上丝绸之路"的标志性项目。2017 年，丝路基金与行业领先的美国通用电气公司设立联合投资平台，共同投资包括"一带一路"国家电力电网、油气、新能源行业的绿地和棕地项目，将带动更多、更广泛力量参与"一带一路"建设。3 年来，丝路基金坚持以专业能力打造自身品牌和声誉，在基建投资、跨境并购以及法律服务等专业领域屡获国际奖项。

# 第二章 "一带一路"倡议成果展示

"一带一路"顺应了国际经济发展的内在规律，代表着全球经济合作的新趋势，获得了广泛国际共识。5年来，"一带一路"相关国家积极响应中方倡议，遵循共商、共建、共享原则，以打造命运共同体为最终目标，政策沟通不断深化，设施联通不断加强，贸易畅通不断提升，资金融通不断扩大，民心相通不断促进，"一带一路"建设取得丰硕成果。

## 第一节 稳步推进"五通"

"政策沟通、设施联通、贸易畅通、资金融通、民心相通"既是"一带一路"建设的操作总纲，也是"一带一路"总结的重要分析方向。

### 一、 政策沟通：国际共识增多

政策沟通是"一带一路"建设的重要保障。有效的沟通和协调有助于培育政治互信，建立合作共识。近年来，在高层互访的带动下，中国与"一带一路"沿线国家积极利用现有双边合作机制，促进双边发展战略的对接。同时，通过签订联合声明、备忘录、投资保护协定等形式，切实地为"一带一路"提供了政策支持。在此基础上也推动了区域与跨区域合作。中国与"一带一路"沿线国家的政策沟通效果整体较好，政治互信明显增强。

## 二、 设施联通：打下坚实基础

基础设施互联互通是建设"一带一路"的基础性工程。中国通过多种方式积极参与"一带一路"相关国家和地区的基础设施建设，包括修建道路、桥梁、机场、港口、电站，搭建信息通信网络等。

中国积极支持"一带一路"互联互通项目建设，助力联结公路网、铁路网和重点港口，带动交通沿线地区经济增长。电力短缺是许多发展中国家在工业化进程和经济发展中面临的一大挑战。中国通过参与或支持建设电站、输变电和配电网等项目，帮助相关国家改善电力短缺掣肘经济增长的现状。此外，中国还积极参与光缆电信传输网、政府信息系统等项目合作，支持相关国家建设信息社会、发展数字经济、带动企业参与相关国家信息网络建设、运营和服务，逐步搭建有助于各国共同发展的现代化信息通信网络。

## 三、 贸易畅通：取得显著成效

贸易畅通是"一带一路"建设的重要内容。"一带一路"倡议提出5年来，贸易畅通作用更加凸显，拉动了各国经济增长、改善了民生福利，给沿线国家和人民带来了实实在在的好处。

中国积极发挥双边合作机制作用，努力推动与"一带一路"沿线国家发展战略对接，寻求合作共赢的最大公约数。中国与"一带一路"沿线国家的贸易往来稳步发展、投资合作不断深化。中国积极商签政府间投资合作协议，拓宽投资合作领域，着力规范企业经营行为，完善对外投资的服务保障，与"一带一路"沿线55个国家签署双边投资保护协定，与55个国家签署了避免双重征税协定。此外，中国还积极与相关国家共同推进国际骨干通道建设，充分利用政策性、开发性、商业性金融资源，支持一大批交通运输、能源合作和信息网络互联互通项目及境外经贸合作平台建设，增强示范带动效应。

## 专栏 1-5　中国积极强化口岸建设

口岸是一国对外交往和经贸合作的桥梁，是对外开放的门户，也是一国提升贸易便利化水平的战略支点。"一带一路"倡议提出以来，中国通过扩大口岸开放，不断提升沿线贸易便利化水平。

表1-3　口岸建设部分举措

| 区域 | 口岸建设部分举措 |
| --- | --- |
| 内陆地区口岸 | (1) 支持在亚欧国际铁路货物运输沿线主要站点和重要内河港口合理设立直接办理货物进出境手续的查验场所；<br>(2) 支持内陆航空口岸增开国际客货运航线、航班；<br>(3) 在符合条件的地方扩大旅客联程中转、口岸签证和过境免签政策试点口岸范围；<br>(4) 发展江海、铁水、路航等多式联运，允许运输工具、货物换装和集拼，实现多式联运一次申报、指运地（出境地）一次查验；<br>(5) 加快形成横贯东中西、联结南北方的对外经济贸易走廊。 |
| 沿边地区口岸 | (1) 将沿边重点开发开放试验区、边境合作区、跨境经济合作区建成与周边合作的重要平台，允许沿边重点口岸、边境城市、经济合作区在人员往来、加工物流、旅游等方面实施特殊方式和政策；<br>(2) 有序推动边境口岸的对等设立和扩大开放，加快建设"一带一路"重要开放门户和跨境通道；<br>(3) 支持边境地区完善口岸功能，推进边境口岸城镇化建设，促进城镇、产业和口岸经济协同可持续发展；<br>(4) 研究制定边民通道管理办法，规范中国云南、广西等省区边民通道管理，支持"一口岸多通道"监管模式创新。① |
| 沿海地区口岸 | (1) 推进"一带一路"建设所涉及港口对外开放，支持上海、广东、天津、福建等自贸试验区范围内港口、机场的开放和建设；<br>(2) 统筹规划、有序开发利用沿海对外开放的港口码头和岸线资源，实现同一经济区域内口岸合理布局、错位发展、优势互补；<br>(3) 按照长三角、珠三角、环渤海、北部湾等区域经济协同发展需求，在沿海地区形成若干具有较强国际竞争力的枢纽型水运、航空口岸和区域口岸集群。② |

资料来源：商务部和各地商务厅资料整理所得。

---

① 《国务院关于支持沿边重点地区开发开放若干政策措施的意见》，国发〔2015〕72号文，2015年12月24日。

② 《国务院关于改进口岸工作支持外贸发展的若干意见》，国发〔2015〕16号文，2015年4月1日。

## 四、 资金融通：形成合作网络

实现资金融通是保证"一带一路"建设顺利进行的重要支撑。中国与"一带一路"沿线国家及有关机构开展多种形式的金融合作，推动金融机构和金融服务网络化布局，创新融资机制，以满足沿线国家进行基础设施建设的融资需求和金融服务需求。不断拓展沿线国家及地区的人民币贸易结算、货币互换和投资信贷等业务，推进绿色投融资，加强金融监管，有力支持了"一带一路"建设。

## 五、 民心相通：实现稳步推进

民心相通需要社会各界通过广泛开展文化交流、学术往来等活动，为深化双边、多边合作奠定坚实的民意基础。作为一项沟通多元文明、众多族群和国家的合作倡议，"一带一路"能否获得成功，从根本上取决于能否跨越藩篱，搭建民心相通的桥梁和纽带，特别是能否建立起纵横交织的社会交流网络，以互联互通的社会网络支撑起"一带一路"的区域合作架构。"一带一路"的民心相通大致可归纳为旅游、文化、卫生、教育、就业、科技、非国家行为体交流等几个方面（见表1-4）。

表1-4 "一带一路"民心相通建设

| 合作内容 | 已取得成就 | 数量 |
|---|---|---|
| 科技合作 | 合作谅解备忘录 | 56 项 |
| | 建立科技合作关系的国家 | 150 多个 |
| | 科技中心 | 38 个 |
| 教育合作 | 政府奖学金 | 1 万个 |
| | 教育合作与对外援助活动 | 33 项 |
| | 青年交流年活动 | 8 次 |
| | 青年人才培养计划 | 9 项 |

| 合作内容 | | 已取得成就 | 数量 |
|---|---|---|---|
| 文化合作 | 文化方面 | "国家年"活动 | 19 次 |
| | | 海外中国文化中心 | 25 个 |
| | | 孔子学院 | 500 所 |
| | | 文化合作谅解备忘录 | 41 个 |
| | | 文化传媒重要会议 | 35 个 |
| | 旅游方面 | 旅游合作项目 | 24 个省份 |
| | | "旅游年"活动 | 9 次 |
| | | 免签的国家和地区 | 21 个 |
| | | 落地签的国家和地区 | 37 个 |
| 卫生合作 | | 卫生医疗合作协议 | 23 个 |
| | | 卫生医疗合作项目 | 29 个 |
| | | 公益环保和减贫开发活动 | 26 项 |

数据来源：中华人民共和国商务部。

## 第二节  经贸合作取得积极进展

5 年来，"一带一路"经贸合作取得积极进展，中国与相关国家贸易发展态势良好，投资合作不断深入，自由贸易伙伴持续拓展，对外援助日渐扩大，重大项目建设成果丰硕。

### 一、 货物贸易发展稳中向好

#### 1. 贸易规模保持稳定

据中国海关统计，2014—2017 年，中国与"一带一路"沿线国家货物贸易规模基本保持在 1 万亿美元水平，在中国货物贸易总额中所占比重始终保持在 1/4 以上（见图 1 - 1）。2017 年，中国与沿线国家的货物贸易额达到 10889.0 亿美元，同比增长 14.9%，高出中国货物贸易整体增速 3.5 个百分点。其中，出口 6353.1 亿美元，增长 9.2%；进口 4535.9 亿美元，增长 23.9%。

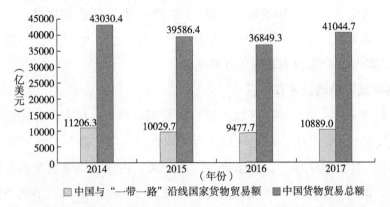

**图 1 - 1　2014—2017 年中国货物贸易总额及与"一带一路"沿线国家货物贸易额**
数据来源：中国海关。

### 2. 贸易方式不断创新

根据中国海关统计，2014—2017 年，一般贸易方式是中国与"一带一路"沿线国家货物贸易的主要方式，占比高达 60% 左右，加工贸易方式占比保持在 20% 左右（见图 1 - 2）。与此同时，跨境电商作为一种新型贸易方式快速发展，成为"一带一路"贸易畅通的一大亮点。

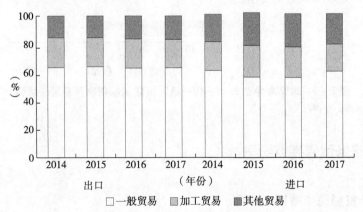

**图 1 - 2　2014—2017 年中国与"一带一路"沿线国家货物贸易方式结构**
数据来源：中国海关。

### 3. 贸易结构互补性较强

能源、机电和纺织服装产品是中国与"一带一路"沿线国家贸易的主要商品。根据中国海关统计，2016年，中国对"一带一路"沿线国家出口商品以机电产品和纺织服装为主，合计占50.2%。中国自"一带一路"沿线国家进口以矿产品和部分机电产品为主，合计占57.8%。从贸易产品结构看，中国与"一带一路"沿线国家的货物贸易结构具有较强的互补性。

### 4. 各区域贸易增长各有特点

中国与"一带一路"不同区域的贸易增长不尽相同，与东南亚和西亚北非地区的贸易发展较快。其中，东南亚地区为中国在"一带一路"沿线最大的贸易伙伴（见图1-3），2017年，在中国与"一带一路"沿线国家货物贸易总额中占比达到47%。2017年，中国与西亚北非地区的贸易占比较2014年虽有所下降，但仍保持了22%的份额。

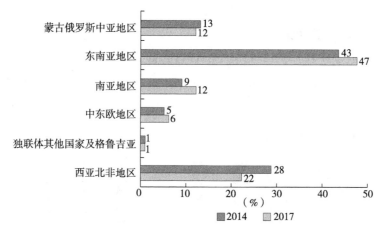

**图1-3 2017年中国与"一带一路"沿线国家货物贸易区域结构**
数据来源：中国海关。

## 二、 服务贸易亮点纷呈

### 1. 服务贸易稳步增长

"一带一路"倡议提出以来，中国与沿线国家的服务贸易由小到大稳步发展。

2017年，中国与"一带一路"沿线国家服务进出口额达977.6亿美元，同比增长18.4%，占中国服务贸易总额的比重由2016年的12.5%升至14.1%（见图1-4）。东南亚地区是中国在"一带一路"地区最大的服务贸易伙伴。2017年，在中国与"一带一路"沿线国家服务贸易总额中，东南亚地区占比约为57.4%，西亚北非地区国家占比为19.4%。从增长情况看，2017年中国与西亚北非地区国家服务贸易额同比增长25.0%，发展势头强劲。

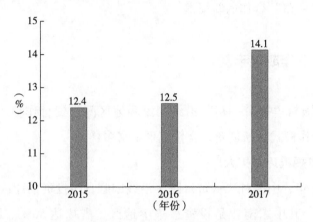

图1-4 2015—2017年中国与"一带一路"沿线国家服务
贸易额占中国服务贸易额比重

数据来源：国家外汇管理局。

### 2. 传统服务贸易持续发展

旅行、运输和建筑是中国的三大传统服务贸易领域。2015—2017年，中国与"一带一路"沿线国家旅行服务贸易总额累计为805.6亿美元，年均增速达到17.5%；运输服务贸易总额累计为846.4亿美元，年均增速达到15.7%；建筑服务贸易总额累计为251亿美元，年均增速达10.3%。

### 3. 新兴服务贸易亮点纷呈

中国与"一带一路"相关国家服务贸易领域不断拓宽，为扩大双边服务贸易提供了新动能。教育服务贸易逐渐扩大，截至2016年底，中国在相关国家共开设134所孔子学院和130家孔子课堂，相关国家来华留学生共20.77万人。文化贸易广泛开展，截至2017年底，中国与"一带一路"沿线国家共举办"国家文化年"

等人文交流活动 20 次，签署了 43 项文化交流执行计划。中医药"走出去步伐"加快，截至 2016 年底，中国在"一带一路"沿线国家和地区建立了 17 个中医药海外中心，在 30 多个国家和地区开办了数百所中医药院校。中医药已成为中国与各国开展人文交流、促进东西方文明互鉴的重要载体。服务外包增长势头强劲，2017 年，中国与沿线国家和地区加强在信息技术、工业设计、工程技术等领域的服务外包合作，服务外包执行额达到 152.7 亿美元，同比增长近 26%，服务外包成为深化"一带一路"合作的新渠道。

### 三、 投资合作成果丰富

5 年来，中国与"一带一路"沿线国家和地区间投资合作稳步增长，投资领域日趋多元，合作模式不断创新，合作成果丰富多样。

**1. 直接投资规模逐渐扩大**

2014—2017 年，中国对"一带一路"沿线国家直接投资累计达 646.4 亿美元，年均增长 6.9%，其中东南亚是投资最集中地区，占比达 56%。2014—2017 年，沿线国家对中国投资额总计 266.6 亿美元，注册企业数超过 10000 家。其中东南亚对华投资累计达 255.7 亿美元，占沿线国家对华投资总额的 94.5%。

**2. 投资领域集中度较高**

对外投资方面，中国对"一带一路"沿线国家投资主要集中在制造业、租赁和商务服务业、批发和零售业、建筑业以及农、林、牧、渔业。2014—2017 年，中国在上述行业累计投资额占同期中国对"一带一路"国家投资总额的 72.2% 以上。利用外资方面，中国利用"一带一路"沿线国家投资主要集中在制造业、房地产业、租赁和商务服务业、交通运输、仓储和邮政业以及批发和零售业。沿线国家对上述五大行业投资额占同期沿线国家对华投资总额的 86.1% 以上。

**3. 合作区成为产能合作新模式**

近年来，中国企业根据自身发展经验和需要，按照市场化运作的模式，并结合所在国家资源禀赋、市场需求和发展战略等因素，积极参与各类合作园区建设，有效推动了产能合作，取得了良好的经济社会效益。其中，境外经贸合作区已成为有效推进"一带一路"投资合作的新平台、新模式。截至2017年底，中国在"一带一路"沿线国家建立境外经贸合作区75个，中国—白俄罗斯工业园、马中关丹产业园、中埃·泰达苏伊士经贸合作区等投资建设和招商工作积极推进，投资聚集效应和产业辐射作用进一步发挥。为了促进边境地区参与"一带一路"国际合作，中国在沿边省区设立了17个边境经济合作区和2个跨境经济合作区，构筑起与周边国家合作发展新高地。

### 4. 承包工程成为合作亮点

在"一带一路"框架下推动基础设施互联互通，极大地促进了对外承包工程的快速发展，使其成为"一带一路"经济合作的新增长点。2014—2017年，中国在"一带一路"沿线国家的新签承包合同金额和完成营业额一直保持上升势头，新签合同额从2014年的841.7亿美元增至2017年的1443.2亿美元，完成合同额由2014年的640.5亿美元增至2017年的855.3亿美元。2017年，上述两项指标在中国对外承包工程新签合同额和完成营业额中占比均在50%以上（见图1-5）。

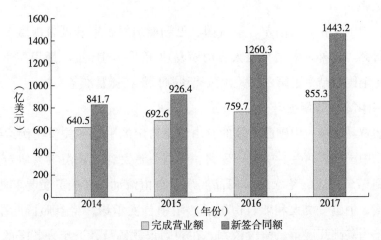

图1-5　2014—2017年中国与"一带一路"沿线国家承包工程
完成营业额与新签合同额

数据来源：商务部。

## 四、 自由贸易区建设扎实推进

在"一带一路"倡议带动下，积极与中国商谈自由贸易协定的国家越来越多，已签自由贸易协定进一步升级，一个以自贸区网络为构架的开放型经济新格局正在形成。

### 1. 自贸区稳步扩大

截至 2017 年底，中国已签署 16 个自由贸易协定，涉及 24 个国家和地区，双边贸易额占中国贸易总额的 25.9%（不含台、港、澳地区）。此外，正在商谈的自由贸易协定（包括第二阶段谈判、升级谈判）12 个，正在研究的自由贸易协定 11 个。在"一带一路"沿线国家中，13 个国家与中国签署了自由贸易协定，包括中国—东盟自由贸易协定、中国—巴基斯坦自由贸易协定、中国—新加坡自由贸易协定、中国—马尔代夫自由贸易协定以及中国—格鲁吉亚自由贸易协定等。中国—格鲁吉亚自由贸易协定，实现了中国在欧亚地区自由贸易伙伴零的突破。中国与马尔代夫达成自由贸易协定，成为大国小国平等相待、互利合作的典范。

目前，中国正在与尼泊尔、蒙古国、巴勒斯坦等国家开展自由贸易协定的联合可行性研究。此外，中国在亚太自由贸易协定下，与印度、斯里兰卡、孟加拉国和老挝 4 个国家结束了第四轮关税减让谈判，正在抓紧准备实施。

### 2. 自由化水平逐渐提升

在货物贸易领域，中国已签署的自由贸易协定的平均零关税比例达到 90% 以上。其中，中国—新西兰、中国—智利、中国—澳大利亚自由贸易协定的零关税比例均达到 97% 以上，绝大部分商品实现了自由流动。在服务贸易和投资领域，中国—韩国、中国—澳大利亚自由贸易协定中首次承诺，将参照国际主流做法，以负面清单为基础开展第二阶段谈判。在规则议题领域，近年来签署的自由贸易协定已开始就竞争政策、电子商务、环境等设立专章。

**专栏 1-6　区域全面经济伙伴关系（RCEP）**

RCEP 由东盟十国发起，邀请中国、日本、韩国、澳大利亚、新西兰、印度共同参加（"10+6"），通过削减关税及非关税壁垒，建立 16 国统一市场的自由贸易协定。若 RCEP 成功实施，将涵盖约 35.76 亿人口，GDP 总和将达 23.87 万亿美元，占全球总量的 1/3，将成为世界最大的自贸区。

RCEP 的目标是消除内部贸易壁垒、创造和完善自由的投资环境、扩大区域服务贸易。2017 年 11 月，区域全面经济伙伴关系协定（RCEP）领导人会议在菲律宾马尼拉举行。会后发表的联合声明强调，RCEP 有助于经济一体化和实现包容性增长，敦促各国代表加紧磋商以早日达成一个符合《RCEP 谈判指导原则和目标》精神的协定。协定包含市场准入、规则和合作三大支柱，以及保障成员国维护合法公共政策目标的权利的条款。RCEP 还充分考虑成员国的不同发展水平，通过设立特殊和差别待遇条款等，以保持适当形式的灵活性，并给予最不发达的东盟国家额外的灵活性。

## 第三节　对外援助成效显著

在"一带一路"建设过程中，中国秉承平等互利、共同发展理念，为发展中国家提供力所能及的援助，推动基础设施互联互通建设，持续加大农业、卫生、减贫等民生援助力度，积极支持相关国家能力建设，不断丰富创新援助方式，为促进相关国家经济社会发展、推动构建人类命运共同体做出积极贡献。

### 一、援助政策更加明确

中国在对外援助中坚持不附带任何政治条件，不干涉受援国内政，充分尊重受援国自主选择发展道路的权利，贯彻相互尊重、平等相待、重信守诺、互利共赢的基本原则，形成了具有中国特色的对外援助模式，树立了南南合作典范。

中国对外援助高举和平、发展、合作、共赢的旗帜。中国领导人相继在联合国成立 70 周年系列峰会、G20 峰会、气候变化大会、中非合作论坛峰会、金砖国家领导人会晤等重大国际场合宣布一系列务实援助倡议和举措。在扶贫减贫、疫病防控、应对气候变化、难民救助等全球和地区性问题上，提出中国方案。中国积极履行国际责任和义务，真诚帮助相关国家提高自主发展能力，助力实现联合国 2030 年可持续发展目标。

## 二、 援助方式更加多样

中国提供援助资金的方式主要有无偿援助、无息贷款以及优惠贷款，实施方式包括建设成套项目、提供生产生活物资、开展技术援助、派遣医疗队和志愿者、提供人道主义援助以及减免受援国债务等。

随着"一带一路"建设的深入推进，中国根据相关国家实际发展诉求，结合自身比较优势，不断创新援助方式。中国设立"南南合作援助基金""中国气候变化南南合作基金"，设计开展"中非十大合作计划"等综合型援助主题方案。成立南南合作与发展学院，成立国际发展知识中心，设立"丝绸之路"中国政府奖学金，成立亚洲基础设施投资银行（AIIB）和新开发银行（NDB）等新型融资机构。通过更加丰富多元、综合立体的援助方式，吸引和调动更多资源加入，共同推动发展中国家实现可持续发展目标。

在坚持传统双边援助方式的同时，中国也重视加强与多边援助机构的合作。2017 年 5 月，"一带一路"国际合作高峰论坛期间，中国与 14 个国际组织签署了援助协议，共同推进"一带一路"建设。中国通过南南合作援助基金与世界粮食计划署、联合国难民署、世界卫生组织、红十字国际委员会、联合国开发计划署等国际组织开展各类援助项目合作，用于应对气候变化、粮食危机、难民问题等全球性挑战，增进相关国家民生福祉。

2014—2017 年，中国援助相关国家各类工程及物资项目逾千项，派出管理技术人员、医疗队员、教师和志愿者等各类援外专家约 3 万人，为受援国培养近 40 万名各类人才，涵盖工业、农业、商贸、教育、医疗、环境保护、减贫等多个领域，有力促进了受援国经济社会发展。

### 三、 援助重点更加突出

中国向发展中国家提供经常性援助，重点面向低收入国家，以及最不发达国家和深受气候变化、战乱冲突影响的脆弱国家。

中国根据自身优势和发展经验，将基础设施作为对相关国家的重点支持领域。统筹利用各类援助资金，在农业、工业、交通运输、能源电力、信息通信等领域援建大量基础设施项目，帮助相关国家突破发展瓶颈。

中国还积极开展民生援助，让受援国民众切实受益。5 年来，中国在农业、教育、卫生、减贫等领域实施了 2000 余个民生援助项目，向受援国人民送去"中国温暖"。中国援建的医院、学校、打井供水等项目，有效改善了当地民众的生活条件。在东亚地区，中国实施乡村减贫合作项目，援建防洪工程和道路，提供农机具和粮种，培训农民和技术人员。中国为相关国家实施了近万例"光明行"白内障复明手术，让因贫困无力医治的白内障患者重见光明。

# 第二篇 中尼经贸合作

# 第一章　中尼双边关系

尼泊尔作为中国的邻国之一，与中国拥有长达 1500 多年的友好往来历史。在中华人民共和国建立后，中尼两国在政治、外交、能源、经贸、人文、安全、卫生等方面的合作不断深化，为两国在"一带一路"框架下开展更广泛地合作奠定了良好基础。未来，中尼双方将深化在"一带一路"框架下的务实合作，特别是加强政治、经贸、基础设施、灾后重建、人文等领域合作，推动两国关系迈上新的台阶。

## 第一节　中尼政治外交关系

### 一、中尼是世代友好的全面合作伙伴

中国与尼泊尔乃至南亚地区的政治、经济、文化等领域的交流与合作可谓源远流长。早在公元 639 年，中国西藏的松赞干布和尼泊尔尺尊公主（Bhrikuti Devi）合婚，推动了两国的深入了解和友好往来。中尼双方的历史伟人如法显、玄奘、阿尼哥等人都对中尼传统友好关系做出了重要贡献。在现代，中国与尼泊尔于 1955 年 8 月 1 日正式建交，中尼关系在和平共处五项原则基础上保持了健康发展势头。1996 年底，时任中国国家主席江泽民对尼泊尔国事访问期间，两国建立了面向 21 世纪的世代友好的睦邻伙伴关系。2009 年 12 月，时任尼泊

尔总理尼帕尔访华期间，双方发表《联合声明》，决定在和平共处五项原则基础上，建立和发展世代友好的全面合作伙伴关系。2018 年 6 月，尼泊尔总理奥利访华，表示希望通过发展跨境互联互通，从"内陆闭塞"的国家转变为"陆地相连"的国家。此访是尼泊尔完成政治转型后，尼总理首次访华，为两国领导人在新形势下进一步规划和引领中尼关系发展提供了重要机遇。

## 二、 中尼树立了不同规模和不同社会制度国家间和睦相处的典范

尼方坚定奉行一个中国政策，中国西藏和台湾事务是中国内政，绝不允许任何势力在尼领土范围内从事反华活动。中方坚定支持尼方自主选择社会制度和发展道路，支持尼泊尔为维护其主权、独立、领土完整、国家统一和稳定所作努力。两国在国际和地区事务中保持了良好的沟通与合作。从 1956 年起，中国就对尼泊尔提供无偿援助，援助数量仅次于印度和美国，援助的领域涉及基础设施、医疗、教育、培训等。进入 21 世纪之后，中国在西部大开发、"一带一路"倡议推进过程中，对尼泊尔加大了软贷款、参与尼泊尔项目竞标、商贸往来等方面的合作，带动了尼泊尔基础设施建设与经贸发展，提升了综合国力。

## 三、 中尼在"一带一路"框架下的经济外交合作逐步展开

中国提出"一带一路"倡议以来，尼泊尔一直在努力寻找一种务实可行的方式融入"一带一路"倡议并进行合作。2016 年，尼泊尔总理奥利访华并与中国签署了 10 项协议，包括修建连接两国的铁路。2018 年 6 月，尼泊尔总理奥利访华，中尼双方签署了价值 24 亿美元的协议，涉及水电、水资源项目、水泥厂和水果生产等。双方同意加快落实两国政府关于在"一带一路"倡议下开展合作的谅解备忘录，加强口岸、公路、铁路、航空、通信等方面互联互通，打造跨喜马拉雅立体互联互通网络。

## 第二节　中尼自然地理关系

### 一、尼泊尔拥有丰富的自然资源

尼泊尔位于中国与印度之间，是一个内陆国家。因地处喜马拉雅山脉南麓，尼泊尔地带狭长，气候多变。其境内有45%的面积被森林覆盖，具有丰富的动植物多样性，农业资源丰富，药物和芳香植物有700多种，可开发空间较大。而且尼泊尔矿产资源丰富，有铜、铁、铝、锌、磷、钴、石英、硫磺、褐煤、云母、大理石、石灰石、菱镁矿等众多矿产资源，但均只得到少量开采，未来开发潜力较大。在尼泊尔境内，已被探明的矿产资源多达63种，还有10个石油和天然气勘探点。中尼已经签署了在尼泊尔开采油气资源的谅解备忘录，加强在能源资源领域的合作。

### 二、尼泊尔拥有丰富的水电资源，与中国合作空间较大

尼泊尔境内地理落差大，河流密布，水流湍急，水电资源丰富。仅占地球陆地面积0.094%的尼泊尔拥有的理论水电蕴藏量却高达全球相应藏量的2.27%。据世界银行的研究报告估计，尼泊尔境内的水力发电潜力高达83000兆瓦，其中经济可行、可供开发的约为43000兆瓦。但目前尼泊尔水电装机容量仅为550兆瓦左右，实际利用率很低，完全满足不了尼泊尔的用电需求。中国有资本、技术和项目运作管理等方面的经验，尼泊尔有水力资源、人力等优势，未来在水电项目合作方面将大有作为，前景可期。

### 三、尼泊尔与中国的交通等基础设施互联互通需求迫切

喜马拉雅山阻断了中尼之间的大规模货物和石油运输。目前，中尼间尚无

铁路连接，只有两条公路连通两国边境。近年来，随着中国西藏基础设施建设的大发展，特别是青藏铁路的开通和中尼公路的修整，中国向尼泊尔供应物资的能力大为提升。尼泊尔提出，愿为中方在尼泊尔基础设施和产能领域的投资提供便利。双方同意确保阿尼哥公路修复保通，实施沙拉公路修复改善和升级项目，推动尽快修建普兰口岸的斜尔瓦界河桥。尼方将尽快完成塔托帕尼口岸周边和阿尼哥公路沿线灾害治理，确保加德满都—沙夫卢比希道路畅通。中方愿向尼方提供技术、人才培养等多方面的支持。双方鼓励两国空运企业根据两国民用航空运输协定开辟或运营更多直航航线。双方将密切配合，推动博克拉国际机场早日建成投入使用。

## 第三节　中尼人文往来关系

### 一、　中尼人文交流历史悠久

自古以来，中尼两国就在宗教、文化、建筑、雕塑等领域进行密切交流与相互学习。早在公元406年，中国僧人法显访问尼泊尔，同期尼泊尔佛陀跋陀罗访华，成为中尼佛教文化交流的标志之一。法显和佛陀跋陀罗合作翻译了几部经典佛经，如《大般泥洹经》，共同推动了中尼佛教文化交流。元代尼泊尔工艺家阿尼哥入仕中国，在推动中尼建筑、佛寺佛塔、梵式造像、天文仪器等修造等方面做出了重要贡献。例如，中国建筑中的佛塔塔制为尼泊尔所特有，就是由阿尼哥首次传入中国。中国西藏与尼泊尔毗连，很早以前就有着十分密切的人文交往，尼泊尔的大乘佛法、佛像、雕刻、建筑工艺等都随着中尼往来传入中国，而后期，中国西藏佛教又开始转而影响尼泊尔，并延续至今。

## 二、 中尼人文合作历久弥新

中华人民共和国成立后，中尼人文合作继续深化。尼泊尔有一批精英人士曾在北京大学、北京师范大学等院校接受过高等教育，且双方在教育、培训等领域的合作一直持续推进。中尼友好协会和人文交流协会众多，包括尼中友好协会、中尼文化委员会、阿尼哥协会、尼中协会等，这些协会经常举办艺术、文学、佛教、科技、人文研究、摄影、出版、体育等方面的交流活动，推动中尼人文合作不断深入发展。当前，为了加强中尼人文合作，中国政府每年向尼泊尔提供100个政府奖学金名额。2007年，中国孔子学院在尼泊尔首都加德满都大学设立。2009年之后，中尼建立了青年代表团定期互访制度。2017年，"中国非遗文化周"在加德满都开幕，推动中国传统文化走出去，加深了两国人民的人文交流。

# 第四节 中尼经贸合作关系

## 一、 中国与尼泊尔之间的商贸交往自古以来就十分密切

中尼经贸关系始于公元7世纪，在19世纪初尼泊尔马拉王朝时期最为繁荣，尼泊尔也一度发展成为中国西藏和北印度平原之间极为重要的贸易枢纽。早期的中尼贸易主要是中国西藏和尼泊尔牧民的边贸活动。以畜牧业为主的中国西藏将生产的盐巴、羊毛及羊毛制品等物品出口到尼泊尔，以此换取尼泊尔生产的粮食等生活必需品。随着双边经贸关系的深入开展，中尼贸易形式由最初建立在满足实际生活需要基础上的物物交换方式，逐步发展到以货币为交易媒介的贸易形式。贸易主体也由边民民间行为逐步发展为以官方牵头的正式贸易往来，两国政权为促进双边贸易发展签订了一系列的商贸协议。1645年加德满都马拉王朝时期，尼泊尔使节拉瓦尔·马拉与中国西藏签署正式官方商贸协议，这是第一份以促进跨

喜马拉雅山地区贸易发展为目的的商贸协议。1645—1650 年，尼泊尔获得了中国西藏与印度贸易必须经由加德满都河川的特权，尼泊尔首都加德满都由此成为跨喜马拉雅贸易的中心和中转点。1775 年，尼泊尔和中国西藏签署了第二份商贸协议，重新明确双方发展贸易合作关系的决心，促进了横跨喜马拉雅山的尼泊尔和中国西藏贸易发展。毗邻尼泊尔中国境内的聂拉木和吉隆成为跨喜马拉雅贸易的主要交易通道和场所。1904 年后因战争的原因，中尼贸易中断。1955 年中国和尼泊尔建立外交关系，双边贸易得以恢复。

## 二、 中国与尼泊尔的贸易投资开放合作

尼泊尔和中国虽然毗邻，但因地理条件限制，中尼边界只有两个贸易口岸。2015 年尼泊尔"4·25"大地震后，仅吉隆口岸正常运转。樟木口岸是目前中国通向南亚次大陆最大的开放口岸，也是中国西藏唯一的国家一类陆路通商口岸，中国西藏境内的 1000 多夏尔巴人主要聚居在这里，东、西、南三面与尼泊尔接壤，中国西藏自治区 90% 以上的边贸和全国 90% 以上的对尼贸易在此进行。2015年，樟木口岸因尼泊尔"4·25"地震受损被迫关闭。2018 年尼泊尔总理奥利访华时，中尼双方同意尽快恢复开通樟木口岸，提升吉隆口岸运行水平。尼方表示，愿欢迎中国企业进一步对尼投资，愿根据相关法律法规，简化并加快在土地、税收和签证等多个方面审批程序，为中国企业创造良好投资和经营环境。

## 三、 中尼旅游产业合作潜力巨大

中国游客众多，出境游呈快速增长态势，双方发展跨境旅游合作潜力巨大。尼泊尔旅游资源丰富，既包括独特的自然资源，也包括底蕴深厚的人文景观。珠穆朗玛峰、冰川、峡谷、原始森林、珍稀野生动物、各具特色的建筑和雕塑、各式宗教寺庙，特别是佛祖释迦牟尼诞生地——蓝毗尼等，都是得天独厚的旅游资源。但同时，尼泊尔基础设施和旅游设施相对薄弱、宣传相对不足等因素，使得

尼泊尔旅游产业的发展受到限制。2000 年 7 月，中国宣布尼泊尔为中国公民出境旅游的目的地国家之一，并于 2001 年签署两国关于旅游的谅解备忘录。自 2000 年以来，赴尼旅游的中国游客数量稳步增长，从最初的 5160 人次到 2017 年的 104 664 人次，增长十分迅猛。2018 年第一季度数据显示，中国是尼泊尔入境游客的最大输出国。尼泊尔的文化旅游、徒步旅行、轻冒险运动以及休闲旅游活动等都是受中国游客欢迎的旅游项目。未来，中国作为全球最大的出境旅游市场和世界顶级旅游消费大国之一，将成为尼泊尔旅游业最具潜力和前景的合作伙伴。

### 四、　中尼物流产业陆上运输的成本优势突出

中尼货物贸易如果通过水路经南海、马六甲海峡到印度，再从印度到尼泊尔，需要近两个月。如果通过青藏铁路到日喀则，再通过公路到尼泊尔，只需要 10 天左右的时间，大大缩短了运输时间和物流成本。随着青藏铁路延伸到中尼边界，滇藏、川藏铁路的修建，中尼物流产业将获得更大发展。相应地，中尼、中印贸易也将更为便捷，尼泊尔作为中印之间中转贸易中心的地位也将得以实现。

### 五、　中尼跨境互联网与通信产业合作起步

2018 年，中尼跨境互联网光缆正式开通，在中尼光缆开通前，尼泊尔互联网主要通过锡陀塔那迦、比尔根杰、比拉德讷格尔等南部城镇与印度相连，从而获得入网服务，但是来自印度的信号不稳定，而且互联网服务价格非常高。随着中尼光缆投入运营，尼泊尔运营商将有机会显著降低国际互联网宽带的采购成本，从而使终端客户大幅降低移动互联网流量费用。尼泊尔互联网 90% 用于手机等移动终端，与中国互联网的直接互联有助于尼泊尔移动互联网的快速发展，使得手机等终端设备获得更加稳定的互联网信号。目前，4G 网络信号仅限于尼泊尔首都加德满都和尼泊尔第二大城市博卡拉，其他地区还停留在 3G 和 2G 阶段。尼泊尔正在推动 4G 向其他城市和乡村覆盖，2017 年尼泊尔网络流量增加近 40%。中尼

跨境光缆的开通和中国电信宽带的接入，显著提升了尼泊尔互联网的质量，将有效满足网络流量增长需求，推动电信市场发展，助力尼泊尔网络实现全面提速和更广泛覆盖，大幅改善尼泊尔商业环境。

# 第五节　中尼其他合作关系

## 一、　中尼两国的安全和卫生合作进一步加深

由于中尼两国毗邻，各民族跨境而居，非法移民、艾滋病传播等威胁日益上升，亟须两国进一步加强合作。在安全问题上，尼泊尔政府曾向中国政府承诺，不允许反华势力在其领土上进行活动。因中尼边民的频繁往来，两国在艾滋病联合防治问题上需进一步加强合作。

## 二、　中尼两国的灾害预防与合作

中国和尼泊尔都是饱受自然灾害侵袭的国家，特别是尼泊尔，常年遭受地震、洪水、山体滑坡、泥石流、森林火灾等多种自然灾害侵袭。2015年，尼泊尔发生的8.1级地震更是造成了重大人员伤亡和财产损失。尼泊尔从20世纪80年代起就致力于建设防灾减灾救灾领域的法制体制机制建设，这方面也值得中国学习和借鉴。同时，在建设巨灾保险机制等方面，两国也有很多可以共同研究之处。

# 第二章　中国与尼泊尔的货物贸易

中国和尼泊尔是山水相连的友好邻邦，中尼之间的贸易交往自古以来就十分密切。中尼建交后，双边贸易快速发展，贸易产品结构互补，但因两国经济发展水平及资源禀赋的差异，双边贸易不平衡问题突出，贸易发展的环境和条件亟须改善。在"一带一路"倡议的合作框架下，跨境互联互通进入新时代，双边贸易发展迎来了前所未有的良好机遇。中尼贸易通道是推动中国与南亚区域合作联盟贸易自由化的"窗口"和"桥梁"，打通双边贸易通道，能够为进一步加强中国与南亚区域合作联盟的经贸关系创造基础条件和实践平台，对推动南亚大通道建设具有重要意义。中尼经贸的合作发展也是提升和繁荣尼方经济的重要驱动力。中尼两国应把握好"一带一路"倡议下的良好合作机遇，深入挖掘双边经贸合作潜力，拓宽经贸合作领域，推进双边贸易自由化和便利化，促进中尼贸易健康持续稳定发展。

## 第一节　双边货物贸易发展现状

尼泊尔由于其特殊的地理位置和南亚区域合作联盟（SAARC）成员国身份，具有较好的转口贸易条件，逐渐发展成为中国商品走向印度甚至南亚市场的重要枢纽。2005 年，尼泊尔贾南德拉国王就提出"要把尼泊尔打造成'过境经济体'，扮演南亚与中国的桥梁，复兴南方丝绸之路"。2017 年 9 月，双方确定了中尼跨境铁路建设方案，在"一带一路"建设推动下，中尼跨境互联互通建设进入新时代。

基础设施的互联互通不仅能够大力促进双边贸易的发展，更使尼泊尔成为中国通往南亚市场的重要通道。目前，中国是排在印度之后的尼泊尔第二大贸易伙伴。

## 一、 双边签订多个重要经贸协定

1955年8月1日，中国同尼泊尔正式建立外交关系。自建交以来，两国在促进双边经贸发展方面签订了一系列重要协定，极大地促进和稳固了双边经贸关系。重要经贸协定有：

1956年9月20日，中尼签订《中华人民共和国和尼泊尔王国保持友好以及关于中国西藏地方和尼泊尔之间的通商和交通的协定》。该协议为尼泊尔同中华人民共和国签订的第一个贸易促进协议。

1964年5月，尼泊尔与中国西藏自治区签署贸易与往来协定。

1964年11月22日，中尼两国政府签署了贸易协定，后经多次修订。

1966年5月2日，中尼签订《中华人民共和国政府和尼泊尔国王陛下政府关于中国西藏自治区和尼泊尔之间的通商、交通和其他有关问题的协定》，同时废除1956年协定。1986年8月1日，中尼两国政府对该协定进行了修订。

1981年11月22日，中尼双方签署了第四个贸易协定，即《中华人民共和国政府和尼泊尔国王陛下政府贸易和支付协定》，对中尼两国人员往来、贸易支付等复杂问题作出明确规定，为经贸往来提供方便。

1994年5月6日，中尼双方签署《中华人民共和国政府和尼泊尔国王陛下政府汽车运输协定》，在互利的基础上发展两国汽车旅客运输和货物运输。

2001年5月，中尼两国政府在加德满都签订《避免双重征税协定》并于2010年12月31日正式生效。

2012年1月，中尼双方签署《中华人民共和国政府和尼泊尔政府关于边境口岸及其管理制度的协定》和《中尼经济技术合作协定》。

2013年7月1日，中国对尼泊尔正式实施95%零关税优惠政策，涵盖7831个税目商品。次年12月5日，两国签署中国对尼泊尔97%税目产品输华零关税待遇的换文，涵盖 8030 个税目商品。

2014 年 12 月，中尼签署《中华人民共和国商务部和尼泊尔政府财政部关于在中尼经贸联委会框架下共同推进"丝绸之路经济带"建设的谅解备忘录》。

2014 年 12 月 23 日，双边签署《中国人民银行和尼泊尔国家银行双边结算与合作协议补充协议》。根据该协议，中尼人民币结算从边境贸易扩展到了一般贸易，并扩大了地域范围。

2016 年 3 月，尼泊尔总理访华期间，中尼两国政府签署了《中尼过境货物运输协定》和《中华人民共和国商务部和尼泊尔商业部关于启动中国—尼泊尔自由贸易协定联合可行性研究谅解备忘录》。

## 二、　双边货物贸易规模不断扩大

自中尼建交以来，两国贸易发展迅速。1955 年，中尼贸易总额仅为 5.92 万美元，到 1976 年增至 130.3 万美元，增加了 20 多倍。20 世纪 80 年代，中尼双边贸易发展又上新台阶，1981 年双边贸易总额达 2443 万美元，其中，中方出口和进口分别为 1728 万美元和 715 万美元。同年签署的《中华人民共和国政府和尼泊尔国王陛下政府贸易和支付协定》促进了双边贸易的快速发展，中尼贸易总额出现快速增长态势，由 1981 年 2443 万美元增加到 1982 年的 4648 万美元，其中中方出口额由 1728 万美元猛增至 4015 万美元，增加了 1.32 倍。此后，中尼贸易总体上呈波动性增长态势，2003 年中尼贸易总额达 17338 万美元，是 1981 年中尼贸易总额的 7.09 倍。其中中方出口额达 15095 万美元，是 1981 年的 8.73 倍；中方进口额达 2143 万美元，是 1981 年中尼贸易总额的 2.99 倍。自 2009 年起，中尼贸易进入前所未有的快速增长期，进出口规模迅速扩大。2009—2014 年，双边贸易规模由 4.1 亿美元增加到 23.3 亿美元，增长了近 5 倍，年平均增速达到 42.5%。

2015 年受尼泊尔地震的影响，中尼双边贸易总额出现断崖式下跌，2015 年中尼贸易总额由 2014 年的 23.3 亿美元大幅降至 8.6 亿美元，其中中方出口由 22.8 亿美元下降至 8.3 亿美元。随着震后经济的逐步恢复，双方贸易发展稳中有升。

根据中国商务部的统计，2016 年中尼双边贸易额 8.9 亿美元，同比增长 2.7%。其中，中方出口 8.7 亿美元，同比增长 4%；中方进口 0.2 亿美元，同比下降 30.6%。2017 年，中国与尼泊尔贸易总额为 9.9 亿美元，同比增长 11.2%。其中，中国对尼出口 9.7 亿美元，同比增长 12%；中国自尼进口 0.2 亿美元，同比下降 20.4%。

中尼双边进出口总额中，中国出口占贸易总额的 95% 以上，自尼泊尔的进口规模非常有限。换言之，中国存在巨大的贸易顺差，中尼贸易呈现出极不平衡状态。2017 年，中国出口尼泊尔的贸易额是自尼泊尔进口额的 54 倍，中尼贸易总额为 9.9 亿美元，中尼双边贸易顺差高达 9.5 亿美元（见图 2 - 1）。巨大的贸易顺差不利于双边贸易发展的持续性和稳固性，在扩大两国贸易额的同时，扩大自尼进口、促进双边贸易平衡发展将是未来双边贸易发展的重点。

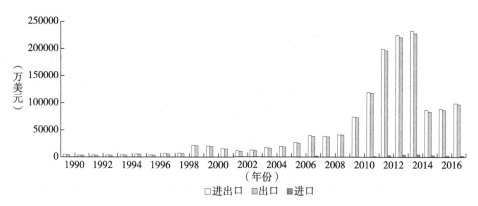

图 2 - 1　1990—2017 年中国与尼泊尔双边货物贸易情况

数据来源：中国海关统计。

## 三、 双边商品结构具有互补性

在两国的贸易往来中，中国向尼泊尔输出的商品多为资本密集型工业制成品，进口的商品则以劳动资源密集型产品为主，中尼贸易结构具有较大的互补性。据中国商务部统计，2016 年，中国向尼泊尔出口的主要商品有电话和电机电气设备及零附件、非针织服装、针织服装、鞋类、机械设备及零件、鲜苹果、羊毛及羊毛纱线、其他纺织品、光学及医疗器具、皮革制品、车辆及零附件、化学短纤维、家具等。中国自尼泊尔进口的主要商品有贱金属雕塑像及其他装饰、地毯、医疗器具及零附件、生皮及皮革、披肩和围巾、仿首饰、其他纺织制品、有机化学品、铜器、木装饰品、羊毛机织物等。

## 第二节　中国西藏与尼泊尔的边境贸易

中国西藏与尼泊尔关系源远流长，中尼两国有着悠久的边境贸易历史。早在吐蕃时期，中国与尼泊尔间的贸易便呈现出繁荣的势头。中尼边境的边民有着相似的生活习俗和宗教信仰，中国西藏与尼泊尔也存在着天然的经济互补性，尼泊尔是典型的农业国，农产品资源丰富，中国西藏牧业发达，为了满足双方生活与生产的基本需求，从事商品互换的边民互市贸易逐渐兴起。尼泊尔人民用粮食、布匹向中国藏族人民换取羊毛、牲畜、湖盐等。这种农牧产品之间的交换不仅使得双方人民可以互通有无，而且促成了中国西藏与尼泊尔边民互市的形成与发展。目前，中国西藏在长约4000公里的边境线上共有南北对外通道312条，其中分布在中尼边境的就有184条，[①] 印证了历史上中国西藏与尼泊尔千百年来的紧密联系。

### 一、改革开放前中尼边境贸易发展规模有限

1956年，中尼两国在加德满都签订了《中华人民共和国和尼泊尔王国保持友好关系以及关于中国西藏地方和尼泊尔之间的通商和交通的协定》，两国代表团团长互换了照会。协定和照会就保持和发展中国西藏地方与尼泊尔人民之间的传统联系、互相通商来往、朝圣，以及互设领事馆和侨民国籍等问题都做了明确的规

---

① 江村罗布，《西藏经济简史》。

定，中尼两国久已存在的友好关系在新的协定基础上得到巩固与发展，中国西藏地方同尼泊尔的边境贸易不断发展扩大。随着中国与尼泊尔通商和交通协定的签订，中国政府有步骤地恢复和发展中尼贸易，将拉萨、日喀则、江孜、亚东作为藏尼贸易市场。1960年，中国西藏设立海关，成立中国西藏自治区筹备委员会对外贸易局，在亚东、吉隆、聂拉木、阿里设外贸分局，向中国驻尼泊尔商务处派驻中国西藏代表，面向尼泊尔开放樟木、吉隆、日屋、普兰口岸。1961年12月15日和25日，国务院先后批准颁发《中华人民共和国西藏地区海关征收进出口税暂行办法》和《西藏自治区关于实施对外贸易管理条例的暂行办法》，中国西藏地区实行的进出口税大大低于全国统一税率，允许中国西藏公私两种企业经营对外贸易，允许外国商人在中国指定地点或按照两国政府协议规定的地点经营进出口业务。1962年，中国国有公司正式与尼泊尔展开贸易合作，贸易对象是尼泊尔国有公司和尼私商。1962年11月，由于印度政府挑起中印边境武装冲突，亚东、帕里、普兰口岸关闭，这时对外开放的口岸只剩下对口尼泊尔的聂拉木、吉隆两地，中尼边境贸易日趋活跃。尤其是1965年中国援建的樟木至加德满都的阿尼哥公路全线通车后，中尼边境贸易进入了发展的新时期。但这一时期贸易规模仍然有限，商品结构单一。中国西藏仅从尼泊尔进口粮食、胡椒、糖、纺织品、芥籽油、茶叶、煤油等，主要对尼出口绵羊毛、活羊、食盐等，贸易方式大多是以满足双方边民日常生活的边民互市为主，直到中国改革开放后，双方边贸开始了繁荣发展。

## 二、 改革开放后中尼边境贸易发展速度显著提升

随着对外开放、对内搞活政策的不断深化，党中央对中国西藏实行了一系列特殊政策和灵活措施，使中国西藏外贸发生了翻天覆地的变化。1974年以来中国西藏实现了粮食自给自足，1980年6月，自治区人民政府根据第一次中国西藏工作座谈会精神，向全区发出布告，昭示大力发展边境贸易，允许尼泊尔、印度、不丹、缅甸等国的边民到中国西藏边境市场进行交换，也允许中国西藏边民出境交换，极大地促进了边贸的发展。随着藏区产业结构的调整升级，中尼边境贸易

的商品结构也随之优化，由改革开放前以盐粮交换为主的初级产品结构逐步发展为以工业制成品为主、农副产品为辅的产品结构。中国西藏日喀则地区先后于 1984 年、1985 年和 1986 年在樟木口岸举办对外贸易展销会，成交总额达到 1300 万美元。1980—1993 年，中国西藏地方进出口总额由 1650 万美元增至 10267 万美元，进出口总额年均增长 15.1%。根据相关统计数据，1993 年仅聂拉木县樟木口岸就有 80% 的农户从事对外经济贸易活动，农牧民人均年收入达到 1400 元人民币。

一般贸易和小额贸易是中国西藏与尼泊尔边境贸易的主要贸易方式。2000 年以后中国西藏与尼泊尔的边境贸易发展速度显著提高。据统计，2009 年中国西藏和尼泊尔双方边境贸易进出口总额为 2.49 亿美元。2013 年 9 月 5 日在日喀则市举行的第 14 届中尼经贸洽谈会首日实现交易额 257.8 万元人民币。2013 年中国西藏外贸总值为 33.19 亿美元，其中与尼泊尔双边贸易总值占中国西藏贸易进出口总值的 58.5%。2014 年 1—11 月，中国西藏对尼贸易总值为 106.5 亿元人民币，占中国西藏外贸总值的 91.15%。2006—2014 年，尼泊尔连续 9 年保持中国西藏第一大贸易伙伴地位。[①] 2015 年 4 月 25 日，尼泊尔中部发生 8.1 级大地震，地震不仅对尼泊尔国内社会经济生活产生重大影响，也对中尼边境的开放口岸和公路等基础设施造成重创。目前，中国西藏与尼泊尔的边境贸易仍处于地震后的恢复期。据不完全统计，2017 年中国西藏边民互市贸易额达到 4.5 亿元人民币，占当年中国西藏对外贸易总额的 18.8%。

当前，中国西藏自治区的国家口岸和边贸市场有 28 个，其中中尼边境有 18 个。中国西藏 5 个边境口岸中有 4 个是面向尼泊尔开放的，分别是樟木、吉隆、普兰和日屋，其中樟木、吉隆、普兰是国家一类口岸。

**专栏 2-1　樟木、吉隆口岸简介**

樟木口岸，原名聂拉木口岸，是中国西藏境内最大的边境贸易口岸，是中尼贸易的主要通道和重要口岸。2015 年尼泊尔"4·25"地震之前，

---

① 新华网：《中尼口岸小额贸易边贸活跃突破百亿元大关》，2015 年 2 月 3 日.

中尼贸易的80%以上都是通过樟木口岸实现的。樟木口岸所在的樟木镇设有口岸管理委员会、口岸医院、学校、银行、宾馆、电站、外贸等40余个单位和其他商业实体；口岸的边防、海关、国检、银行、工商、公安等管理机构相对健全，已形成相对完善的口岸管理体系。据聂拉木海关统计，2014年樟木口岸对尼贸易总值超过100亿元人民币，占中国西藏外贸总值的90%以上。同年，口岸边民互市贸易总值近8000万元人民币。2015年"4·25"地震前的樟木盘山公路上，挤满了排成长队的尼泊尔货运车辆和扛着货物的夏尔巴背夫，印证着中尼边贸的繁荣。樟木镇以商贸新兴的迪斯岗村，随处可见当地居民开办的尼泊尔进口商品商店。但是2015年尼泊尔"4·25"地震的发生，不仅使尼泊尔国内建设遭受重创，位于中国和尼泊尔边境处的樟木口岸也同样受损严重，两国在樟木边境的交通要道因地震毁坏而被切断，樟木口岸因此被迫关闭，至今尚未开放。

吉隆口岸有着悠久的对外贸易历史，自古就有官道、商道、栈道之称。公元789年，吉隆就已成为中国西藏与尼泊尔交往和通商的要道。1961年吉隆口岸批准开放，1972年被国务院批准为国家二类陆路口岸，1987年成为国家一类陆路口岸。如今，吉隆的界河上修建起新的中尼热索友谊石板桥，满足了货车通过的需求，吉隆口岸经济交流日益活跃，成为中国西藏与南亚国家贸易往来的"黄金通道"。2014年12月1日，吉隆双边性口岸正式恢复通关。2017年6月29日，经国务院验收后，吉隆口岸正式成为国际性口岸。吉隆口岸作为目前中国和尼泊尔边境贸易的唯一国际性口岸，承担着两国公路贸易的主要往来，吉隆口岸也因此在两国经济合作、商贸互通和旅游业发展中扮演着极为重要的角色。未来，青藏线将从中国西藏日喀则修建延伸到边境吉隆。届时，中国通过铁路输送往吉隆边境的货物将会成倍的增长。

### 三、 中尼边境贸易在中国西藏对外开放中占有重要地位

中国西藏边贸的发展在中国西藏对外开放发展中占据重要位置。活跃的边境贸易不仅是当地经济增长和边民收入的重要来源，也是稳定边境发展的有力工具，从某种程度上来讲，对中国实现全方位对外开放发挥着不可小觑的作用。

中国西藏边境贸易的发展，可以弥补中国西藏经济内生动力不足的问题，带动中国西藏的工农业发展，形成具有中国西藏特色的工业和农牧产品市场范围，也有利于中国西藏产业结构的转型升级，增加当地居民就业机会。在"一带一路"贸易畅通的倡议下，得益于特殊的区位优势和重要的战略地位，中国西藏边境贸易具备发展成中国西藏经济重要增长点的巨大潜力。未来，可以以边民互市为基础，将"小窗口"扩大成"大窗口"，创建中国西藏与尼泊尔边境合作区，打造成中国西藏对外开放的新门户，探索更大范围的互利共赢合作模式，促进双边经济繁荣发展。

## 第三节　前景展望与建议

### 一、 中尼双边贸易发展面临的机遇

由于中国与尼泊尔的地缘优势，中尼双边贸易发展由来已久。尽管贸易合作因两国经济水平和资源禀赋的差异存在不平衡问题，但是双边贸易互补性强，相关性大，具有巨大的发展潜力和空间。在"一带一路"倡议的合作框架下，双边贸易发展迎来了前所未有的良好机遇。《推动共建丝绸之路经济带和21世纪海上丝绸之路的愿景与行动》提出，要推进中国西藏与尼泊尔等国家边境贸易和旅游文化合作。中国西藏的特殊地理位置决定了其在"一带一路"建设中具有重要的地缘战略地位，是建设南亚大通道的重要参与者。2015年8月召开的中央第六次中国西藏工作座谈

会提出，要"把中国西藏打造成中国面向南亚开放的重要通道"。尼泊尔是南亚区域合作联盟（SAARC）的成员国。中尼贸易通道是实现中国与南亚区域合作联盟贸易自由化的"窗口"和"桥梁"，打通双边贸易通道，能够为进一步加强中国与南亚区域合作联盟的经贸关系创造基础条件和实践平台，对推动"中—尼—印"经济走廊建设以及南亚大通道建设具有重要意义。同时，加快中尼边境贸易的发展有利于构建国家全方位的开放格局，有利于提高中国西藏对外开放水平以及拓展高原特色优势产业发展空间，对于促进中国西藏长足发展和长治久安具有十分重要的战略意义。中尼经贸的合作发展也是提升和繁荣尼方经济的重要驱动力。在"一带一路"建设的不断推进下，中尼两国应把握好"五通"倡议下的良好合作机遇，推动跨境互联互通建设，畅通中尼贸易渠道，深入挖掘双边经贸合作潜力，推进双边贸易自由化和便利化，促进中尼贸易健康持续稳定发展。

## 二、 未来中尼双边贸易发展的重点

现阶段，中尼双边贸易发展处于稳定增长状态，中国提出的"一带一路"倡议为中尼贸易提供了新的发展机遇，跨境互联互通进入新时代，双边经贸发展前景良好，但在贸易发展过程中存在的问题也不容忽视。一是中方贸易顺差大，贸易不平衡问题突出（见表2-1）。尼泊尔对进口依赖较大，国内产品缺乏贸易竞争力，中国在尼泊尔出口国中排位第八，对尼泊尔出口优势产品挖掘不足。二是商品种类单一，贸易结构有待优化。受限于尼泊尔的经济发展水平，尼泊尔出口中国的商品多为初级产品和劳动密集型产品，商品结构单一，产品附加值低，贸易增长动力不足。三是交通条件差，基础设施水平亟须改善。中尼贸易目前主要是通过陆路运输，但是中尼边境口岸基础设施建设滞后，公路等级低，物流运输网络不健全，交通条件亟须提升。

未来，中尼双边贸易发展的重点工作应该在"一带一路"的"贸易畅通"合作倡议下，推动双边货物贸易平衡持续发展。

一要扎实推进两国友好合作，增强双边贸易发展的稳定性。政治关系是经贸关系的重要影响因素，稳定的政治关系是双边贸易良好发展的"重要基石"。中国与尼泊尔建交 60 多年来，政治关系的稳定发展，保障了中尼贸易的健康稳定发展。当前，尼泊尔顺利完成了政治转型，迎来国家建设的新机遇。搭乘"一带一路"发展的列车，双方应进一步加强两国友好交往，增强政治互信与互利合作，同心同力推动"中—尼—印"经济走廊建设。中方应继续加大对尼泊尔的友好援助，为两国贸易开展打造更坚实的发展基础，营造良好的贸易合作环境，形成互利共赢的良好合作模式，使双边贸易关系更趋稳固和持久。

二要积极拓展双边贸易领域，发展更加平衡的贸易关系。探索更加广泛的经贸合作领域，加强交流平台和机制建设，增加双方国家民众的文化认同感，推进经济、文化、农业和基础设施建设等方面的交流与合作，进一步发展旅游业、水利水电行业以及纺织业等，积极发挥旅游、投资的贸易带动效应。制定适合双方发展的长期合作规划，探索出台惠及双方的贸易政策，大力推动两国贸易自由化。挖掘尼泊尔的优势产品，主动扩大自尼进口，减小中尼贸易逆差，改善两国贸易失衡状态，为两国更好地进入南亚市场打下更坚实的基础。

三要加快基础设施互联互通建设，推进双边贸易便利化。加快国际道路运输发展，改善中尼间陆路交通基础设施，加速修复"4·25"地震中受损的中尼公路，落实中尼跨境铁路的规划建设，推动延长青藏铁路至尼泊尔境内，形成公路、铁路、航空、网络全方位联通格局，打造跨喜马拉雅立体互联互通网络。加强中尼边境口岸的硬件设施和软环境建设，尽快恢复开通樟木口岸，提升吉隆口岸运行水平，降低边境口岸的运输成本，注重边境各口岸的有机相连。加大口岸开放力度，为两国贸易开展创造更便利的通关条件。

表 2 - 1　1990—2017 年中尼货物贸易进出口额

单位：万美元

| 年份 | 进出口 | 出口 | 进口 | 差额 |
|------|--------|------|------|------|
| 1990 | 4714 | 4191 | 523 | 3668 |
| 1991 | 3363 | 3219 | 144 | 3075 |
| 1992 | 3577 | 3501 | 76 | 3425 |

续表

| 年份 | 进出口 | 出口 | 进口 | 差额 |
|---|---|---|---|---|
| 1993 | 3532 | 3344 | 188 | 3156 |
| 1994 | 4228 | 4023 | 205 | 3818 |
| 1995 | 5360 | 5340 | 20 | 5320 |
| 1996 | 4015 | 3725 | 290 | 3435 |
| 1997 | 6774 | 5808 | 966 | 4842 |
| 1998 | 7210 | 6688 | 522 | 6166 |
| 1999 | 21536 | 20702 | 834 | 19868 |
| 2000 | 20421 | 19707 | 714 | 18993 |
| 2001 | 15321 | 14858 | 463 | 14395 |
| 2002 | 11035 | 10507 | 528 | 9979 |
| 2003 | 12735 | 12200 | 535 | 11665 |
| 2004 | 17147 | 16324 | 823 | 15501 |
| 2005 | 19644 | 18794 | 850 | 17944 |
| 2006 | 26808 | 25979 | 829 | 25150 |
| 2007 | 40034 | 38555 | 1479 | 37076 |
| 2008 | 38119 | 37521 | 598 | 36923 |
| 2009 | 41418 | 40889 | 529 | 40360 |
| 2010 | 74367 | 73225 | 1142 | 72083 |
| 2011 | 119516 | 118131 | 1385 | 116745 |
| 2012 | 199765 | 196813 | 2952 | 193861 |
| 2013 | 225367 | 221042 | 4325 | 216717 |
| 2014 | 233055 | 228360 | 4694 | 223666 |
| 2015 | 86623 | 83425 | 3200 | 80225 |
| 2016 | 88826 | 86605 | 2221 | 84384 |
| 2017 | 98811 | 97028 | 1784 | 95244 |

数据来源：中国海关统计。

# 第三章　中国与尼泊尔的服务贸易

尼泊尔服务贸易整体规模不大，但其经济基础决定了服务贸易在外贸中占据重要地位。中国与尼泊尔边境接壤，两国服务贸易发展存在天然优势。中国"一带一路"倡议的提出，为两国服务贸易发展开辟了新的机遇空间。

## 第一节　尼泊尔服务贸易现状

尼泊尔的经济结构中，主要是农业为主，制造业和与之相关的生产性服务业发展较为缓慢。在地理位置上，尼泊尔夹在中国和印度两个贸易大国中间。其经济基础的不发达与地理位置的优势，决定了尼泊尔服务贸易在外贸中占据较为重要的地位。

### 一、尼泊尔服务贸易规模较小

近年来，尼泊尔服务贸易稳步提升，2015 年服务贸易规模达到 263130 万美元，同比增长 1.7%。中国 2017 年服务贸易总额达到 6957 亿美元，位居世界第二。因此，与世界贸易大国相比，尼泊尔的服务贸易规模总体偏小，这主要是由其经济总量决定的。

## 二、 服务贸易占据重要地位

服务贸易在尼泊尔对外贸易中占据重要地位。2013—2015 年，尼泊尔服务贸易在对外贸易总额的比重均超过 20%，2015 年服务贸易占比达到 35.7%。由于服务的可贸易性较低，所以导致世界主要发达国家服务贸易在对外贸易总额中的比重一般在 20% 左右。2017 年，中国服务贸易占外贸比重为 16.9%。而尼泊尔服务贸易占比维持在 30% 左右并呈现逐步上升趋势（见图 2 - 2）。

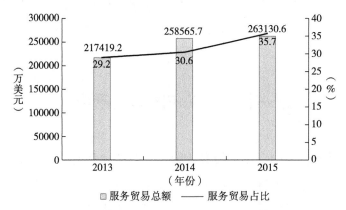

图 2 - 2　2013—2015 年尼泊尔服务贸易额及外贸占比

数据来源：WTO。

## 三、 以传统服务贸易为主

从分领域角度看，尼泊尔服务贸易中，传统服务贸易占据主导地位。2015 年，旅行服务贸易占全部服务贸易总额的 38.4%，同比增长 2%。运输服务贸易占服务总额的 16.7%。新兴服务贸易快速发展，其中 2015 年保险服务实现 29.9% 的增长。除旅行、保险和政府服务外，其他服务贸易领域均出现不同程度的下降（见表 2 - 2）。

表 2 - 2　2013—2015 年尼泊尔服务贸易各领域发展情况

单位：万美元

| 总额 | 2013 | 2014 | 2015 |
|---|---|---|---|
| 运输 | 41177 | 46511 | 44051 |
| 旅行 | 85803.9 | 99088.3 | 101021.3 |
| 保险 | 3182.8 | 4526 | 5879.8 |
| 电信、计算机和信息服务 | 39305.6 | 39051.9 | 38686.4 |
| 技术贸易相关和其他商业服务 | 24387.3 | 38072.3 | 34672.6 |
| 政府服务 | 23562.3 | 31316.3 | 38819.3 |

资料来源：WTO。

# 第二节　中国服务贸易现状

## 一、　中国服务贸易规模位居世界第二

2017 年，中国服务进出口总额 46991.1 亿元人民币，比 2016 年增长 6.8%，仅次于美国，位居世界第二位。其中，服务出口 15406.8 亿元，增长 10.6%；服务进口 31584.3 亿元，增长 5.1%。2017 年中国服务贸易占对外贸易总额（货物和服务进出口之和）的比重为 14.5%，比 2016 年下降 0.7 个百分点。2017 年服务贸易逆差 16177.4 亿元，比 2016 年减少 5.3%。

## 二、　服务出口增速较快，　进口规模持续扩大

2017 年，中国服务出口增速创 2011 年以来新高，比同期进口增速高 5.5 个百分点，7 年来服务出口增速首次高于进口。在运输、建筑、金融服务、知识产权使用费、维护和维修服务等领域，出口同比增长均超过 10%。其中，知识产权使用

费出口增长3.2倍,建筑服务出口增长91.4%。中国服务进口增长有所放缓,但规模仍远高于服务出口,为出口额的2倍左右。旅行服务依然是主要进口来源,进口规模占服务进口总额的54.5%,其中留学服务进口4481.8亿元人民币,占服务进口总额的14.2%。计算机和信息服务、视听及相关产品许可费服务进口快速增长,增速分别达58.2%和54.5%。海运服务、电信服务、研发成果使用费、个人文化和娱乐服务进口增速均在20%以上。服务贸易逆差规模仍保持较高水平,相当于服务贸易总额的34.4%。

### 三、 服务贸易结构不断优化

2017年,中国传统服务贸易占比下降,新兴服务贸易快速增长。三大传统服务行业(运输、旅行、建筑)进出口总额为30810.2亿元人民币,占服务贸易总额的65.6%,比2016年下降1.1个百分点。其中,建筑服务进出口规模创历史新高,达2194.8亿元,增速为55.7%,其中出口增速高达91.4%。得益于货物贸易恢复增长,运输服务进出口额增长15.5%,规模达8784.4亿元。旅行服务贸易规模较2016年下降2.4%,规模19831亿元,在服务贸易总额中所占比重为42.2%。

新兴服务进出口普遍快速增长。其中,电信、计算机和信息服务进出口增长22%,个人、文化和娱乐服务增长23.8%,维护和维修服务增长16.2%。知识产权使用费服务进出口额增长34.7%,知识产权使用费进口额接近出口额的6倍,逆差规模扩大至1608.5亿元,比2016年增长6%。中国知识产权使用费存在巨额逆差,表明中国企业技术升级步伐加快,知识产权市场蓬勃发展,为各国高科技企业创造了巨大的市场机遇。

## 第三节　中国与尼泊尔两国服务贸易发展势头良好

尼泊尔位于中国西南,处于中国与印度两个发展中大国之间,国土相连。地理位置的优越性为中尼两国合作发展提供了天然的空间优势。

## 一、 中国与尼泊尔发展服务贸易具有天然优势

尼泊尔位于喜马拉雅地区，海拔在 4877～8844 米，境内大部分属于丘陵地带，东、西、北三面多高山；中部河谷区，多小山；南部是冲积平原，分布着森林和草原。这样的地理条件为尼泊尔经济发展带来了一定的挑战，也为中尼两国服务贸易合作提供了机会，尤其是为中国对尼泊尔的旅游和航空运输等领域的合作提供了较多机会。

尼泊尔属于宗教型国家，80.6% 是印度教徒，其余为佛教徒、穆斯林等。虽然尼泊尔是世界上最不发达的国家之一，但是由于其整个国家宗教信仰十分突出，所以整体上人民具有开放包容的情怀，深受世界人民的欢迎，这也成为与中、印两国合作的文化基础。

## 二、 服务贸易规模稳步扩大

中国与尼泊尔的服务贸易保持了较快增长。从 2015 年到 2017 年，中国与尼泊尔双边服务贸易额从 9544.1 万美元增长至超过 1 亿美元（见图 2 - 3）。

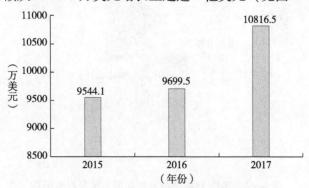

**图 2 - 3　2015—2017 年中国与尼泊尔服务贸易额**

资料来源：商务部。

2017 年，中国与尼泊尔服务贸易总额达 10816.5 万美元，同比增长 4.82%。其中，服务出口额为 6604.5 万美元，同比增长 8.42%；服务进口额为 4211.98 万美元，同比增长 12.29%。服务贸易差额为 2392.5 万美元，比 2016 年扩大 81.6 万美元，服务贸易差额占中尼两国服务贸易总额比重由 2016 年的 23.83% 下降至 22.12%。中国与尼泊尔服务贸易往来变得更加密切。

### 三、 传统服务贸易占据主导地位

中国与尼泊尔服务贸易合作仍以传统的旅行、运输、建筑三大类为主，2017 年占比为 74.9%（见图 2 - 4）。

传统领域中，运输服务贸易快速增长，2017 年运输服务贸易额为 2435.9 万美元，占中国与尼泊尔服务贸易额的比重由 2016 年的 17.9% 上升到 22.5%，增速高达 39.6%，较 2016 年提高 17.4%。

2017 年，旅行服务贸易为中尼两国服务贸易额最大领域，达到 4388.7 万美元，占两国服务贸易总额的 40.6%，与 2016 年的 41.9% 相比，略有下降。

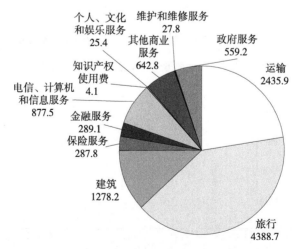

**图 2 - 4　2017 年中国与尼泊尔服务贸易行业分布**

资料来源：商务部。

新兴服务领域快速增长。2017 年，中国与尼泊尔服务贸易中新兴服务贸易总额达到 2713.79 万美元，保险服务、金融服务、个人、文化和娱乐服务、维护和维修服务等专业管理和咨询服务增长较快。其中金融服务增长 1.22 倍，个人、文化和娱乐服务增长 1.19 倍，保险服务同比增长 28.5%。电信、计算机和信息服务为新兴服务贸易领域中占比最大领域，占比达到 8.1%；其次为其他商业服务领域，占比达到 5.9%。

服务贸易差额整体稳定。中国与尼泊尔服务贸易基本保持整体顺差局面。2017 年，中国对尼泊尔服务贸易顺差为 2392.5 万美元，与 2016 年的 2310.9 万美元相比，略有上升。分领域看，运输服务为中国服务贸易顺差主要来源，顺差额为 1648.2 万美元，占全部顺差总额的 68.9%。电信、计算机和信息服务、建筑服务和保险服务对中尼服务贸易顺差占比超过 10%，分别为 34.4%、20.5% 和 11.2%。另外，金融服务、知识产权使用费服务、个人、文化和娱乐服务、其他商业服务以及政府服务均处于逆差状态，其中其他商业服务逆差为 437.4 万美元，为中尼服务贸易逆差最大来源领域（见图 2 - 5）。

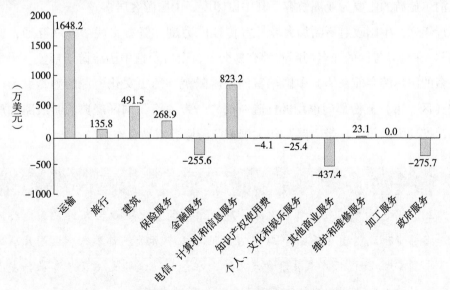

**图 2 - 5　2017 年中国与尼泊尔服务贸易分领域差额情况**

资料来源：商务部。

## 第四节　中国与尼泊尔两国服务贸易合作不断加强

中尼两国服务贸易各自具有独特优势，互补性强。近年来，中尼两国在旅游、运输、电信等服务贸易领域合作不断加强。

### 一、　中尼双边旅游服务贸易合作密切

中国作为出境旅游大国，图尼泊尔具有地理位置接近、文化底蕴深厚、旅游资源丰富等天然优势，吸引了大量中国游客前往。

尼泊尔地处喜马拉雅山南麓，徒步旅游和登山业发达，产值约占国民生产总值的 29%。高峰时，外国游客达到 60 多万人次/年；低峰时，外国游客也能达到 20 多万人次/年。2012 年，接待航空游客 59.53 万人次，比 2011 年增长 18.9%。赴尼泊尔旅游的主要为亚洲游客，其中以印度、中国游客居多。

近年来，中国政府不断加大境外宣传推广力度，努力实现"互联互通，旅游先通"。在世界各国的知名国际旅游交易会上，全力塑造中国旅游新形象，力争吸引更多的国际游客前来体验中国丰富的旅游景观和历史文化资源的独特魅力。多个省（区、市）旅游部门也积极打造一批"一带一路"国际经典旅游线路和旅游产品，推动中国与"一带一路"相关国家旅游服务贸易合作。

**专栏 2 – 2　中国贵州与尼泊尔旅游文化等合作**

2017 年，由中国贵州省文化厅、尼泊尔中国文化中心主办的"山地公园省·多彩贵州风"图片展 4 月 24 日在尼泊尔首都加德满都举行。该图片展通过 3 个篇章共 45 幅照片来展示贵州省的山水景观、民族文化及经济社会发展成就。尼泊尔民众可通过画展了解贵州省、了解中国。

中国贵州省同尼泊尔在文化方面具有非常大的合作空间，因为这两个地方山水相近，且在经济方面都属于"后发地区"。贵州省文化厅将在图片展后组织尼泊尔相关人士到中国贵州参观交流。

尼泊尔旅游、文化与民航部代理部秘阿查尔亚在致辞中表示，尼泊尔中国文化中心举办的各类文化交流活动广受尼泊尔民众欢迎，本次活动能帮助尼泊尔多方面了解多彩的贵州省，同时领略丰富深厚的中国文化。他表示，"尼方愿加强与中国贵州在文化旅游等方面的合作"。

## 二、　运输服务贸易援助效益显著

中国通过提升与尼泊尔国家的服务贸易合作水平，为促进当地经济增长、提高就业水平与增强消费者福利做出了巨大贡献。在运输服务贸易领域，中国对"一带一路"地区的服务出口不断扩大，促进了进口国家基础设施建设和经济发展。中国企业在尼泊尔参与的运输服务中贡献巨大。优势互补为深化中国与"一带一路"相关国家合作创造了有利条件。

### 专栏 2 - 3　中国为尼泊尔运输服务提供巨大助力

根据中国官方和尼泊尔官方在 2013 年 11 月 28 日签署的协议，中方在援助项下向尼方提供 1 架"新舟 60"和 1 架"运 12E"飞机，在优惠贷款项下向尼方提供 1 架"新舟 60"和 3 架"运 12E"飞机。上述项目由中国航空技术国际控股有限公司负责实施。其中，中方已分别在 2014 年 4 月和 11 月交付给尼方各 1 架飞机；2017 年 2 月 8 日，又向尼方交付了 2 架飞机。2018 年 4 月 17 日交付的 2 架飞机是属于优惠贷款项下的。这也标志着该项目顺利完成实施。

尼泊尔地形地貌多样，以高山丘陵为主，且气象条件复杂。面对该国高难度的飞行环境，中国国产飞机表现出了良好的适应性：截至目前，已交付的

"新舟60"飞机已安全运营 3632 个飞行小时，安全起落 4038 个架次；"运12E"飞机已安全运营 1725 个小时，安全起落 1725 个架次。

### 三、 电信领域合作不断深化

中国与"一带一路"相关国家和地区在服务贸易领域具有较强的互补性。中国经济富有活力，科技创新实力较强，旅游与教育资源丰富，在计算机信息、通信、金融、建筑等领域竞争优势比较明显。在互联网和信息技术领域，华为、中兴等公司在相关国家设立研发中心、交付中心等，带动研发、专业咨询、电信计算机和信息服务的出口迅速增长。

2016 年，尼泊尔国有电信公司与中国电信集团签署协议，通过跨境陆线线路接入中国香港的宽带服务。2017 年 8 月，尼泊尔接入中国企业提供的互联网服务，印度在该领域的"垄断地位"被终结。以往尼泊尔的互联网接入服务完全依赖印度，这是中国在尼泊尔挑战印度影响力的最新例证。

## 第五节 "一带一路"倡议为服务领域未来合作创造更多空间

自"一带一路"倡议提出以来，中国与相关国家的服务贸易合作持续推进、势头良好，并呈现出巨大的发展空间与潜力。

### 一、 中国与"一带一路"国家战略高度契合

整体来看，"一带一路"相关国家经济服务化趋势较强，大多数国家服务业在国民经济中的地位持续上升。这些国家对服务消费精细化、品质化、多样化的需求日益提升，为服务贸易发展提供了巨大的市场空间。同时，中国与"一带一路"相关国家发展战略与政策具有较高的契合度。中方提出的"六廊六路多国多港"

建设思路，与相关国家亟待完善公路、铁路、港口、信息等基础设施的愿景相符。中国正在实施的"互联网+""智慧城市"等战略，以及中国倡导的数字丝绸之路，与相关国家亟待缩小与发达国家数字鸿沟的意愿相契合，成为中国与"一带一路"相关国家发展服务贸易的强大动力。

## 二、 中尼两国经济互补性强

尼泊尔的经济结构主要以农业为主，普遍存在基础设施落后、互联互通技术不足、航空物流欠缺等问题。中国"一带一路"倡议提出后，加大向西、向南投资开放合作力度，中国正向服务强国迈进，建筑工程具有较强竞争力，计算机软件贸易快速发展，大飞机制造已经完成，因此两国经济十分互补。另外，宗教信仰产生的整体开放的国民心态，既成为吸引外国游客的文化禀赋，也成为其开放合作的精神内核，是与世界各国合作的基础。地理位置的毗邻、经济结构的互补和宗教文化的信仰成为两国继续深入合作的重要动力，中国"一带一路"倡议的提出，必将为两国带来更大的合作空间。

## 三、 投资环境成为两国合作潜在风险

尼泊尔多年国内政局动荡，直至 2006 年，持续 11 年的武装冲突才结束。新一届政府成立后，国内政局趋于稳定，但尼泊尔国内仍面临行政体系不健全、全国游行示威活动、生产罢工活动偶会发生等问题。另外，尼泊尔国内法律法规尚不健全，不可避免地存在一些政策制定和执行中的疏漏，其国内政策的具体落实中也存在一些偏差，对吸引国际投资产生一定影响。

未来发展前景乐观。目前，尼泊尔政府正在绘制 2030 年发展蓝图，总理奥利提出"繁荣的尼泊尔、幸福的尼泊尔人"的目标，从总体上看尼泊尔发展前景乐观，投资环境有所改善，但各种有利于外国投资的法律法规和政策性文件还有待出台，投资风险尚有待逐步降低。

# 第四章　中国对尼泊尔投资与工程合作

中国与尼泊尔是山水相连的友好邻邦，两国关系一直保持长期、持续、向好的发展。2017 年，中国是尼泊尔最大的外资来源国，中国企业大力支持当地基础设施和经济能力建设，为尼泊尔当地经济社会发展贡献了重要的力量。近几年，在中国企业的大力支持下，尼泊尔当地的水电建设、工业产能建设以及通信基础设施建设取得了快速的发展。为进一步支持与尼泊尔的投资和基础设施工程合作，中尼双方应进一步加强政治互信合作、注意处理与印度方面的相关关系、深化产能合作的空间和领域，促进双边务实经贸合作向好发展，为两国共同繁荣做出贡献。

## 第一节　中国对尼泊尔投资与工程合作的发展现状

中国与尼泊尔是山水相连的友好邻邦，两国人民有着上千年的交往历史，尼泊尔是中国全面合作伙伴关系国。两国良好的政治关系推动了经贸合作的繁荣发展。近年来，尼泊尔国内宏观经济形势持续向好，外贸和投资继续扩大，侨汇收入、财政收入继续增长，外汇储备创历史新高。进一步加强双边联系和交流，促进政策沟通、道路联通、贸易畅通、货币流通和民心相通，有助于吸引中国投资者和基础设施建设企业进一步开拓当地市场，为巩固双边关系、促进双边经贸繁荣、支持尼泊尔经济发展和社会生活水平提升发挥积极作用。

近几年来，中国企业和个人赴尼泊尔投资呈大幅增长趋势。中国对尼泊尔投资存量从2003年的181万美元上升至2017年的2.95亿美元，年均复合增长率达43.9%，快于中国整体对外投资年增速，远高于尼泊尔对中国累计投资额（250万美元）。中国在尼泊尔工程承包和劳务合作始于1981年。截至2017年12月，中国在尼泊尔累计签订承包工程与劳务合作合同额45.42亿美元，完成营业额30.39亿美元。2017年，中国企业对尼泊尔投资实现逆势增长。对尼泊尔投资主要集中在水电基础设施投资开发领域，国内中央企业成为当地投资主力军。

## 一、　对尼泊尔投资逆势增长

2017年，中国企业对外直接投资1246.3亿美元，同比下降32%。在此背景下，中国企业对尼泊尔直接投资4795万美元，较2016年实现较大增幅，为有史以来对尼泊尔投资流量第二大的年份。从图2-6中可以看出，近几年来中国企业和个人赴尼泊尔投资呈大幅增长趋势。值得注意的是，当前中国企业对尼泊尔投资热情不断高涨，2018年3月红狮集团对尼泊尔水泥项目协议投资额达3.5亿美元，成为尼泊尔最大外商投资项目。

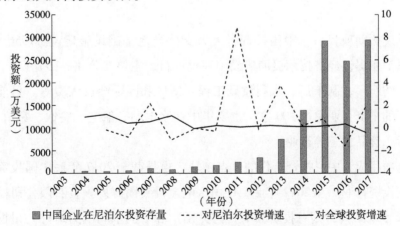

**图2-6　中国企业对尼泊尔直接投资发展情况**

数据来源：商务部。

据联合国贸发会议最新数据统计，截至 2016 年底在尼泊尔投资的外资存量达 6.53 亿美元，中国投资存量占 37.8%。据尼泊尔工业局统计，截至目前，中国企业和个人在当地投资项目数量已经超过印度，居外国对尼投资首位（见图 2 - 7）。

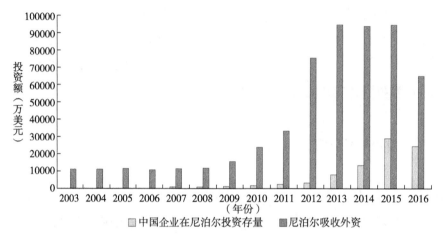

**图 2 -7　尼泊尔吸收外资与吸收来自中国投资的发展情况**
数据来源：商务部，联合国贸发会议。

## 二、 对尼泊尔投资主要集中在基础设施领域

继早期援助项目后，中国投资者大力支持当地基础设施建设。1956 年以来，中国向尼泊尔提供经济技术援助建设了一批项目，主要有公路、砖瓦厂、造纸厂、水电站、纺织厂、制革厂、水利灌溉工程、糖厂和国际会议大厦等。目前，在尼泊尔投资的中资企业超过 100 家，主要集中在水电站、航空、餐饮、宾馆、矿产、中医诊所、食品加工等行业。

水电项目成为中尼投资合作的重点领域，也是截至 2017 年底中国投资者对尼泊尔最大投资行业。在 2012 年底，中国水电建设集团海外投资有限公司投资的上马相迪 A 水电站（计划总投资额 1.6 亿美元）和中国水利电力对外公司投资的上马蒂水电站（计划总投资额 5830 万美元）项目先后开工。与此同时，民营企业对尼泊尔水电项目投资力度不断加大，四川华尼能源投资有限公司投资的布特科西水电站（计划总投资额 1.8 亿美元）已完成扩容审批。

## 三、 基础设施合作不断深入

20 年来，中国企业在尼泊尔当地承包工程完成营业额快速增长，年均复合增长率达 4.2%。其中，2014 达到峰值水平 4.99 亿美元。2016 年，中国企业在尼泊尔新签合同 39 个，新签合同额达 2.98 亿美元；完成营业额 2.23 亿美元（见图 2-8）。新签合同额高于完成营业额，表明在当地市场中国企业承包工程未来仍有较大的发展空间，中尼双方在工程承包领域的基础设施合作将不断深化。2016 年新签大型工程承包项目包括中鼎国际工程有限责任公司承建达朗—哈踏拉—海拓达双向四车道公路 134.9 公里公路项目；华为技术有限公司承建尼泊尔电信；中国海外工程有限责任公司承建高驰—特尔苏里—马陵公路等。

此外，2017 年随工程业务派出人数达 1129 人，年末在当地人数达 1028 人。据尼泊尔劳动局统计，中国获得在当地工作许可人数高居各国首位，远高于排名第二的英国（52 人）。这反映中国公司在尼泊尔投资和工程承包项目不断增长，带来了大量的用工需求。中国员工与尼泊尔当地员工交流合作较为密切，促进了技术和经验的交流与互动。

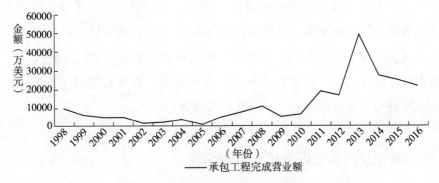

**图 2-8 中国企业在尼泊尔当地承包工程完成营业额发展情况**

数据来源：商务部。

## 四、 中尼友谊工业园框架性合作协议完成签署

2018 年 5 月 15 日，中国拉萨经济技术开发区投资发展有限公司、尼泊尔工业区管理有限公司、中国平安集团信托有限责任公司在"一带一路"国际合作高峰论坛"政策沟通与战略对接"平行主题会议上，成功签订《中尼友谊工业园框架性合作协议》。这是中国西藏自治区首个"一带一路"国际合作高峰论坛签约项目，也是尼泊尔当地首个中国经贸合作园区。中尼友谊工业园计划投资 10 亿美元，主要引入国际国内能源产业、民生用品制造、整车组装（汽车、摩托车）、水净化处理、农畜产品加工、电子产品、新能源产业等实体生产企业，在满足当地需求的同时，打造面向南亚经济产业链，形成产业竞争优势，持续拓展南亚市场，提升尼泊尔、中国西藏特色产业发展水平和效益。

# 第二节　中国对尼泊尔投资与工程合作取得的主要成就

中尼两国是山水相连的友好邻邦，有着世代友好的全面合作伙伴关系。自 1955 年 8 月 1 日建交以来，两国在贸易、投资、工程承包、技术合作等方面开展了卓有成效的合作。近年来，中尼双方务实经贸合作快速发展。2017 年 5 月，中尼签署了《关于在"一带一路"倡议下开展合作的谅解备忘录》。同年 8 月，时任国务院副总理汪洋访尼，尼政府领导人也先后访华。在政策沟通不断畅通的情况下，两国投资与工程合作取得了一系列显著成效。

## 一、 基础设施引领双方优势资源合作

基础设施是一国基础性、先导性行业，是促进一国经济"起飞"的关键要素。基础设施行业具有强烈的正向外部性特点，能够为当地经济社会发展带来长久的、

正向外部性效应。中国企业在基础设施工程承包环节具有比较优势，国际业务份额占全球 1/5 以上，位列世界第一。尼泊尔水力资源丰富，水电蕴藏量为 8300 万千瓦，约占世界水电蕴藏量 2.3%，其中 2700 万千瓦可发展水力发电。但受制于水电建设不足，电力供应一度非常紧张，基础设施缺口较大。中尼双方在基础设施，尤其是水电领域具有较强的优势互补性。

水电行业是中资企业在尼泊尔最重要的基础设施合作领域。尼泊尔虽然水能资源丰富，但其境内多为中小规模水电站，大型水电站的建设尚处于探索阶段，尼泊尔政府亦对水电行业寄予厚望。一方面，中资企业在尼泊尔投资的水电站为缓解尼泊尔电力紧张局面贡献甚大；另一方面，在满足国内用电需求的情况下，对外出口电力能源可为尼泊尔带来不菲收入。目前，水电项目的投资额占中国对尼泊尔投资存量的五成以上，也是中国在尼泊尔工程承包的主要领域。近几年，尼泊尔经济持续向好，但投资不足造成尼泊尔实际 GDP 发展与潜在产出缺口较大，水电领域基础设施投融资缺口问题较为突出。对此，中国企业通过投资在尼泊尔建设基础设施的项目不断增多，中国水利电力公司以及中国电建集团均通过投资方式承建和运营当地水电项目。通过投资方式参与尼泊尔水电项目，帮助当地政府解决了大量资金，将未来现金流提前变现，为当地经济"起飞"及社会发展贡献了重要力量。

此外，中国阿尼哥公路和沙拉公路修复保通、中国援建普兰口岸的斜尔瓦界河公路桥、加德满都环路改造（一期、二期）、中尼跨境铁路及尼境内铁路等项目，为当地基础设施建设发展、为两国基础设施互联互通起到了关键的作用。

## 二、　重大项目产能合作持续推进

中尼双方积极对接各自发展战略，在"一带一路"倡议框架下推动重大项目的实施。建设符合尼泊尔国情的工业体系，加强中尼产能合作。尼泊尔工业基础薄弱，规模较小，机械化水平低，发展缓慢。2016—2017 财年，尼泊尔工业产值仅占 GDP 的 14%，未来工业还有较大的发展前景。截至 2016 年底，中国企业对尼泊尔制造业投资占比接近 10%，是对尼泊尔投资的第二大行业。

多年以前，中国企业与尼泊尔便开展了以水泥生产建设为主，附带相关设施投资和制造方面的产能合作。受 2015 年，"4·25"地震和"非正式禁运"的影响，尼泊尔当地对于工业建设和经济发展的需求较为迫切，中资企业加大对当地工业投资和产能合作。2008 年，湖北华新水泥在中国西藏项目就已打开尼泊尔市场，受到当地的欢迎。2017 年，湖北华新水泥在尼泊尔开始日产 2800 吨熟料水泥项目及配套电厂建设。预计项目完成后，将为尼泊尔每年提供 100 万吨优质水泥，彻底满足尼泊尔西北部水泥市场供应，结束该地区水泥长期依赖进口的局面。2017 年 9 月，中国红狮集团日产 6000 吨新型干法熟料水泥生产线及配套 12MW 纯低温余热发电项目签署协议，这是尼泊尔最大的外国直接投资工业项目，总投资3.5 亿美元，被尼泊尔官方授予"中国企业投资荣誉奖"，对于满足尼泊尔高标号水泥需求具有十分重要的作用。2018 年 5 月，该项目正式投产。

### 三、 通信合作亮点频现

尼泊尔人口规模快速发展，青年人数量不断增加，对于通信和网络需求迅速上升。可使用互联网的人口数量从 2005 年的 0.83% 上升至 2016 年的 19.69%，在近几年实现快速发展（见图 2 - 9）。华为、中兴、中通服等中国企业为尼泊尔通信基础设施建设贡献力量。

目前，尼泊尔主要通过比拉德讷格尔、白来瓦、比尔根杰等地印度电信运营商的光纤接入点（西向通道）连接全球互联网。2018 年初，中国企业铺设的跨越喜马拉雅山脉的中尼光缆为当地提供了经中国连接全球的网络通道，从加德满都出发经中尼光缆到达亚太通信枢纽中国香港的时延只有 73 毫秒，比经印度通过海底光缆到达中国香港缩短了至少 40 毫秒。此外，中国小米、OPPO 等手机厂商也通过设立办事处、贸易代表处等方式在当地推广品牌，为当地提供质优价廉的通信设备。2018 年 2 月，尼泊尔乔达里集团将中国智能手机品牌——魅族引入尼泊尔市场，以合作方式为当地提供质保和其他售后服务。

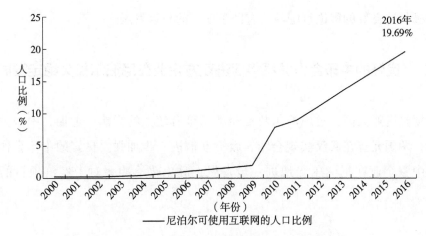

**图2-9　尼泊尔当地可使用互联网的人口数量比例**

数据来源：世界银行。

## 第三节　中国对尼泊尔投资与工程合作的前景展望和建议

随着中尼关系的进一步稳固，中国与尼泊尔投资及工程合作将步入新的发展时期。当前，尼泊尔方面进一步鼓励水电行业、公路及铁路基础设施建设等传统领域的投资与工程合作，在农业、采矿业和旅游等方面也大力推行新产业政策，积极引入外国投资促进经济发展。随着尼泊尔政局的稳定和经济的不断发展，尼泊尔的市场潜力将不断增大，中资企业参与尼泊尔市场的前景也将更加广阔。

### 一、　稳定的政局体系和稳固的双边关系将有助于促进中国对尼泊尔投资与工程合作

当前，尼泊尔仍处于政治转型期，部分经济项目被当地政治化的倾向较为严重。尼泊尔稳定的政局以及稳定的政策是进一步促进中国对尼泊尔投资与工程合作深化发展的关键。经济项目独立运作、依靠市场运作以及企业主动承担社会责

任、积极打造良好的舆论氛围等,有助于项目的长远发展。

## 二、 良好的中印合作关系将促进双方企业在尼泊尔长久稳定发展

印度是南亚大国,对尼泊尔政治经济局势有较大的影响。近期,中印关系平稳发展,两国元首在武汉实现会晤,政治互信进一步加强。良好的中印合作关系将促进中资企业在尼泊尔当地进一步发展,避免政治冲突对于经济项目的不利影响。

## 三、 中尼传统经济合作领域仍有深挖空间

尼泊尔基础设施落后,基建项目的互联互通仍有较大发展空间,投资或融资推动的基础设施建设符合当地需要。在工业领域,尼泊尔政府一直期望改变工业落后局面,加强工业建设的独立自主性。尼泊尔政府积极欢迎中国的"一带一路"倡议,支持产能合作、欢迎中国制造业的投资。双方可在共商、共建和共享的原则上,积极推动产能合作,帮助尼泊尔形成自主的经济发展能力,造福当地人民。

# 第五章　中尼自贸区建设

中国与尼泊尔是彼此尊重、相互支持的友好邻邦，双方政治关系稳定、经贸合作紧密、经济互补性强，具有开展自贸区建设的良好基础。中国正逐步构筑立足周边、辐射"一带一路"、面向全球的高标准自贸区网络，并将自贸区作为"一带一路"建设的重要支撑，而尼泊尔的自贸区建设仍处于起步阶段，具有较大的发展空间。建立中尼自贸区不仅能够为两国经济社会发展提供新机遇和新动力，还有助于推动双方的"一带一路"合作，并为其他国家提供借鉴。目前，中尼两国正在进行自贸协定联合可行性研究，未来将在货物贸易、服务贸易、投资和经济合作等领域开展自贸区谈判，创造更好的贸易投资环境，为双边经贸关系注入新的活力。

## 第一节　中尼自贸区建设实践

自贸区是当前区域经济合作的主要形式，也是加强双边经贸关系的重要平台和途径。中国希望通过自贸区建设进一步深化改革、扩大开放，不断拓展国际经济合作空间。尼泊尔参与的自贸区很少，但也希望借此融入全球产业链，分享经济自由化的利益。两国的自贸区建设实践与经验将为中尼自贸区建设提供借鉴和参考。

### 一、　中国自贸区建设稳步推进

中国自 2001 年底加入世贸组织以来，积极扩大对外开放，并在世贸组织框架下开展自贸区建设，推进区域经济一体化进程。截至 2018 年 6 月底，中国已签署 16 个自贸协定，涵盖 24 个国家和地区，涉及亚洲、大洋洲、拉丁美洲、欧洲等四大洲。其中，15 个自贸协定已经生效，主要包括与中国香港、澳门特别行政区的更紧密经贸关系安排（CEPA），海峡两岸经济合作框架协议（ECFA），以及与东盟、巴基斯坦、智利、新西兰、新加坡、秘鲁、哥斯达黎加、冰岛、瑞士、韩国、澳大利亚、格鲁吉亚等组织和国家的自贸协定，与马尔代夫的自贸协定也有望在 2018 年内生效。同时，中国与海合会、斯里兰卡、以色列、挪威、摩尔多瓦、毛里求斯、巴拿马等组织和国家正在开展自贸协定谈判，并积极推进《区域全面经济合作伙伴关系协定》（RCEP）和中日韩自贸协定谈判。此外，中国还与哥伦比亚、斐济、尼泊尔、巴布亚新几内亚、加拿大、孟加拉国、蒙古国、巴勒斯坦等国开展自贸区联合研究，立足周边、辐射"一带一路"、面向全球的高标准自贸区网络逐步形成。

从自贸伙伴来看，中国的自贸区建设主要集中在周边地区，自贸伙伴以亚洲国家和地区为主，已签署协定的 24 个伙伴中有 17 个属于亚洲。这主要是由于中国与亚洲自贸伙伴地理位置相邻，交通相对便利，便于双方通过自贸区建设进一步深化经贸合作。同时，中国的自贸伙伴不仅包含发展中国家，还包含发达国家，实现了"南南合作"与"南北对话"的并行推进。

从协定签署来看，中国早期建设的自贸区大多分领域、分阶段开展谈判并签署协定，如中国与东盟先后达成《全面经济合作框架协议》《货物贸易协定》《服务贸易协定》和《投资协定》，逐步形成和完善自贸区的法律框架。而自中国—新西兰自贸区开始，则普遍采取各领域并进的谈判方式，最终达成涵盖诸多领域和内容的一揽子自贸协定，这也是国际自贸区建设的主流趋势。

从协定内容来看，中国的自贸区已经超越单纯的货物贸易范畴，普遍涵盖服务贸易、投资以及经济合作内容，并遵循国际自贸区发展趋势，逐步涉及知识产权、环境保护、竞争政策、劳动合作、电子商务等领域，关注重点从市场准入为主的"边境上"措施，逐步向协调国内规制的"边境后"措施延伸，且约束力不断增强。

　　从开放水平来看，中国已签署的自贸协定大多数货物贸易自由化率较高，零关税产品税目占比基本在 90% 以上。其中，中国内地对港澳地区全部产品均已实现零关税；中国对智利、新西兰、新加坡、哥斯达黎加、冰岛、澳大利亚、马尔代夫等国的货物贸易自由化率也达到 95% 以上。在服务贸易领域，中国基本遵循世贸组织《服务贸易总协定》（GATS），采取"准入后国民待遇 + 正面清单"模式，水平承诺与入世承诺大体一致，部门承诺则大多在入世承诺基础上进行深化和拓展，仅对中国香港和澳门地区采用"准入前国民待遇 + 负面清单"方式全面开放服务贸易市场。而在投资领域，中国仍主要适用准入后国民待遇原则，对准入前国民待遇并未做出承诺，但在中韩、中澳自贸协定中已承诺按照"准入前国民待遇 + 负面清单"模式进行后续投资议题谈判。

表 2 - 3　中国已签协定自贸区情况

| 序号 | 自贸区 | 主要协定 | 涵盖领域 |
|---|---|---|---|
| 1 | 中国—东盟自贸区 | 《中国与东盟全面经济合作框架协议》：2002 年 11 月 4 日签署，2003 年 7 月 1 日生效；《关于修订〈中国与东盟全面经济合作框架协议〉及项下部分协议的议定书》：2015 年 11 月 22 日签署，2016 年 7 月 1 日生效。<br>《中国与东盟全面经济合作框架协议货物贸易协议》：2004 年 11 月 29 日签署，2005 年 7 月 20 日生效；《中国与东盟全面经济合作框架协议货物贸易协议》第二议定书：2010 年 10 月 29 日签署，2011 年 1 月 1 日生效。<br>《中国与东盟全面经济合作框架协议服务贸易协议》：2007 年 1 月 14 日签署，2007 年 7 月 1 日生效；《关于实施中国与东盟自由贸易区〈服务贸易协议〉第二批具体承诺的议定书》：2011 年 11 月 18 日签署，2012 年 1 月 1 日生效。<br>《中国与东盟全面经济合作框架协议投资协议》：2009 年 8 月 15 日签署，2010 年 2 月 15 日生效。 | 货物贸易、服务贸易、投资、经济合作 |

| 序号 | 自贸区 | 主要协定 | 涵盖领域 |
|---|---|---|---|
| 2 | 内地与香港 CEPA | 《内地与香港关于建立更紧密经贸关系的安排》及六个附件：2003 年 6 月 29 日签署，2004 年 1 月 1 日生效。<br>《内地与香港关于建立更紧密经贸关系的安排》十个补充协议：2004—2013 年。<br>《〈内地与香港关于建立更紧密经贸关系的安排〉关于内地在广东与中国香港基本实现服务贸易自由化的协议》：2014 年 12 月 18 日签署，2015 年 3 月 1 日实施。<br>《〈内地与香港关于建立更紧密经贸关系的安排〉服务贸易协议》：2015 年 11 月 27 日签署，2016 年 6 月 1 日实施。<br>《〈内地与香港关于建立更紧密经贸关系的安排〉投资协议》和《〈内地与香港关于建立更紧密经贸关系的安排〉经济技术合作协议》：2017 年 6 月 28 日签署，2018 年 1 月 1 日实施。 | 货物贸易、服务贸易、投资、经济合作 |
| 3 | 内地与澳门 CEPA | 《内地与澳门关于建立更紧密经贸关系的安排》及六个附件：2003 年 10 月 17 日签署，2004 年 1 月 1 日生效。<br>《内地与澳门关于建立更紧密经贸关系的安排》十个补充协议：2004—2013 年。<br>《〈内地与澳门关于建立更紧密经贸关系的安排〉关于内地在广东与中国澳门基本实现服务贸易自由化的协议》：2014 年 12 月 18 日签署，2015 年 3 月 1 日实施。<br>《〈内地与澳门关于建立更紧密经贸关系的安排〉服务贸易协议》：2015 年 11 月 28 日签署，2016 年 6 月 1 日实施。<br>《〈内地与澳门关于建立更紧密经贸关系的安排〉投资协议》和《〈内地与澳门关于建立更紧密经贸关系的安排〉经济技术合作协议》：2017 年 12 月 18 日签署，2018 年 1 月 1 日实施。 | 货物贸易、服务贸易、投资、经济合作 |
| 4 | 中国—巴基斯坦自贸区 | 《中国与巴基斯坦关于自由贸易协定早期收获计划的协定》：2005 年 4 月 5 日签署，2006 年 1 月 1 日生效。<br>《中国与巴基斯坦自由贸易协定》：2006 年 11 月 24 日签署，2017 年 7 月 1 日生效。<br>《中国与巴基斯坦自由贸易协定补充议定书》：2008 年 10 月 15 日签署。<br>《中国与巴基斯坦自由贸易区服务贸易协定》：2009 年 2 月 21 日签署，2009 年 10 月 10 日生效。<br>《中国与巴基斯坦自由贸易区服务贸易协定银行业服务议定书》：2015 年 4 月 20 日签署，2015 年 11 月 11 日生效。 | 货物贸易、服务贸易、投资 |

| 序号 | 自贸区 | 主要协定 | 涵盖领域 |
|---|---|---|---|
| 5 | 中国—智利自贸区 | 《中国与智利自由贸易协定》：2005 年 11 月 18 日签署，2006 年 10 月 1 日生效。<br>《中国与智利自由贸易协定关于服务贸易的补充协定》：2008 年 4 月 13 日签署，2010 年 8 月 1 日生效。<br>《中国与智利自由贸易协定中关于投资的补充协定》：2012 年 9 月 9 日签署，2014 年 2 月生效。<br>《中国与智利关于修订〈自由贸易协定〉及〈自由贸易协定关于服务贸易的补充协定〉的议定书》：2017 年 11 月 11 日签署。 | 货物贸易、服务贸易、投资、经济合作 |
| 6 | 中国—新西兰自贸区 | 《中国与新西兰自由贸易协定》：2008 年 4 月 7 日签署，2008 年 10 月 1 日生效。 | 货物贸易、服务贸易、投资、经济合作、知识产权 |
| 7 | 中国—新加坡自贸区 | 《中国与新加坡自由贸易协定》和《中国与新加坡关于双边劳务合作的谅解备忘录》：2008 年 10 月 23 日签署，2009 年 1 月 1 日生效。<br>《关于修改〈中华人民共和国政府和新加坡共和国政府自由贸易协定〉的议定书》：2011 年 7 月 27 日签署，2011 年 10 月 24 日生效。 | 货物贸易、服务贸易、投资、经济合作 |
| 8 | 中国—秘鲁自贸区 | 《中国与秘鲁自由贸易协定》：2009 年 4 月 28 日签署，2010 年 3 月 1 日生效。 | 货物贸易、服务贸易、投资、经济合作、知识产权 |
| 9 | 中国—哥斯达黎加自贸区 | 《中国与哥斯达黎加自由贸易协定》：2010 年 4 月 8 日签署，2011 年 8 月 1 日生效。 | 货物贸易、服务贸易、投资、经济合作、知识产权 |

续表

| 序号 | 自贸区 | 主要协定 | 涵盖领域 |
|---|---|---|---|
| 10 | 海峡两岸ECFA | 《海峡两岸经济合作框架协议》和《海峡两岸知识产权保护合作协议》：2010年6月29日签署，2011年1月1日实施。《海峡两岸投资保护和促进协议》和《海峡两岸海关合作协议》：2012年8月9日签署，2013年2月1日生效。《海峡两岸服务贸易协议》：2013年6月21日签署。 | 货物贸易、服务贸易、投资、经济合作、知识产权 |
| 11 | 中国—冰岛自贸区 | 《中国与冰岛自由贸易协定》：2013年4月15日签署，2014年7月1日生效。 | 货物贸易、服务贸易、投资、经济合作、知识产权 |
| 12 | 中国—瑞士自贸区 | 《中国与瑞士自由贸易协定》：2013年7月6日签署，2014年7月1日生效。 | 货物贸易、服务贸易、投资、经济合作、知识产权、竞争、环境 |
| 13 | 中国—韩国自贸区 | 《中国与韩国自由贸易协定》：2015年6月1日签署，2015年12月20日生效。 | 货物贸易、服务贸易、投资、经济合作、知识产权、竞争、环境与贸易、电子商务 |
| 14 | 中国—澳大利亚自贸区 | 《中国与澳大利亚自由贸易协定》《投资便利化安排谅解备忘录》和《假日工作签证安排谅解备忘录》：2015年6月17日签署，2015年12月20日生效。 | 货物贸易、服务贸易、投资、知识产权、电子商务 |

续表

| 序号 | 自贸区 | 主要协定 | 涵盖领域 |
|---|---|---|---|
| 15 | 中国—格鲁吉亚自贸区 | 《中国与格鲁吉亚自由贸易协定》：2017 年 5 月 13 日签署，2018 年 1 月 1 日生效。 | 货物贸易、服务贸易、经济合作、知识产权、环境与贸易、竞争 |
| 16 | 中国—马尔代夫自贸区 | 《中国与马尔代夫自由贸易协定》：2017 年 12 月 7 日签署。 | 货物贸易、服务贸易、投资、经济合作 |

资料来源：根据中国自由贸易区服务网资料整理。

## 二、 尼泊尔自贸区建设有待加强

在多边层面，尼泊尔于 2004 年以最不发达国家身份加入世贸组织，也是世贸组织成立以来首批成为正式成员的最不发达国家，对外开放水平显著提升。但在区域层面，尼泊尔的自贸区建设相对缓慢，至今为止仅与孟加拉国和印度签署了过境和贸易相关协定，并参加了南亚自贸区和环孟加拉湾经济合作组织自贸区。从自贸伙伴来看，主要是周边的南亚和东南亚国家；从协定内容来看，主要涉及货物贸易领域，而服务贸易和投资内容相对较少。

尼泊尔与孟加拉国于 1976 年 4 月 2 日签署《过境协定》和《贸易和支付协定》，在 2016 年 5 月举行的第三次贸易部长级会议上，双方进一步拓宽农业和工业产品的关税优惠方式，允许尼泊尔卡车进入孟加拉国，授予孟加拉国商人签证，并加强旅游合作。①

---

① Brief on the activities of FTAWing [EB/OL]. https：//mincom. portal. gov. bd/site/page/e3690cae - ae3c - 49cd - 94e9 - 1c31c68920a5/FTA - Wing, 2017 - 06 - 22.

尼泊尔与印度签署了《过境协定》和《贸易协定》，并分别于 2007 年 3 月 6 日和 2009 年 10 月 27 日重新修订了《贸易协定》。根据协定内容，除烟草、香水、氧化锌和纱线 4 种商品外，尼泊尔商品进入印度市场享受单方面零关税待遇。①

尼泊尔与印度、巴基斯坦、斯里兰卡、孟加拉国、不丹和马尔代夫于 2004 年 1 月 6 日在第 12 届南亚国家联盟领导人峰会上签署了《南亚自由贸易协定框架协议》，并于 2006 年 1 月 1 日生效，旨在推动南亚区域内部经济合作。第一阶段：协议生效后 2 年内，印度、巴基斯坦和斯里兰卡等非最不发达国家将现行关税税率削减至 20%，如果在协议生效时实际税率低于 20%，则在该 2 年内每年再削减 10%；孟加拉国、尼泊尔、不丹和马尔代夫 4 个最不发达国家则在此期间将现行关税税率削减至 30%，如果在协议生效时实际税率低于 30%，则在该 2 年内每年再削减 5%。第二阶段：自协议生效后第 3 年开始的 5 年内（2008—2012 年），非最不发达国家将关税税率由 20% 或以下削减至 0～5%（斯里兰卡关税削减期为 6 年，即到 2013 年）；最不发达国家则在协议生效后第 3 年开始的 8 年内（2008—2015 年），将关税税率由 30% 或以下削减至 0～5%。②

尼泊尔与印度、孟加拉国、不丹、斯里兰卡、缅甸和泰国于 2004 年 2 月 8 日在第六次部长级会议上签署《环孟加拉湾经济合作组织自贸区框架协定》，并于 2004 年 6 月 30 日生效。2007 年 9 月，各成员国就开放和降税水平进行谈判，希望减少负面清单产品，进一步扩大各国之间贸易便利化水平。泰国和缅甸希望将总计 5226 个税目的负面清单由现在的 25% 减少到 10%，而印度、孟加拉国等则希望保持在 20%。③

---

① 商务部国际贸易经济合作研究院.《对外投资合作国别（地区）指南：尼泊尔（2017 年版）》［EB/OL］. http：//fec. mofcom. gov. cn/article/gbdqzn/，2017.

② 根据《南亚自由贸易协定》（〈AGREEMENT ON SOUTH ASIAN FREE TRADE AREA (SAFTA)〉）第七条款整理.

③ 中华人民共和国商务部. 环孟加拉湾经合组织成员国自贸新一轮谈判昨起开幕［EB/OL］. http：//bd. mofcom. gov. cn/aarticle/jmxw/200709/20070905136078. html，2007－09－26.

## 第二节 中尼自贸区建设重要意义

中国与尼泊尔开展开放包容、互利共赢的自贸区建设是双方的共同意愿，符合两国的整体利益与长远发展，不仅能够为中尼两国经济增长提供新动力，促进区域协调发展，提升社会总体福利水平，还有利于巩固和深化中尼全面合作伙伴关系，并为两国在"一带一路"框架下的合作提供重要支撑。此外，中尼自贸区建设还具有一定的示范效应，有利于为经济欠发达国家参与全球化提供借鉴。

### 一、 为中尼两国经济发展提供新动力

尼泊尔是传统的农业国，经济发展水平相对落后，严重依赖外援，而中国经济则进入新常态，增长速度有所放缓，因而在全球经济缓慢复苏的大背景下，中尼两国均需要寻求新的发展机遇与增长动力。对于尼泊尔而言，中尼自贸区建设能够使其搭上中国经济发展的"顺风车"，通过双边贸易投资自由化与便利化措施，一方面有利于扩大对华货物与服务出口，拓展外部经济空间；另一方面能够为其吸引中国企业赴尼投资创造良好环境，以弥补当地资金缺口，带动产业发展，促进经济增长。对于中国而言，虽然尼泊尔市场规模较小，中尼自贸区建设无法对中国总体经济产生明显的带动作用，但却能够成为中国西藏地区乃至更多西部省区经济发展与对外开放的重要平台，有利于促进中国区域协调发展，进而实现整体经济水平的提升。因此，中尼自贸区建设能够为两国经济发展与经贸合作提供新平台与新动力。

### 二、 提升中尼两国社会总体福利水平

国际经验表明，自贸区建设能够为成员国提供更加宽松、便捷的贸易投资环境，有利于促进社会福利水平的提升，尤其是对于关税水平较高的国家，贸易创

造效应将更加明显。中国的机械设备、电子仪器、车辆、家电、日用品、水果等产品对尼泊尔生产生活十分重要，而尼泊尔的佛像、地毯、皮革、围巾、首饰、药材等产品也受到中国消费者的欢迎。建立中尼自贸区将逐步取消或降低两国产品的关税和非关税壁垒。一方面，生产资料价格的降低能为企业节省关税成本和经营成本，提高产品竞争力；另一方面，生活资料价格的降低能使消费者以更实惠的价格购买到对方国家的商品，增加消费者福利。同时，建立中尼自贸区还将为双向投资提供更好的平台与保障，有利于扩大投资规模与领域，尤其是中国对尼泊尔的产能与投资合作有望进一步拓展，这将为当地提供更多就业机会，有利于增加人民收入，改善民生，进而减少贫困人口。因此，中尼自贸区建设对两国社会福利水平的提升将发挥积极作用。

## 三、 巩固和深化中尼全面合作伙伴关系

中尼两国拥有长期友好交往的历史。建交以来，双边关系稳步发展，传统友谊不断深化。2009 年，中尼在和平共处五项原则基础上，建立和发展世代友好的全面合作伙伴关系。中尼两国相互尊重和照顾彼此关切和核心利益，尼泊尔表示不允许任何势力利用尼领土从事任何反华分裂活动，中国也支持尼泊尔为维护其主权、独立、领土完整、国家统一和稳定所作的努力。随着双边关系的不断发展，中尼两国的经贸合作也更加密切，在这种情况下建立中尼自贸区，将进一步深化双边经贸关系，丰富两国全面合作伙伴关系的内涵。同时，以自贸区建设为平台，有利于中尼两国进一步加强民间交往，巩固传统友谊，增进相互理解与信任，强化睦邻友好关系，进而保障地区和平与稳定。因此，中尼自贸区建设对于巩固和深化两国全面合作伙伴关系具有重要意义。

## 四、 为中尼"一带一路"合作提供支撑

"一带一路"是中国提出的国际合作倡议，有利于推进地区互联互通，共建合

作平台，促进沿线各国共同繁荣与发展。尼泊尔对中国的"一带一路"倡议做出积极响应，2014 年两国签署《中华人民共和国商务部和尼泊尔政府财政部关于在中尼经贸联委会框架下共同推进"丝绸之路经济带"建设的谅解备忘录》，①2017年 5 月 12 日双方又签署《中华人民共和国政府与尼泊尔政府关于在"一带一路"倡议下开展合作的谅解备忘录》，在经济、环境、科技和文化等方面进一步深化合作。②此时建立中尼自贸区，有利于为两国"一带一路"合作提供重要平台和支撑，通过签署自贸协定，将强化双边经贸政策沟通，实现标准体系对接与互认，保障贸易投资畅通，加强民间交往与人员往来，并促进两国在金融、环保等领域的合作。总之，中尼自贸区建设将有力推动两国在"一带一路"框架下的互利合作，有助于南亚陆路大通道建设，将世界上最具经济活力的东亚与南亚连接起来，进而促进沿线国家和地区经济发展。

## 五、 为经济欠发达国家参与全球化提供借鉴

目前，自由贸易和经济全球化正经历"逆风期"，部分国家贸易保护主义和政策内顾倾向抬头，而一些欠发达国家则长期徘徊在全球价值链的底层，或是根本未能挤入全球产业分工而逐渐被边缘化，经济发展活力未得到完全释放，因而对经济全球化的积极性不高。建立中尼自贸区，推动世界上最大的发展中国家和最不发达国家的贸易投资自由化建设，将为规模差异巨大的国家间开展互利合作提供范本，有利于尼泊尔以中国为平台逐步融入"一带一路"建设之中，更大程度地参与区域及全球产业链分工，分享贸易投资自由化与便利化的红利，这对于经济欠发达国家参与全球化具有十分重要的示范和借鉴意义。

---

① 中尼签署共建"丝绸之路经济带"谅解备忘录［EB/OL］. http：//www. gov. cn/xinwen/2014 – 12/17/content_ 2792983. htm，2014 – 12 – 17.
② 中尼两国政府签署"一带一路"合作协议［EB/OL］. http：//np. mofcom. gov. cn/article/jmxw/201705/20170502575505. shtml，2017 – 05 – 14.

## 第三节　中尼自贸区发展方向与前景

中尼两国已经签署了一系列双边经贸协议，如 2001 年 5 月 14 日签署的《关于对所得避免双重征税和防止偷漏税的协定》，① 2012 年 1 月 14 日签署的《关于边境口岸及其管理制度的协定》，② 2014 年 12 月 23 日签署的《中国人民银行和尼泊尔国家银行双边结算与合作协议补充协议》③ 等，同时还签署了一系列《中华人民共和国政府和尼泊尔联邦民主共和国政府经济技术合作协定》。目前，中尼两国已正式启动自贸协定联合可行性研究，积极推动自贸区建设进程。2015 年 3 月 28 日，中国国家主席习近平在会见来华出席博鳌亚洲论坛年会的时任尼泊尔总统亚达夫时表示，愿同尼方尽快开启自由贸易协定谈判，欢迎尼方积极参与"一带一路"建设。④ 2016 年 3 月 21 日，中尼两国共同签署《关于启动中国—尼泊尔自由贸易协定联合可行性研究谅解备忘录》，宣布正式启动双边自由贸易协定联合可行性研究，双方同意成立工作组，尽快就共同关注的领域开展全面研究。⑤ 2018 年 6 月 21 日，尼泊尔总理卡·普·夏尔马·奥利访华期间，双方发表联合声明，强调实现双赢的重要性，将建设性合作完成中尼自贸协定联合可行性研究。⑥ 基于中尼

---

① 中华人民共和国政府和尼泊尔王国政府关于对所得避免双重征税和防止偷漏税的协定 ［EB/OL］. http：//www. fmprc. gov. cn/web/gjhdq_ 676201/gj_ 676203/yz_ 676205/1206_ 676812/1207_ 676824/t372313. shtml, 2001 - 05 - 14.

② 中华人民共和国政府和尼泊尔政府关于边境口岸及其管理制度的协定 ［EB/OL］. http：//www. fmprc. gov. cn/web/wjb_ 673085/zzjg_ 673183/bjhysws_ 674671/bhfg_ 674677/t947970. shtml, 2012 - 01 - 14.

③ 中国央行和尼泊尔央行签双边结算协议 ［EB/OL］. http：//world. people. com. cn/n/2014/1224/c157278 - 26264483. html, 2014 - 12 - 24.

④ 习近平晤尼泊尔总统：愿同尼方尽快开启自贸协定谈判 ［EB/OL］. http：//fta. mofcom. gov. cn/article/chinanepal/chinanepalgfguandian/201504/21036_ 1. html, 2015 - 03 - 30.

⑤ 中国与尼泊尔启动自贸协定联合可行性研究并签署谅解备忘录 ［EB/OL］. http：//fta. mofcom. gov. cn/article/chinanepal/chinanepalnews/201603/31018_ 1. html, 2016 - 03 - 22.

⑥ 中华人民共和国和尼泊尔联合声明 ［EB/OL］. http：//www. fmprc. gov. cn/web/gjhdq_ 676201/gj_ 676203/yz_ 676205/1206_ 676812/1207_ 676824/t1570976. shtml, 2018 - 06 - 22.

两国的经济发展情况和双边经贸合作基础，结合各自区域经济合作实践经验及国际自贸区发展趋势，中尼自贸区将主要涵盖货物贸易、服务贸易、投资和经济合作领域，并涉及环境和知识产权保护等新议题，最终达成覆盖诸多领域的一揽子自贸协定，为进一步深化双边经贸合作提供更好的制度环境。

## 一、　货物贸易领域

货物贸易是自贸协定的必备内容。一般而言，它包含关税减让、原产地规则、海关程序与贸易便利化、卫生与植物卫生措施、技术性贸易壁垒、贸易救济等章节。

### （一）　关税减让

关税减让是货物贸易的核心。目前，中国的简单平均最惠国税率为9.9%，其中农产品为15.5%，非农产品为9.0%；尼泊尔的简单平均最惠国税率为12.1%，其中农产品为14.3%，非农产品为11.7%（见表2-4）。由于尼泊尔是最不发达国家，中国对其输华产品实施特惠税率，自2015年12月10日起，对原产于尼泊尔的97%税目产品（涵盖8030项产品）实施零关税待遇。[①] 同时，尼泊尔对于以信用证方式从中国西藏进口的原产于中国的产品，给予4%的关税减让。[②] 中尼自贸区一旦建立，中国对尼泊尔零关税产品比例可能会进一步提高，其他产品关税将大幅降低，而尼泊尔也将分阶段取消或降低大部分产品关税，这不仅能够为两国企业节约关税成本，增强其市场竞争力，还能够使两国消费者以更低廉的价格获得更丰富的商品，提升整体福利水平。

---

① 国务院关税税则委员会关于给予科摩罗联盟等8个最不发达国家97%税目产品实施零关税的通知［EB/OL］. http：//gss. mof. gov. cn/zhengwuxinxi/zhengcefabu/201511/t20151123_1577037. html，2015-11-19.

② 尼泊尔海关管理规章制度［EB/OL］. http：//np. mofcom. gov. cn/article/ddfg/sshzhd/201608/20160801376374. shtml，2016-08-10.

表 2 - 4　中国与尼泊尔关税水平对比

| 税率（%） | 全部产品 | | 农产品 | | 非农产品 | |
|---|---|---|---|---|---|---|
| | 中国 | 尼泊尔 | 中国 | 尼泊尔 | 中国 | 尼泊尔 |
| 简单平均最终约束税率 | 10.0 | 26.3 | 15.7 | 41.0 | 9.1 | 23.8 |
| 简单平均最惠国税率（2016） | 9.9 | 12.1 | 15.5 | 14.3 | 9.0 | 11.7 |
| 贸易加权平均税率（2015） | 4.4 | 12.2 | 9.7 | 12.4 | 4.0 | 12.2 |

资料来源：《世界关税概况 2017》。

在农牧产品领域，由于农业是尼泊尔最重要的产业，农业人口占总人口的80%，因而农产品加工与出口对其意义重大。目前，中国对尼泊尔非特惠税率产品主要集中在农产品以及部分纸制品和羊毛等领域，建立中尼自贸区将在一定程度上降低中国自尼进口农牧产品的关税水平，有利于促进尼泊尔对华出口。同时，尼泊尔关税水平的下降也有利于中国农产品丰富尼泊尔人民的餐桌。

在制成品领域，由于尼泊尔工业发展相对滞后，生产生活用品大部分依赖进口，建立中尼自贸区将降低尼泊尔制成品进口关税，不仅有利于中国企业进一步开拓尼泊尔市场，也有利于尼泊尔在进口质优价廉中国产品的同时享受更多优惠，节约国内生产生活成本。同时，中国自尼泊尔进口制成品，除部分整车外，已经实现零关税，随着中尼自贸区的建立以及贸易便利化水平的提高，尼泊尔手工艺品、皮革制品，以及地毯、披肩等纺织品有望进一步扩大对华出口。

## （二）原产地规则

原产地规则是判断产品"经济国籍"的重要标准，决定了享受优惠关税待遇的产品范围。根据目前的国际通行做法，自贸区原产地认定标准相对严格，以避免非成员国"搭便车"，而原产地实施程序则相对灵活和宽泛，以提高协定优惠关税利用率。

中尼自贸协定原产地认定标准将包括"完全获得标准"和"非完全获得标准"。其中，"完全获得标准"一般要求产品在协定一方或双方完全获得或者生产；"非完全获得标准"则要求产品发生实质性改变，一般是特定原产地标准、税则归类改变标准、区域价值成分标准和工序标准的组合。最新签署的中国—马尔代夫自贸协定采用了区域价值成分 40% 的总规则和简短的产品特定原产地规则相结合的原产地标准，对双方希望促进出口但难以满足区域价值成分标准的货物，还灵活设置了税则归类改变、选择标准或加工工序等标准。① 中尼自贸协定可能会参考上述标准制定原产地规则，同时，适用累积规则，允许微小加工或处理，且不考虑中性成分、包装材料和容器，并要求直接运输。

在原产地实施程序方面，中尼自贸协定将根据惯例，要求由授权机构签发有固定格式的原产地证书，允许低价值货物免于提交原产地证书，并简化程序性要求，降低企业通关成本。此外，还可能会参考中国—马尔代夫自贸协定，在原产地电子数据交换系统、原产地自主声明等方面进行磋商。

### （三）海关程序与贸易便利化

中尼两国均为世贸组织《贸易便利化协定》成员国，中尼自贸协定将在落实这一多边协定的基础上，进一步提升贸易便利化水平。根据通常做法，一方面，中尼双方将提高法律法规透明度，设立咨询点，并为利益相关人提供评议机会；另一方面，两国海关将加强合作，简化通关程序，实施预裁定制度和风险管理制度，加快货物放行，缩短通关时间，降低企业通关成本。此外，由于中尼两国陆地接壤，自贸协定可能还涉及边境机构合作内容，要求口岸监管机构加强信息交换与沟通协调，促进货物便利通关。

### （四）非关税措施与贸易救济

非关税措施主要包括卫生与植物卫生措施（SPS）和技术性贸易壁垒（TBT）。中尼两国均为世贸组织成员，中尼自贸协定的非关税措施可能会直接适用世贸组织《实施卫生与植物卫生措施协定》和《技术性贸易壁垒协定》。同时，可能会

---

① 商务部国际司负责人解读中国—马尔代夫自由贸易协定 [EB/OL]. http://fta. mofcom. gov. cn/article/chinamedf/chinamedfnews/201712/36400_ 1. html, 2017 - 12 - 08.

增加法律法规透明度以及执法透明性的要求，并设立磋商机制解决贸易中可能存在的问题。

贸易救济主要包括反倾销、反补贴和保障措施。根据世贸组织的统计，中尼双方均未向对方发起过反倾销和反补贴调查，中国针对钢铁产品发起过 1 起保障措施调查，而尼泊尔未发起过任何保障措施调查。中尼自贸协定可能会保留世贸组织《反倾销协定》《补贴与反补贴协定》《保障措施协定》及其他相关协定的权利和义务。同时，还可能制定双边保障措施，在合理情况下，维护双方产业发展利益。

## 二、 服务贸易领域

服务贸易是一揽子自贸协定的重要内容，服务提供方式分为跨境提供、境外消费、商业存在和自然人移动四种，在正面清单模式下，服务贸易具体承诺表通常根据上述四种服务提供方式分别列明市场准入限制、国民待遇限制以及其他承诺。

### （一） 市场准入

《服务贸易总协定》（GATS）是世贸组织的核心协定之一。中国 2001 年加入世贸组织时承诺，在 160 个服务贸易部门中开放 100 个，占比为 62.5%；而到 2018 年，中国服务贸易开放部门已增加至 120 个，占比达到 75%；下一步将重点对金融、电信、医疗、教育、养老等领域扩大开放，银行、证券、基金、期货和金融资产管理公司等对外资的股比限制也将进一步放宽，甚至取消。① 尼泊尔 2004 年以最不发达国家身份加入世贸组织，承诺在 160 个服务贸易部门中开放 77 个，占比为48%。② 中尼自贸协定的服务贸易市场准入，将在双方对世贸组织承诺的基

---

① 商务部：将扩大电信行业的对外开放［EB/OL］. http：//www. cww. net. cn/article？id＝429196，2018－03－27.

② Posh Raj Pandey, RatnakarAdhikari and SwarnimWaglé. Nepal's Accession to the World Trade Organization：Case Study of Issues Relevant to Least Developed Countries［EB/OL］. https：//www. un. org/development/desa/dpad/wp－content/uploads/sites/45/publication/CDP－bp－2014－23. pdf, 2014－11.

础上，进一步扩大相互开放水平。一方面，将增加新的开放部门，拓展承诺范围；另一方面，将对部分已开放部门放宽或取消外资股比限制，加速两国服务贸易发展。具体而言，中国关注的领域可能集中在建筑及相关工程服务、电信服务、金融服务、教育服务、医疗服务尤其是中医药服务等方面，尼泊尔可能更加关注旅游服务、运输服务等领域。

### （二）国民待遇

国民待遇是指一缔约方在影响服务提供的措施方面，给予另一缔约方服务和服务提供者的待遇，不得低于其给予本国同类服务和服务提供者的待遇。中国在加入世贸组织时承诺适用国民待遇原则，但在商业存在的水平承诺中，对于试听服务、空运服务和医疗服务的国内服务提供者的补贴不作承诺。[①] 而尼泊尔的水平承诺，在跨境服务方面排除了向外国人提供支付跨境服务的外汇，在商业存在方面，要求外国投资者重新投资收益需获得工业部许可，除金融服务外的所有外国投资都需经工业部批准，奖励和补贴仅适用于尼泊尔国民全资拥有的企业。[②] 中尼自贸协定服务贸易领域的国民待遇，在水平承诺方面大体将遵循双方各自加入世贸组织的承诺，而在具体领域上，国民待遇的限制可能有所放宽。例如，中国可能在商业存在方面，对法律、建筑设计、医疗和牙医、陆上石油、教育、保险、银行、旅行社和旅游经营者、海运、内水运输、计算机订座系统等服务领域减少国民待遇的限制；尼泊尔可能会在基础电信、教育、保险、银行、批发、零售等服务领域减少限制。

### （三）自然人移动

自然人移动是指一缔约方的自然人进入另一缔约方境内提供服务，是服务贸

①　中华人民共和国服务贸易具体承诺减让表［EB/OL］. http：//www. gov. cn/gongbao/content/2017/content_ 5168131. htm, 2002 - 01.

②　REPORT OF THE WORKING PARTY ON THEACCESSION OF THE KINGDOM OF NEPAL［EB/OL］. https：//www. wto. org/english/thewto_ e/acc_ e/a1_ nepal_ e. htm, 2003 - 08 - 28.

易的重要组成部分。中国在加入世贸组织时承诺，对于公司内部临时调动的经理、高级管理人员和专家等高级雇员，允许其入境首期停留 3 年；对于外商投资企业雇佣的高级雇员，按合同条款规定给予其长期居留许可，或首期居留 3 年，以时间短者为准；服务销售人员如不向公众直接销售且不从事该项服务供应，则允许入境 90 天；此外，允许外国医生提供 6 个月至 1 年的医疗服务，并允许符合条件的教师、饭店经理、厨师等人员入境提供服务。[①] 尼泊尔在加入世贸组织时承诺，允许服务销售人员入境 90 天，且可延长；允许负责设立商业存在的人员入境 1 年，且可延长；对于公司内部调动的高级管理人员和经理以及专家，允许入境首期停留 3 年，最长可延长 7 年，总期限不超过 10 年；此外，还给予符合条件的电信顾问 90 天以及医学专家 1 年的入境工作时间。[②] 中尼自贸协定中的自然人移动条款将在双方加入世贸组织承诺的基础上进一步扩大市场准入，可能将增加商务访问者以及医疗、建筑设计、工程服务等合同服务提供者的入境许可，并在教育、旅游等领域放宽准入条件。

## 三、 投资领域

目前，自贸协定的内容已超出传统的贸易领域，投资逐步成为一揽子自贸协定的"标配"。中尼两国已于 2017 年 8 月 15 日签署《中华人民共和国政府和尼泊尔政府关于促进投资与经济合作框架协议》，确定了双边投资合作的原则、领域、方式、便利化和保障措施、执行机构和工作机制等，规定了如何确定和支持优先项目。[③] 因而，中尼自贸协定的投资部分将在上述协议的基础上进一步拓展和深化，为两国投资者提供良好的制度性保障。

---

① 中华人民共和国服务贸易具体承诺减让表 [EB/OL]. http://www. gov. cn/gongbao/content/2017/content_ 5168131. htm, 2002 - 01.

② REPORT OF THE WORKING PARTY ON THEACCESSION OF THE KINGDOM OF NEPAL [EB/OL]. ht-tps://www. wto. org/english/thewto_ e/acc_ e/a1_ nepal_ e. htm, 2003 - 08 - 28.

③ 中尼签署《中华人民共和国政府和尼泊尔政府关于促进投资与经济合作框架协议》 [EB/OL]. ht-tp://www. mofcom. gov. cn/article/ae/ai/201708/20170802628211. shtml, 2017 - 08 - 17.

基于尼泊尔目前的发展阶段和实际情况，中尼自贸协定在投资部分可能适用准入后国民待遇和最惠国待遇，前者是指一缔约方给予另一缔约方投资者及涵盖投资的待遇不低于在类似情形下给予本国投资者及其投资的待遇，后者是指一缔约方给予另一缔约方投资者及涵盖投资的待遇不低于在类似情形下给予任何非缔约方投资者及其投资的待遇。同时，中尼双方可能在自贸协定中给予对方投资者较高水平的投资保护，还可能增加投资促进的相关内容，进一步提升两国投资合作水平。此外，还将纳入投资者与国家间争端解决机制，为投资者提供权利保障和救济途径。

## 四、 经济合作领域

除货物贸易、服务贸易和投资领域外，中国签署的自贸协定还往往包含经济合作内容，将双方共同关注的重点议题纳入其中，借自贸区这一平台进一步深化重点领域的双边合作。同时，遵循国际自贸协定发展趋势，将一些规则议题也纳入协定之中。基于中尼两国的互补优势与发展前景，中尼自贸协定的经济合作部分可能包含以下内容：

一是产业合作。尼泊尔矿产资源、水力资源以及旅游资源较为丰富，且具有劳动力成本优势，中尼两国在有机农业、建材、水利水电开发、纺织、制鞋、传统医药、旅游、运输等领域具有开展产业合作的潜力。

二是中小企业合作。中小企业在中尼两国经济中均占据重要地位，因而加强两国中小企业合作、为中小企业发展创造良好环境，以及帮助中小企业更好利用协定优惠将是双方合作的重点。

三是环境保护合作。中尼两国地处喜马拉雅山脉的两侧，对环境保护尤其是环喜马拉雅地区的环境保护具有较强需求，因而双方可在气候变化、保护生物多样性，以及自然灾害管理等方面加强合作。

四是知识产权合作。中尼两国均为世界知识产权组织（WIPO）成员，且对知识产权保护的重视程度不断提高，两国可在知识产权相关国际公约的基础上，进一步深化双边合作，并加强知识产权执法。

　　五是能力建设合作。由于尼泊尔属于最不发达国家，在能力建设方面还有所欠缺，因而中尼两国可在卫生与植物卫生措施、技术性贸易壁垒、海关程序与贸易便利化及贸易救济等领域开展能力建设合作，提高尼泊尔实施自贸协定的能力。

# 第六章　地方合作

中尼山水相连，经贸往来历史悠久，友谊源远流长。两国建交 60 多年来，在双方共同努力下，中尼关系始终保持持续、稳定、健康的发展，两国经贸合作日益深化。自 2013 年中国国家主席习近平提出"一带一路"合作倡议以来，中国相关地方积极作为，不仅推动了本地与尼泊尔的经贸合作，也搭建了中国与尼泊尔友好发展的桥梁。

## 第一节　中国西藏与尼泊尔经贸合作

中国西藏自治区发挥区位优势，抢抓机遇、克服困难、以尼泊尔为面向南亚开放通道建设的主要方向，以巩固和发展对尼泊尔经贸合作为全区对外开放工作的重中之重，推动中国西藏与尼泊尔经贸合作实现共同发展和合作共赢。

### 一、 与尼泊尔"一带一路"经贸合作迈上新台阶

#### （一） 加强经贸合作顶层设计和对尼政策沟通对接

中国西藏自治区通过"政府＋金融机构＋智库"合作模式，推进国内顶尖智库加强开放型经济的顶层设计，重点围绕与尼泊尔等国的政策沟通、设施联通、经贸合作等内容，确立了"两带六线"开放发展布局。"两带"又分为横向和纵向，其中"横向带"是西藏主轴经济带，连接从昌都、林芝、山南、拉

萨、日喀则、阿里等中心城市，通过新藏线向西对接中巴经济走廊，通过川藏、滇藏线向东融入长江经济带，对接孟中印缅经济走廊；"纵向带"连接拉萨、那曲，通过青藏线向北融入丝绸之路经济带，通过中尼公路等，依托境外经济合作园区和跨境经济合作区实现国际产能合作。"六线"分别是，打造日喀则到吉隆、樟木、里孜的三条对尼通道，拉萨、日喀则到亚东的对印通道，阿里到普兰的对尼印通道，林芝到察隅的对缅通道。同时，中国西藏自治区借助高层互访、经贸磋商以及经贸行业座谈与对接等平台，加强对尼泊尔政府和经济界的沟通与衔接，在口岸基础设施互联互通、投资贸易便利化、产业发展、金融合作等领域加强对接与合作。重大经贸合作项目是全区的重点关注和支持对象。中国西藏自治区加强汇报衔接，在 2017 年 5 月在北京召开的"一带一路"国际合作高峰论坛上，由中国西藏企业与尼方合作推进的中尼友谊工业园和尼泊尔·中国西藏文化旅游产业园建设项目实现成功签约，开创了中国西藏与尼泊尔在经贸领域务实合作的新局面。

　　中国西藏积极推进两国领导人共同关注的中尼跨境经济合作区建设工作。中尼跨境经济合作区是 2016 年 3 月 21 日中国国家主席习近平与尼泊尔总理奥利会见时，确定要共同探讨建设的重大经贸合作项目。2017 年 5 月 9 日，中国商务部部长钟山与尼泊尔政府副总理兼财政部部长马哈拉正式签署《中国商务部与尼泊尔工业部关于建设中尼跨境经济合作区的谅解备忘录》，并成为当年"一带一路"国际合作高峰论坛成果之一。2017 年 11 月，商务部外资司工作组赴尼泊尔，双方就推动中尼跨境经济合作区建设、支持地方建立会晤机制等达成一致意见。自 2016 年以来，中国西藏自治区高度重视跨合区创建工作，拟定了"先边合、后跨境"工作思路，积极推进吉隆边合区建设，并谋划跨合区发展。编制完成并出台《吉隆边合区建设总体规划（2017—2025 年）》，制定并实施吉隆边境经济合作区申报和筹建工作方案，优化口岸贸易通关基础设施，扩大口岸功能，加大招商引资，实施"小组团滚动发展"计划。吉隆边合区建设初见成效。同时，自 2016 年以来，中国西藏借助与尼泊尔经贸协调委员会工作机制，通过政府对话和业界交流，加强跨合区的选址、共建共管模式等方案的对接。

### （二） 双向投资快速发展，国际产能合作进入新领域

尼泊尔是中国西藏重要的双向投资合作伙伴。自 2010 年 8 月在尼泊尔投资设立第一家境外投资企业以来，中国西藏在尼泊尔投资企业已达 8 家，投资额共计3628 万美元，涉及航空运输、进出口贸易、住宿和餐饮、报刊出版与文化交流、网上销售、电子商务、建筑材料和机电产品销售等领域。截至 2018 年 6 月，尼泊尔在中国西藏外商投资企业共计 34 家，注册资金 1372 万美元，其中尼方出资金额986 万美元，企业经营范围涉及美容美发、金银首饰加工、餐饮、土特产品批发零售、酒店管理、劳务服务等行业。

中尼友谊工业园和尼泊尔·中国西藏文化旅游产业园等重点境外经贸园区合作稳步推进。拉萨经济技术开发区投资发展公司会同中国平安信托有限责任公司计划投资 5 亿～10 亿美元建设园区基础设施。园区拟建场址位于尼东南部第一省道毛克市，一期面积约 6300 亩，距加德满都 270 公里，临近印度比哈尔邦，距加尔各答港约 600 公里。该地块所处的道毛克市为冲积平原，有 100 多万人口和多所高校，劳动力和人才资源丰富，同时交通较为便利。目前中国西藏企业正在开展租地、投融资及境外投资备案等相关工作。同时，拉萨市和美布达拉文化创意产业发展有限公司正与尼泊尔英菲尼迪控股公司合作建设尼泊尔·中国西藏文化旅游产业园。其中，和美布达拉公司计划投资 4.5 亿美元，园区项目包括《尺尊公主》历史舞台剧、泛喜马拉雅艺术体验区、尼泊尔民俗风情街和森林剧场等。该项目拟建场址位于加德满都南部丘陵地带，占地面积为 496 亩，距离市区约 16 公里。目前中国西藏企业已基本完成园区设施建设规划，正在着手编排《尺尊公主》舞台剧并推进与尼方土地谈判等相关事宜。

此外，为贯彻中央"加快沿边开放步伐"、加强与尼泊尔国家的互联互通，2014 年 12 月，中国西藏航空有限公司投资 1875 万美元在尼泊尔并购成立喜马拉雅航空公司。2016 年 4 月，中国西藏航空有限公司并购的喜马拉雅航空公司在尼首都加德满都首航成功，中国西藏航空有限公司至此成为首个在尼泊尔投资的航空企业。目前该项目累计投资 2500 万美元，产生了良好的社会效益。

### （三）贸易合作稳步推进，积极构建国家面向南亚贸易和物流中心

尼泊尔是中国西藏自治区最重要的国际贸易伙伴。据海关数据统计，中国西藏自治区与尼泊尔贸易额从 2011 年的 9.45 亿美元增长到 2014 年的 19.89 亿美元（折合 121 亿元人民币），保持了年均 28% 的增速，对尼贸易额占全区外贸总量的 90% 左右。由于 2015 年 "4·25" 地震的不利影响，中国西藏最重要的樟木口岸和吉隆口岸受损严重，加之灾后次生地质灾害的威胁，虽然目前吉隆口岸已经恢复运营，但是中国西藏对尼泊尔贸易额逐年下滑。2015 年、2016 年、2017 年中国西藏对尼贸易额分别为 31.42 亿元、30.66 亿元、23.92 亿元人民币，2018 年一季度中国西藏与尼泊尔进出口额为 4.09 亿元人民币，同比下降 15.17%，逐年下滑趋势较为明显。从外贸经营主体看，2017 年全区开展进出口贸易的企业共有 71 家，其中开展对尼贸易的有 23 家，均从事对尼边境小额贸易。从商品结构看，中尼双方进出口商品主要是各种中药材、手工艺品、日用百货、服装、农畜产品、纺织品、机电产品、建材等，除资源性产品和日用百货品外，简单的工业制成品占比较大。

边民互市贸易也是中国西藏边境贸易发展的特色之一。中国西藏自治区地处祖国西南边陲，目前约有 50 个传统边贸市场（边贸点）。一直以来，中国西藏自治区认真贯彻落实中央促进边贸发展的政策措施，在具备条件的地方试行边民互市贸易精准扶贫工作，边民互市贸易实现了稳定、较快发展。同时，边民互市贸易的发展提高了边民的商品意识和市场意识，在促进边民增收致富和边境地区繁荣发展方面发挥了积极作用。目前，边民互市贸易成为中国西藏边民就业增收的重要渠道。据不完全统计，2017 年全区边民互市贸易额达 4.5 亿元人民币。

为推动中国西藏建设成为国家面向南亚开放的贸易和物流中心，进一步促进中国西藏对尼贸易回稳向好，近年来中国西藏加强外贸经营主体的培育和外贸新模式、新业态的探索。一是指导和支持中国西藏企业加强与尼泊尔客商的合作，推进 "粤藏中南亚班列" 等外贸多式联运班列成功开行，2016—2017 年

累计开行 11 列，出口货值约 2.06 亿元。二是推进外贸"优进优出"，支持拉萨市家用纺织品基地和日喀则市高原特色农产品基地建设，在世贸组织规则框架下，支持行业补齐短板、促进发展，支持企业扩大自尼泊尔的进口，促进外贸平衡发展。三是支持中国西藏中兴商贸等外贸企业创建外贸综合服务试点和跨境电商试点企业，培育具有中国西藏特点的外贸竞争新优势。指导和支持边民互市贸易实现规范化、差别化发展。四是以"一带一路"建设为契机，"以点促面"，加快培育服务贸易重点企业、重点项目。探索建立了服务贸易工作层面的联络员工作机制。推动全区服务贸易重点企业的培育工作，支持拉萨市和美布达拉公司在尼泊尔投资《尺尊公主》喜马拉雅文化旅游创新发展项目申报文化出口重点项目；支持中国西藏文化旅游创意园区申报建设国家文化出口基地，创建南亚文化交流中心。

### （四）口岸建设成果斐然，对尼设施联通逐步改善

目前，中国西藏自治区共有对外开放口岸 5 个，其中 4 个公路口岸全部位于中尼边境，包括 3 个国际性公路口岸：樟木—科达里（尼方）、吉隆—热索瓦（尼方）、普兰—雅犁（尼方），1 个双边性公路口岸：日屋—瓦隆琼果拉（尼方）。受尼泊尔 2015 年"4·25"地震波及，樟木口岸损毁严重被迫临时中断，吉隆口岸受损严重。但在中国西藏自治区党委、政府的坚强领导下，吉隆口岸完成了灾后恢复重建，成为当前中尼陆路经贸合作最重要的公路口岸。普兰口岸、日屋口岸由于基础设施建设相对落后、交通不便，目前仅存在边民互市贸易往来，大宗货物进出口贸易有赖于口岸及其基础设施的进一步改造升级。

中国西藏自治区高度重视中尼经贸合作关系，按照"重点建设吉隆口岸，稳步提升拉萨航空口岸，加快发展普兰、里孜、陈塘、日屋口岸，积极推动亚东口岸开放"的口岸发展思路，不断加强口岸基础设施建设，完善和提升口岸功能。"十二五"时期仅完善口岸通关条件就投入 4 亿多资金，"十三五"时期还计划投入近 10 亿元进一步完善口岸通关条件，提升口岸功能。

目前，吉隆口岸基本达到国际性口岸标准（见图2－10），普兰、里孜、陈塘、日屋等口岸建设工作全面开展，其中里孜口岸开放工作已提上日程。未来中国西藏自治区，一是贯彻落实中国西藏自治区口岸发展规划，谋划中国西藏口岸全局建设、发展，指导口岸开放建设工作；二是继续完善和提升吉隆口岸和拉萨航空口岸功能，突出重点带动作用；三是积极推动里孜口岸开放，进一步提升中国西藏自治区对外开放水平；四是加快推进陈塘、日屋口岸基础设施建设，为形成全方位开放奠定坚实基础。

**图2－10　中华人民共和国吉隆口岸**

### （五）做好援尼工作，促进双方民心相通和设施联通

中国西藏自治区充分发挥自身沿边区位优势，承接国家对尼泊尔等周边国家的部分援外项目。2014年，中国西藏自治区成立部区合作援尼项目工作协调领导小组，加强援尼项目的协调、实施与监管。2017年8月，在全国商务援藏工作会议上，商务部、中国西藏自治区人民政府签署有关成果文件。借助该工作机制和

相关成果，中国西藏自治区围绕中央第六次中国西藏工作座谈会赋予的西藏经济社会发展定位，利用国家对外援助资源，全力推动面向南亚开放重要通道建设，改善在沿边地区陆路口岸及其交通等相关基础设施建设，推进学校、农业等尼泊尔民生项目，让更多的尼泊尔群众在中尼经贸合作发展中获益。

近年来，中国西藏自治区始终将援尼项目实施作为重点议题与尼方交流，促进中尼政策沟通（见图2-11）；协调推进两条公路、两座界河桥、两所边检站项目，努力突破"4·25"地震后陆路通道瓶颈，促进中尼设施联通；组织实施援尼两所中学、农业技术合作、生产生活物资等民生项目，引导民间组织扎根当地基层社会，促进中尼民心相通。中国西藏自治区在国家部委、中国驻尼泊尔大使馆，特别是使馆经商参处的大力指导下，克服尼政局不稳、灾后重建、北部山区自然条件恶劣等困难，努力加快项目实施进度。目前，援助尼泊尔两所中学项目正在施工，物资项目已交付两批，沙拉公路修复改善、梯姆雷边检站、农业技术合作等项目也取得实质性进展，得到国内外有关各方充分肯定。

**图2-11　中国西藏商务厅赴尼对外商签**

2018 年，中国西藏自治区党委、政府深入贯彻落实党的十九大精神，按照全国商务援藏工作会议精神，结合国家机构改革的最新成果，扎实执行部区合作援尼项目，发挥对外援助先导作用，促进中尼两国世代友好，促进沿边地区互联互通和开发开放，促进边境地区群众精准扶贫和中尼两国人民互利共赢。

## （六） 重点打造合作平台， 进一步深化经贸合作

重点打造中国西藏旅游文化国际博览会（即藏博会），创建面向南亚的经贸合作平台。藏博会是经国务院批准的中国西藏自治区具有国际影响力和区域带动力的国际性博览会。第四届中国西藏旅游文化国际博览会已于 2018 年 9 月在拉萨市群众文化体育中心举行，尼泊尔政府官员和经贸代表团来拉萨参展并出席相关经贸促进活动。

持续办好中国西藏—尼泊尔经贸洽谈会。中国西藏—尼泊尔经贸洽谈会是目前中国西藏定期举办的较为重大的对外交流与合作活动，是国际性区域展览会，每两年一届，至今已在中国西藏的拉萨市、日喀则市和尼泊尔首都加德满都轮流成功举办 15 届。中国西藏—尼泊尔经贸洽谈会对增进中尼双边贸易往来、拓宽贸易领域，对发展双方经济、活跃市场、促进两国人民的友谊，均起到了积极作用。第十六届中国西藏—尼泊尔经贸洽谈会已于 2018 年 10 月在中国西藏拉萨举办。

充分发挥中国西藏与尼泊尔经贸协调委员会工作机制作用，加强政策、项目的沟通与衔接。根据 2009 年中国西藏自治区人民政府与尼泊尔商务供应部签署的《关于成立中国西藏自治区与尼泊尔经贸协调委员会的谅解备忘录》精神，中国西藏与尼泊尔经贸协调委员会自 2010 年以来已成功召开 7 次，第八次中国西藏与尼泊尔经贸协调委员会已于 2018 年 7 月在尼泊尔加德满都召开。双方已在双边经贸合作、樟木口岸恢复、贸易便利化、金融领域合作、双边口岸与贸易通道建设以及展会合作等方面达成共识，并签署会议纪要。

## 二、 以尼泊尔为重点，推动形成沿边开放合作新格局

"十三五"时期是中国西藏在国家"一带一路"统领下，推进面向南亚开放重要通道建设从起步到提速的关键阶段，中国西藏自治区将坚决贯彻落实国家关于"推进与尼泊尔等国家边境贸易和旅游文化合作"的"一带一路"愿景和行动要求，大力推进以下工作。

一是继续加强基础研究。加大资金投入，重点围绕中尼跨境经济合作区、境外经贸产业园区、国家文化出口基地、口岸建设等中国西藏自治区"一带一路"重点经贸合作项目，开展基础性研究课题，进一步加强制度研究和顶层设计。

二是切实加强政策沟通。利用好中尼经贸联委会等国家层面的对外经贸磋商合作平台，在国家部委的支持下，加强对尼经贸对话与沟通，探索建立中国西藏自治区沿边区域与毗邻国家区域的地方层面沟通协调工作机制，共商共建共享重大经贸合作项目（见图 2 – 12）。进一步完善中国西藏自治区与尼泊尔经贸协调委员会机制，积极筹备并举办好协调机制工作会议，加强发展和规划对接，抓好重大项目实施，在巩固和发展传统货物及服务贸易、双向投资合作的基础上，进一步扩大在农牧业、旅游、文化等跨境经贸领域的合作。

三是积极推动设施联通。加快推动中国西藏口岸建设，重点推动吉隆口岸创新发展、提升运行水平，尽快恢复开通樟木口岸货物通道功能，着力提升普兰口岸功能，充分发挥里孜口岸通道作用，积极改善陈塘、日屋口岸互联互通条件。继续加强商务与发改、交通等部门的协调沟通，密切关注中国西藏综合交通运输体系建设，特别是围绕开发开放，重点关注对外通道建设情况，积极构建跨喜马拉雅经济立体互联互通网络。中国西藏自治区将继续加强与尼泊尔的对话与对接，会同尼方共同加强与毗邻陆路口岸的公路、铁路、桥梁及货物通关等基础设施规划和建设。密切跟踪中尼跨境铁路项目进展，密切关注中尼跨境光缆的商业运营，开展跨境输变电项目可行性研究，共同推动铁路、信息、电力和能源大通道建设。

**图2-12　中国普兰县—尼泊尔胡木拉地区基础设施建设工作座谈会**

四是努力促进贸易畅通。中国西藏自治区积极主动参与2018年国家在上海举办的中国国际进口博览会，并在与尼方达成一致意见的前提下，签署推进双方贸易平衡发展的框架协议，进一步扩大建设材料、有机农业和草药等领域的贸易合作，丰富进口博览会参展成果（见图2-13）。继续办好藏博会、中国西藏—尼泊尔经贸洽谈会，邀请尼泊尔客商参与。支持和培育外贸多式联运班列常态化运营，建设公共平台推进中尼跨境电商发展，提升通道经济发展质量和水平。合理运用边民互市贸易免税政策，指导地方继续推进边贸精准扶贫试点方案，探索推进"边民互市落地加工"，增强中尼双方边境地区群众的获得感，增进中尼双方边境地区群众的友好往来。

五是促进资金内外融通。中国西藏自治区将学习借鉴内地省（区、市）成功经验和做法，融入成渝经济圈、陕甘青宁经济圈和大香格里拉经济圈，加快推进拉萨综合保税区、中尼跨境经济合作区建设，提升拉萨国家级经开区发展水平，将西藏开放型经济园区打造成为环喜马拉雅经济合作带的中方先行区。完善公开、

**图2-13 西藏农牧科学院援尼农业技术项目考察**

透明、便利的法治化营商环境，发挥财政金融等优惠政策优势，重点吸引内地、港澳等高新技术产业、生物及藏医药、农畜产品加工、环保、清洁能源、运输设备、天然饮用水、旅游文化及现代商贸流通等领域产业投资。继续支持企业投资建设、运营中尼友谊工业园、尼泊尔·中国西藏文化旅游产业园，引导企业加强风险防控。协调中国西藏金融管理部门加强对尼沟通，引导中国西藏商业银行在尼泊尔投资设点，在尼提供跨境金融服务。

六是援助带动民心相通。中国西藏自治区将继续做好对尼泊尔北部地区援助工作规划的实施工作，启动中国西藏援助工作顶层设计，加快落实中国政府对外宣布的援助举措，扎实推进尼泊尔北部山区学校建设。为尼泊尔民众提供更多生产生活物资，在民生领域与尼泊尔等国开展更多务实合作项目，加深双边传统友谊。在"一带一路"倡议下帮助尼泊尔提升经济发展能力，推动中尼界河桥、援尼阿尼哥公路修复改造等项目立项。

## 专栏 2 – 4　中国西藏商务厅厅长边巴：扩大经贸合作，共铸中尼友好

中国西藏位于中国的西南边陲地区，周边与尼泊尔、印度、缅甸等南亚国家接壤，是中国面向南亚开放的区域枢纽和国家确定的沿边地区开放开发重点区域，也是孟中印缅经济走廊的重要门户。中国西藏自治区准确把握建设国家面向南亚开放重要通道的定位和商务事业的发展趋势，积极谋划、主动作为，以融入和服务国家"一带一路"为契机，积极参与"一带一路"建设。

"一带一路"倡议提出 5 年来，中国西藏稳步推进对尼泊尔等周边国家的经贸合作：拉萨国家级经开区实现较高质量发展，吉隆边境经济合作区建设顺利启动，中尼友谊工业园和尼泊尔·中国西藏文化旅游产业园项目成功签约；吉隆口岸功能进一步完善，正式扩大开放为国际性陆路口岸。完成国际贸易"单一窗口"建设试点；大力推进中尼基础设施互联互通、民心相通、政治沟通，积极落实中国西藏自治区和商务部关于对尼泊尔沿边地区援助工作有关精神，对援尼工作进行总体规划，稳步推进对尼泊尔援助。

中国西藏将继续紧紧围绕加强沿边开发及面向南亚开放重要通道的定位，大力发展边境贸易，积极推动以文化、旅游、建筑、藏医药等为特色的优势服务贸易发展，将中国西藏文化旅游国际博览会、中国西藏—尼泊尔经贸洽谈会等打造成为中国西藏面向国际开放的合作平台。以"一带一路"为统领，以互联互通为先导，以经贸合作为重点，充分发挥中国西藏地缘优势，以吉隆边境经济合作区、中尼友谊工业园、尼泊尔·中国西藏文化旅游产业园、部区合作援尼项目等为载体，扩大经贸合作，共铸中尼友好。

## 第二节　中国云南与尼泊尔经贸合作

作为"一带一路"和长江经济带的重要节点、参与中国—中南半岛和孟中印缅两个经济走廊建设的主要省份，中国云南，这个中国古代南方丝绸之路的必经通道，正努力建设成为南亚东南亚辐射中心。截至 2017 年，中国云南已与南亚东南亚 11 个国家的 33 个城市缔结了友好关系，与 7 个国家建立了 8 个双边多边地方合作机制，在经贸合作伙伴国和地区设立 23 个商务代表处。

随着中国"一带一路"建设的发展，中国云南与尼泊尔的经贸文化合作也在不断加强。2015 年 7 月，中国云南在尼泊尔加德满都成立商务代表处，积极为中国云南企业走进尼泊尔牵线搭桥。2017 年，中国云南驻加德满都商务代表先后完成了尼泊尔大会党访问昆明代表团接待协助工作，受邀参加了"2017 年尼泊尔投资峰会""2017 年尼泊尔基础设施投资峰会""尼泊尔—中国工商会第十四届年会""中航工业与尼泊尔航空飞机交接仪式""南亚尼泊尔艺术三年展开幕式"等活动，并继续为昆明勘测设计研究院、昆明英地尔软件公司等企业提供尼泊尔市场咨询意见，继续协助中国云南新知图书、中国云南天目公司等在尼泊尔的企业开展商务活动。目前，中国云南在连接中国和尼泊尔中发挥着重要的桥梁纽带作用。

### 一、　经贸交流与合作

2017 年 6 月，中国云南昆明"南亚东南亚商品贸易洽谈会"期间，尼泊尔驻华大使利拉·马尼·鲍德尔一行参加南亚商务论坛（见图 2 - 14），并与中国云南省政协副主席杨嘉武会谈。此外，尼泊尔商务部代表团、企业代表团、青年企业家协会等还参加了多个论坛会议及参观调研，与众多尼泊尔企业深度讨论加强尼泊尔和中国云南间经贸合作。

**图 2 - 14　尼泊尔驻华大使利拉·马尼·鲍德尔一行参加南亚商务论坛**

2017 年 11 月，第 5 届中国云南国际博览事务局和秘书处以"融入'一带一路'、促进合作共赢"为主题，在尼泊尔举办"2017 年南博会尼泊尔展"，此次展会是中国—南亚博览会历史上第一次走出国门。经过中国云南驻加德满都商务代表处、中国云南省博览局、旅发委、在尼滇企、尼泊尔各商协会的共同努力，展会吸引了来自中国、印度、斯里兰卡、巴基斯坦、孟加拉国和缅甸等国家和地区的共 105 家企业参展。期间，中国云南驻尼泊尔代表处分别与尼中经贸协会、尼泊尔工商业联合会、尼泊尔通用贸易公司等众多尼泊尔机构、企业就尼泊尔各类型项目、市场环境进行深入交流，并协助滇企对普洱茶、香格里拉红酒等中国云南特色商品进行推广及销售，使中国云南商品获得了尼泊尔消费者的认可。

此后，尼泊尔电视台《24 小时新闻》就中国云南和尼泊尔经贸情况、"2017 年南博会尼泊尔展"情况及中国云南驻加德满都商务代表处发展历程等，对代表处进行了专访（见图 2 - 15），并在尼泊尔黄金时间播放，将相关视频置顶于电视台官网内。此次专访引起了尼泊尔社会各界的广泛关注。此外，《加都邮报》《崛起的尼泊尔》《喜马拉雅日报》《国家日报》《经济人周刊》及尼泊尔语电台 FM97.1 等尼泊尔主流媒体，以不同角度对"2017 年中国云南滇企座谈会""2017 年南博会尼泊尔展新闻发布会"等多项会议进行了广泛报道。

**图 2 - 15　中国驻加德满都商务代表处接受尼泊尔电视台《24 小时新闻》专访**

## 二、 文化教育交流与合作

2017 年 12 月，尼泊尔研究中心、尼泊尔语学习中心在中国云南民族大学同期揭牌，尼泊尔驻华大使利拉·玛尼·鲍德尔出席了揭牌仪式。随同到访的尼泊尔特里布文大学代表团还与中国云南民族大学签署了校际间合作备忘录。同月，中国云南日报报业集团与尼泊尔《嘉纳阿斯塔国家周报》合办的尼泊尔语《中国·云南》新闻专刊在尼泊尔首都加德满都首发，并在尼泊尔全境发行。版面立体呈现了中国云南在经济、旅游、文化、交流等方面与尼泊尔开展的合作，内容丰富，形式新颖。

作为中国云南最大的报业传媒集团，中国云南日报报业集团正在全面加强区域国际合作传播能力建设，努力增进与南亚东南亚各国主流媒体之间的交流合作，共同搭建民心相通的信息之桥、友谊之桥。尼泊尔《嘉纳阿斯塔国家周报》是有着 22 年历史、在尼泊尔发行量最大的周刊，并通过空运和陆运发往中国香港以及马来西亚和尼泊尔人聚居较多的海湾国家。此次合作，中国云南日报报业集团每

月在尼泊尔语《嘉纳阿斯塔国家周报》上推出一期《中国·云南》新闻专刊。在
"一带一路"框架下，通过报道中国云南和尼泊尔在人员交流、文化、教育、艺
术、宗教等领域开展的交流合作，增强尼泊尔各界人士对中国云南了解的深度与
广度，推动尼泊尔和中国云南经济社会共同发展，增进中尼友谊、促进中尼合作。

## 三、 旅游投资贸易与合作

2017 年 6 月，在由中国国际贸易促进委员会、中国云南省人民政府、南亚联
盟工商会主办的第 12 届 "中国—南亚商务论坛" 期间，中国—南亚商务论坛—尼
泊尔旅游投资贸易推介会成功举行。会议由尼泊尔驻华大使馆、中国国际贸易促
进委员会中国云南省分会、尼泊尔—中国经贸协会主办，中国云南省东南亚南亚
经贸合作发展联合会协办。尼泊尔驻华大使利拉·马尼·鲍德尔、尼泊尔商务部
联合秘书拉比·赛尤、尼中经贸协会主席阿努伯·巴塔来依、南盟工商会主席苏
拉吉·维亚、尼泊尔贸易出口促进中心主任泰吉·毕斯塔以及 80 多名尼泊尔企业
家参会。中国云南省政协副主席杨嘉武、中国云南省旅游发展委员会副主任马迎
春以及约 100 名中方企业代表出席会议。会议对接环节主要分为旅游与酒店、进
出口贸易以及投资三个方面。双方企业在旅游开发合作及酒店投资、电子商务平
台建设、混凝土设备的购买及投资、矿泉水生产及企业管理、货物的进出口等方
面达成了合作意向。

## 四、 技术转移交流与合作

2017 年 6 月，由中国—南亚技术转移中心、中国云南省科技厅主办的 "2017
南亚东南亚技术转移对接洽谈会" 在中国云南召开。中国科技部国际合作司、联
合国亚太经济社会委员会亚太技术转移中心、中国云南省科学技术厅、尼泊尔科
技环境部、加德满都林业学院、尼泊尔科学技术院等中国及南亚东南亚 14 个国家
的企业和机构代表 280 余人参会。会议期间，中国云南省科技厅与尼泊尔科技环

境部原秘书长、加德满都林业学院科研和学术顾问克里希那·钱德拉·保德尔一行举行了会谈，围绕人员培训、联合实验室等创新能力建设项目，尼泊尔青年科学家来中国云南开展研究交流、农林领域等项目合作议题展开。克里希那·钱德拉·保德尔表示，希望引入中国云南的农业、林业技术，建设尼泊尔现代农业、林业，包括畜牧业；同时希望中国云南在水电建设、风能和太阳能利用方面，还有药材种植与深加工方面，与尼泊尔进行科技合作。目前，尼泊尔已决定在全国7个省建立科研与开发机构，与中国云南开展更为广泛的科技合作交流。

# 第三篇 中尼重点项目

# 尼泊尔首个中企建设运营项目

## ——上马相迪 A 水电站

位于尼泊尔拉姆郡地区马相迪河上游的上马相迪 A 水电站，是尼泊尔境内第一个由中企开发建设、运营的项目，也是尼泊尔水电建设史上第一个提前实现发电的水电站。上马相迪 A 水电站建设过程中遭遇了罢工阻工、"4.25"大地震、印度对尼泊尔的非正式禁运等尼泊尔当时最突出的三大困难。但是，上马相迪 A 水电站克服重重困难提前并网发电，在尼泊尔上演了"中国速度"，刷新了建设纪录，为低迷的尼泊尔水电建设带来了希望，在当地社会引起强烈反响，上马相迪 A 水电站也因此被赋予了"快速"与"高效"的含义（见图 3 - 1）。现在，上马相迪 A 水电站已经是尼泊尔家喻户晓的明星电站，为其他在建和即将开工建设的水电项目树立了榜样，提供了可借鉴的宝贵经验。

图 3 - 1　上马相迪 A 电站大坝枢纽

上马相迪 A 水电站于 2013 年 1 月 8 日破土动工，是一项以发电为主的径流引水式水电枢纽工程，由中国电建集团海外投资有限公司（以下简称"电建海投公司"）与尼泊尔萨格玛塔电力有限公司共同投资建设。其中，电建海投公司持股90%。双方共同设立中国水电—萨格玛塔电力有限公司（以下简称"项目公司"）进行项目建设、运营。

图 3 - 2　上马相迪 A 水电站并网发电仪式

上马相迪 A 水电站总装机容量 2 × 2.5 万千瓦，年合同发电量为 3.17 亿千瓦时。工程采用低坝挡水、长隧洞引水的开发方式，主要建筑物由长 94 米、高 23 米的砼闸坝，总长 5.3 公里、直径 6 米的引水发电隧洞，地面发电厂房，约 20 公里的 132kV 输电线路等组成。项目以 BOOT（建设、拥有、运营和移交）方式开发建设。2016 年 9 月 26 日，上马相迪 A 水电站首台机组并网发电，2017 年 1 月 1日，正式进入商业运行（见图 3 - 2）。

上马相迪 A 水电站投产后，由于尼泊尔国家电网频率和电压正常运行范围大于中国国家标准，电网系统运行不稳定，大面积停电事故频繁发生，为项目运营带来了极大困难。项目公司针对电网实际现状，一方面加强与尼泊尔国家电力局调度联系，调研同类型电站运行情况，吸取经验教训；一方面聘请中国经验丰富的设计院专家对电站高压电气设备参数进行复核，根据电网实际有针对性地对电站自动装置和保护装置的功能进行调整、完善，进一步提高设备可靠性。目前，项目公司还建立了安全生产责任制，制定了安全管理标准，积极开展安全生产标准化工作，保证电站始终处于良好生产状态。2017年，全年机组实际运行小时数高达7500小时，为尼泊尔电力系统提供了3.74亿千瓦时电能，为缓解尼泊尔电力危机做出了突出贡献。同时，电站主设备完好率一直保持在100%，辅助设备完好率在95%以上。截至2018年6月30日，上马相迪A水电站累计总发电量达到5.29亿千瓦时，累计安全运行668天。

**图3-3　当地员工业务培训结业**

上马相迪A水电站在建设运营过程中摸索出了一套具有自身特色的管理经验。在项目公司的倡议下，由当地社会各界共同组成的"社会关系协调处理委员会"，积极有效地解决了项目建设中的社会事务近200起。项目公司还请当地的环评机构负责项目环评工作；大力推动当地员工属地化工作，大量聘用当地的优秀人才为项目公司工作，目前项目公司中当地员工高达70%（见图3-3）；有效开展人文关怀等工会工作，提高员工的工作积极性和精神风貌。

**图3-4　履行社会责任，项目公司援建尼泊尔纳雅迪大桥**

　　项目公司在工程建设运营的同时，积极履行社会责任、承担社会义务，赢得了当地村民、组织、社团和政府的赞扬（见图3-4）。面对尼泊尔基础设施落后，变电站和输电线路建设滞后的状况，为确保电站生产的电能有效输入尼泊尔电网，

**图3-5　项目公司向地震受灾民众捐款**

项目公司出资修建了一条全长近 20 公里的从上马相迪 A 水电站厂房至下游处的中马相迪水电站的 132kV 输电线路。该举措使 2016 年 9 月 26 日首台机组并网发电目标得以实现，也为电站生产的绿色电能及时源源不断地送入尼泊尔国家电网起到了关键性作用。截至 2018 年上半年，项目公司已完成社会责任项目约 155 项，投入约 420 万人民币，主要涉及道路、桥梁、供水、学校、医院等民生工程。另外，项目公司与当地人民融洽共处，和谐共赢，进行了约为 20 万元人民币的社会捐赠（见图 3-5），真正做到了造福一方。

目前，上马相迪 A 水电站生产稳定有序，已全然肩负起"贡献绿色电能，点亮万家光明"的使命。

### 专栏 3-1　上马相迪 A 水电站得到了尼泊尔政府的高度关注与赞扬

2016 年 4 月 23 日，尼泊尔政府官员出席 1 号机转子吊装仪式，见证了这一重要历史时刻。

2016 年 9 月 26 日的发电仪式上，时任尼泊尔能源部部长嘉纳丹·沙玛称赞上马相迪 A 水电站是尼泊尔史上建设速度最快的一个电站，创造了建设奇迹。

2017 年 6 月 17 日，尼泊尔规划委员会、尼泊尔国家电力局、尼泊尔国家电视台等组成的调研组到上马相迪调研，对建设期克服地震、口岸一度关闭和罢工阻工三大困难，以 3 年多的时间完成建设，成为尼泊尔目前唯一一个提前完工发电的项目的方法和成功经验进行调研，并与尼泊尔另一施工速度最慢的水电项目进行对比，分析和查找高速与缓慢的原因，借鉴和学习上马相迪建设过程中采取的有效方法和成功经验，为尼泊尔今后的水电项目开发建设提供参考。

2017 年 7 月 16 日，尼泊尔国家电力开发署为项目公司颁发奖状，对电站 2016 年和 2017 年上半年为缓解尼泊尔国家电力紧张所做出的贡献给予表彰和感谢（见图 3-6）。

**图3-6　尼泊尔国家电力开发署向电站颁发奖状**

2018年5月27日，尼泊尔国家电力局局长库拉满率领尼泊尔国家电力局购电部主任阿迪卡里、调度中心主任比思奴等一行到上马相迪A水电站进行视察。库拉满谈到上马相迪A水电站自投产发电以后，能够克服尼泊尔国家电网累累崩溃等困难，高负荷地给尼泊尔国家电网提供稳定电力，为缓解尼泊尔国家电力紧张做出了积极的贡献，也充分表明上马相迪A水电站电力运营管理科学规范，能有效处置各种突发事件，体现了中国电建团队的管理实力。

# 中国在尼泊尔民航领域最大投资项目
## ——喜马拉雅航空公司

喜马拉雅航空公司，是中国西藏航空有限公司积极贯彻"一带一路"倡议，于2014年8月19日同尼泊尔雪人环球投资公司共同投资创立的。喜马拉雅航空公司注册资本2500万美元，雪人环球占股51%，中国西藏航空占股49%，是中国国内航空公司在海外第一个采用合资模式成立的航空公司，也是中国在尼泊尔民航领域最大的投资项目（见图3-7）。

**图3-7　中国在尼泊尔民航领域投资项目签约仪式**

2015年3月9日，喜马拉雅航空公司获得了尼泊尔民航局运行合格审定证书（AOC）。同年4月12日，正式实现科隆坡（斯里兰卡）推广航线首航。目前，喜马拉雅航空公司正常运行的航班有加德满都往返多哈（卡塔尔）、吉隆坡（马来西亚）、达曼（沙特阿拉伯）、迪拜（阿联酋）四条航线，并在尼泊尔获得了较高的信誉和认可度。

喜马拉雅航空公司的运行管理制度是在世界民航组织（ICAO）的管理制度基础上，结合中国民航安全管理制度和尼泊尔民航局的要求进行制定并且不断完善的。自2013年以来，尼泊尔民航局一直被国际民航组织（ICAO）列入重大安全关注（SSC）的名单中，导致尼泊尔很多的国际航线都无法开通，其中包括中国香港、新加坡等。喜马拉雅航空公司在运行期间，针对运行制度和运行要求，不断积极主动地与尼泊尔民航局进行多次深入沟通，并推动制度的改进，以更好地达到国际民航组织的要求。为了迎接国际民航组织对尼泊尔民航局进行的核验任务（ICVM）检查，喜马拉雅航空公司成立了专门检查小组，与尼泊尔民航局和国际民航组织驻尼泊尔代表召开了多次会议，讨论应对检查的方案，对相关内容进行了整改。在2017年7月9日至12日期间，国际民航组织正式对尼泊尔民航局进行了检查，喜马拉雅航空公司有幸成为ICAO团队提名访问的航空企业。最终，国际民航组织把尼泊尔民航局从重大安全关注名单中解除。至此，包括喜马拉雅航空公司在内的尼泊尔国际航空公司将可以开通更多的国际航线，促进尼泊尔与世界各国的空中连接，为尼泊尔带来更多的游客，促进尼泊尔经济得到更好的发展。

喜马拉雅航空公司积极开拓市场。喜马拉雅航空公司计划在未来5年，由3架空客A320飞机的运力，达到15架飞机的机队规模，包括引进宽体机A330、A319、A321-neo等机型，在未来10年拥有30架飞机的运力。除了在加德满都建立主营运基地外，喜马拉雅航空公司还计划在即将建成的博卡拉和蓝毗尼国际机场建立营运基地，以便进一步构建尼泊尔国际航空市场网络。在开辟市场方面，喜马拉雅航空公司积极响应中国"一带一路"倡议，致力于加强尼泊尔与中国的空中互联互通，努力尽快开通尼泊尔至中国北京、重庆、长沙、武汉、南京、深圳、南昌、海口等城市的航线。为有效利用尼泊尔较多的对外航权资源，喜马拉雅航空公司还将增强尼泊尔与各国的空中联络，陆续开通至曼谷、东京、墨尔本、法兰克福、伦敦、首尔等国际航线，计划开通加德满都至达卡（孟加拉国）的航

图 3-8　尼泊尔总理访华专机抵达北京

线，并根据市场需求，恢复运行加德满都往返科伦坡（斯里兰卡）的航班。喜马拉雅航空公司还将继续推进尼泊尔与周边国家的交流往来，努力实现飞往印度、不丹等国家的航线运行，以及开通到中国拉萨的航线，增强其与周边国家和地区的边境贸易和文化旅游合作。

　　喜马拉雅航空公司努力将自身建设成为南亚地区最强的航空公司。公司拥有一支高效率、高品质、高水准的国际化运营团队。团队管理层来自世界各国，包括中国、尼泊尔、印度、美国、德国等。现有员工 361 名，其中尼泊尔籍员工 304 名，中方派驻人员 25 名，其他外籍人员 32 名，飞行员 45 名，乘务 94 名。在日常的运行管理中，整个团队在借鉴各个国家先进理念的同时，结合尼泊尔当地实际情况，做出最优的决策。2016 年 3 月以及 2018 年 6 月，喜马拉雅航空公司应尼泊尔政府要求，先后两次顺利完成了尼泊尔总理奥利访华和参加博鳌论坛的包机保障工作，在尼泊尔政府和当地社会引起了很大反响，产生了重要积极的社会效益和国际影响力（见图 3-8）。2017 年 10 月，在马尔代夫举行的"2017 年南亚旅行颁奖典礼"大会中，喜马拉雅航空公司摘得了"南亚领军新国际航空公司"的桂冠，这为喜马拉雅航空公司继续追求卓越、继续高歌猛进起到了很大的激励作用

（见图 3 - 9）。

**图 3 - 9　2017 年南亚旅行颁奖典礼，喜马拉雅航空摘冠**

为尼泊尔籍员工提供最大的提升机会和发展平台，一直是喜马拉雅航空公司管理层不变的共识。喜马拉雅航空公司为尼籍员工提供了各种专业培训机会，如飞行员机型培训、乘务员初始培训、机务维修培训、签派员培训等，为他们从事专业岗位铺平了道路。目前，喜马拉雅航空公司的 304 名尼泊尔籍员工堪称本国该领域最优秀、最具发展潜力的人才，他们分散在公司各个部门，从事不同的工作。不论是一线生产运行，还是行政后勤支持，他们都全心全意、表现优异，为公司的茁壮成长以及尼泊尔民航业的长足发展立下了汗马功劳。

回馈社会是喜马拉雅航空公司一以贯之的企业精神。喜马拉雅航空公司相信社会责任对于企业确保积极有力的社会经营环境是至关重要的。因此，喜马拉雅航空公司始终乐于扛起社会责任的大旗，积极地参与各种社会活动，尤其是社会公益和救助活动。三年来，喜马拉雅航空公司参与了多项救助活动，其中包括赞助尼泊尔帕拉雅思（Prayas Nepal）非营利社会组织，除了给贫困儿童发放生活必需品外，还帮助该机构通过给儿童提供教育、启蒙开智以及技能培训，真正为孩子的未来注入能量和营养。2017 年，喜马拉雅航空公司还为 Sarlahi 地区受洪水影响的灾民送去慰问和救济品，为相关的社会福利项目以及当地社区卫生中心提供支持和赞助（见图 3 - 10）。

图3-10　喜马拉雅航空公司参与各种公益援助社会活动

## 专栏3-2　中尼加强互利合作潜力巨大

尼泊尔与中国山水相连，是推进"一带一路"沿线的重要国家和西南重要友邻。尼政府、政党及社会各界高度关注"一带一路"建设，期待从中尼经贸合作中获益。2017年5月，中尼两国政府签署了"一带一路"合作谅解备忘录。同年8月，时任国务院副总理汪洋访尼，双方重申在"一带一路"框架下拓展务实合作，不断扩大双边贸易和投资规模，并签署《中华人民共和国政府和尼泊尔政府关于促进投资与经济合作框架协议》。2018年6月，尼总理奥利访华，两国领导人同意加快落实"一带一路"谅解备忘录，加强互联互通，打造跨喜马拉雅立体互联互通网络。"一带一路"为中尼加强互利合作带来重大机遇。

近年来，中尼经贸合作形势较好，在尼中资项目数量保持稳定，规模稳中有升，进展总体顺利，但部分项目由于经营环境较差而进展缓慢。水电、航空、水泥、水利设施等领域吸引大型中资企业参与，涌现出一批大型项目，成为各领域中资项目代表。例如，上马相迪A水电站、喜马拉雅航空公司、红狮希望水泥公司、巴瑞巴贝引水隧道项目等。尼政府以经济发展、改善民生为优先任务，提出经济建设多个重点领域，并且投入更多财力、寻求更多国际援助来支持发展，因此尼国内市场具有一定潜力。

投资领域据尼泊尔工业局统计，2015/2016 财年中国大陆在尼投资额 62.9 亿卢比，项目数 128 个；2016/2017 财年中国大陆在尼投资额 68.9 亿卢比，项目数 194 个。中国投资已经连续两个财年位居第一，成为尼泊尔第一大外资来源国。尼方最新数据显示，中国大陆在尼累计投资项目数也已排第一。中国大陆在尼最主要的投资领域是水电站、水泥厂、航空运输，集中了大型中资企业及项目。其他投资领域包括：服务业，如酒店、餐馆、物流；制造业，如家具厂；旅游业，如票务代理；农林领域，如农业技术合作、菜园；矿产领域，如能源矿业。

承包领域据中方统计，截至 2017 年 12 月，中方在尼累计签订工程承包合同 45.42 亿美元，完成营业额 30.39 亿美元。其中 2017 年新签合同 8.9 亿美元，完成营业额 2.98 亿美元，同比分别增长 201.7% 和 34%。目前，承包项目主要有：水电站项目 11 个，输变电项目 14 个，太阳能发电项目 1 个，基础设施建设项目 16 个，铁路勘察设计项目 4 个，飞机项目 1 个，通信项目 9 个。经过多年发展，中资企业借助过硬技术能力和成本优势，已成为尼承包工程市场的主要参与者，为尼经济发展和改善人民生活水平做出了积极贡献。

尼泊尔投资、承包市场具有一定优势。尼政府对外国投资政策较为开放，诸多领域允许外国独资；劳动力成本较低；产品出口中国、印度、美国、欧洲等享受税收优惠政策；独特的地形特征和海拔差异赋予了尼泊尔得天独厚的水利水电资源和旅游资源，投资开发潜力较大。尼方优先发展的投资领域有：水电领域（包括水电站和电力传输）；交通领域的基础设施建设；农业基础领域，如食品、草药加工；旅游；矿业等。为了吸引外商投资，尼泊尔政府出台了一些优惠政策，如免征所得税、给予政府补贴、利润再投资免税等。

# 承载尼泊尔"引水之梦"项目

## ——巴瑞巴贝引水隧道工程

巍巍的喜马拉雅山南麓，盈盈恒河流域北缘，承载着尼泊尔全体人民"引水之梦"的尼泊尔巴瑞巴贝引水隧道工程，正在采用中国全新制造的开山神器"双护盾硬岩掘进机"紧罗密鼓地向前推进（见图3-11）。巴瑞巴贝引水隧道工程从20世纪90年代开始筹备，历经20余年的考察和设计，其间尼泊尔政府曾邀请意大利、中国、韩国、印度四个国家五个专业国际公司进行评估和投标。面临喜马拉雅山系特殊的、复杂多变的西瓦利克软弱地层，诸多外企望而生畏。最终，中国海外工程有限责任公司和中铁二局集团有限公司一起勇夺桂冠，联合实施这一跨世纪工程，吹响造福尼泊尔全体人民的"梦之号角"。

**图3-11 开山神器双护盾硬岩掘进机（TBM）**

　　尼泊尔巴瑞巴贝引水隧道项目是被尼泊尔政府视为最受重视的"国家的骄傲"工程，是全球第一个穿越西瓦里克地层的 TBM 项目，是尼泊尔的第一个 TBM 项目和尼泊尔第一个跨流域输水工程项目。通过本项目的实施，可灌溉尼泊尔中西部和远西部交界处的巴迪亚和班克地区 51000 公顷的农田，彻底解决该区域极度缺水的现状，并且利用约 152 米的水位差异建造发电站，为尼泊尔不太富裕的电力提供 48 兆瓦的电力支持（见图 3 – 12）。

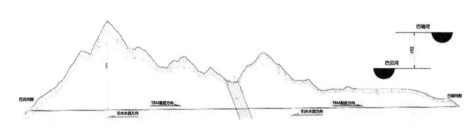

**图 3 – 12　引水隧道纵断面图**

　　尼泊尔巴瑞巴贝引水隧道工程包括三个部分的基础设施建设：首部枢纽、引水隧洞、发电站及附属设施，计划分阶段实施。其中，引水隧道部分率先实施，主要包括一条 12.2km 的引水隧道，配套实施进场道路、管片生产、砂石料开采、自发电等工程。引水隧道采用双护盾 TBM 施工，其中开挖直径为 5.06 米，并采用 4 块成环的六边形蜂窝状管片衬砌，管片环宽 1.4 米，外径 4.8 米，内径 4.2 米，厚 0.3 米，管片背部的建筑空隙采用"砂浆 + 豆粒石 + 水泥浆"的填充工艺。

　　2015 年 4 月 2 日，尼泊尔前任总理苏希尔·柯伊拉腊亲赴项目现场，为工程开工致辞，对项目开工表示热烈祝贺，对项目的顺利进行表达了充分的信心，并承诺将为项目建设提供全力支持（见图 3 – 13）。

　　巴瑞巴贝引水隧道项目自 2015 年 6 月 4 日正式开工以来，始终保持"高标准、严要求、高水平"的施工管理理念，秉承中国中铁"追求卓越，勇于跨越"的企业文化，将中国企业的优良安全质量管理理念推广至尼泊尔市场，向尼泊尔政府及人民展现并传递了中国技术和中国标准。开工仅两年时间，就实现了从无到有的土建基础建设，完成 2km 的进场道路、项目营地、业主营地、砂石料厂生

图 3 – 13　尼泊尔前任总理为项目开工致辞

产、管片厂建设、自发电工程、给排水工程、始发平台建设、暗挖隧道施工，为TBM进场和施工全面提供条件。2017 年 8 月 4 日，生产出尼泊尔第一块预制混凝土管片，项目业主亲自为第一块管片验收盖章（见图 3 – 14）。

图 3 – 14　项目业主代表为尼泊尔第一块预制混凝土管片验收盖章

2017年9月13日，TBM刀盘、盾体等主机部件进场。

2017年9月27日，TBM主机及1—10号台车组装完成，达到空推步进条件（见图3-15）。

**图3-15 TBM组装完成**

2017年10月15日，TBM正式始发，尼泊尔灌溉部部长亲临现场为始发剪彩（见图3-16）。

**图3-16 尼泊尔灌溉部部长为TBM始发剪彩**

2018年4月26号，TBM月度进度突破1千米，受到监理业主现场点赞。截至2018年6月30日，累计完成掘进5417米，平均月进度619米（见图3-17、图3-18）。

**图 3 – 17　成型隧道建设情况**

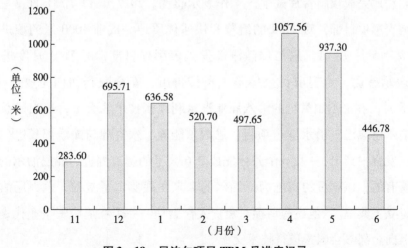

**图 3 – 18　尼泊尔项目 TBM 月进度记录**

　　从 TBM 进场到 TBM 空推，仅耗时 14 天，创下国内外同类型 TBM 的组装最快纪录；从 TBM 始发到完成 500 米的试掘进，共耗时 35 天，创下国内外同类型 TBM 的试掘进最快纪录（见图 3 – 19）。

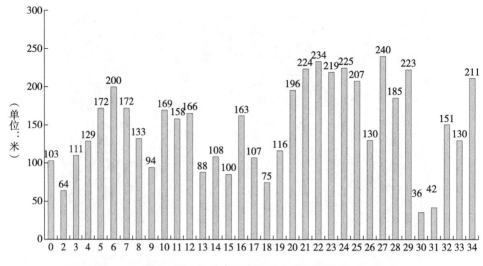

**图 3-19　尼泊尔项目 TBM 周进度记录**

2017 年 8 月 23 日，尼泊尔灌溉部发函表彰项目部，对项目团队按照工期计划成功、顺利地完成预制管片试生产工作表示感谢。2017 年 12 月 31 日，尼泊尔灌溉部发函表彰项目部，对 TBM 的组装和快速优质地完成前 1000 米的掘进表示感谢。2018 年 5 月 18 日，尼泊尔灌溉部发函表彰项目部，对 TBM 月度进尺超过 1000 米表示感谢，希望项目全体员工再接再厉，安全顺利如期完成整个项目。2018 年 5 月，在尼泊尔举行的第八届亚洲水利灌溉技术峰会上，尼泊尔总统多次点赞尼泊尔巴瑞巴贝引水隧道项目，尼泊尔能源、水资源与灌溉部长巴尔沙·曼·普恩在发言中指出，"在 6 个月内完成 3.6 公里的隧道掘进，在尼泊尔的历史上是绝无仅有的，该项目的实施为尼泊尔的未来发展奠定了基础，也为尼泊尔的其他工程树立了典范。"他还邀请项目负责人作为唯一一个在尼中资企业代表，在技术峰会上向全部参会国家进行技术交流。

在 TBM 掘进期间，巴瑞巴贝引水隧道项目部共招聘尼泊尔当地劳工 600 余人，向其传递 TBM 施工和管片生产技术，为尼泊尔培养第一批机械化隧道施工的专业骨干人才。管片厂钢筋工巴可迪纳斯由于工作认真而获晋升，由一名普通的钢筋工人晋升至钢筋加工班组的负责人，他说："之前我干了 7 年的钢筋工，我以为盖房子嘛，钢筋绑扎都比较粗糙，但这里不一样，不仅要求精准，几乎无误差，而且大部分都是机械操作，需要相互配合，这让我大开眼界，也学到了不少技能，我将要在中国公司继续干下去，成为一个技术精干的钢筋加工人员。"麦格来由于其勤劳聪慧，由一名普通工人成长为土建组组长，手下带领64名工人。项目周边的最低工资标准是每天480尼泊尔卢比，而在工地上工作的麦格来每天能拿到800卢比，还有150卢比的生活补助，再加上加班费，月收入能够3万多卢比。现在麦格来不仅在农村老家盖了房子，买了摩托车，而且近期又在根杰市买了土地准备建房。另一方面，由于项目部雇佣的劳工超过600人，周边村落的养殖业、零售业、餐饮业、住宿和租房都迅速地发展起来，短短两三年，各种小商店和小旅馆如雨后春笋般出现在刚修好的路边，极大地带动了当地的经济发展。

**图3－20 项目部为学校打设水井**

在"一带一路"倡议下，巴瑞巴贝引水隧道项目始终坚持在干好项目工程建设的同时，改善周边民生环境，为尼泊尔传递施工技术和标准，为唇齿相依的周边村落谋福利，共建美好家园。在尼泊尔施工3年多来，项目部一直关注当地学校的教育条件问题，当地大多数中小学生没有书包，都是用头顶着厚厚的书本去上学。2018年5月27日，项目部与中国扶贫基金会驻尼泊尔办公室携手，为驻地周围的拉格切米中学和人民学校捐赠了781套书包和教具，每个书包里装有饭盒、水壶、文具盒、彩笔、本子、胶水、铅笔和尺子等20多种学习和生活用品。

巴瑞巴贝引水隧道项目部还坚持改善周边村落民生，为村民修路挖井。施工期间，项目部为当地村落修建道路，累计达到10余公里，为村民出行提供便利；为当地学校、村民打井取水，累计打设30余口水井，解决当地用水困难，极大地改善了当地的基本生活保障（见图3-20）。

# 尼泊尔最大外国直接投资制造项目

## ——红狮希望水泥

红狮希望项目迄今为止是尼泊尔制造业最大的一项外国直接投资，项目投资与运营起到引领和示范作用，对项目所在地的经济增长、行业发展、人文技术交流具有积极的意义。

红狮希望水泥有限公司位于尼泊尔蓝毗尼专区纳瓦尔帕拉西县萨迪村，以下简称是由中国红狮控股集团有限公司（以下简称"红狮集团"）与尼泊尔希望控股有限公司（"希望控股"）合资组建的一家大型水泥企业。其中红狮集团控股70%，希望控股持股30%。规划建设两条日产6000吨熟料新型干法水泥生产线，其中一期项目总投资3.5亿美元，建成后年产水泥230万吨（见图3–21）。

**图3–21 全厂实现全面建成投产**

红狮集团是中国民营500强和中国前十大全国性大型水泥企业之一，积极践行国家"一带一路"倡议，在老挝、尼泊尔、缅甸、印度尼西亚4个国家在建拟建5个大型水泥项目。红狮集团认为，尼泊尔作为中国友好邻邦，是南亚自由贸易区（SAFTA）和环孟加拉湾多领域经济技术合作组织（BIMSTEC）成员，水电等资源丰富、劳动力成本相对较低，经济增长潜力较大，水泥市场前景广阔。目前，尼泊尔水泥需求约780万吨，2016—2017财年从印度进口熟料和水泥超过300万吨。同时，尼泊尔人均水泥产能约110公斤，仅为中国的1/15，水泥市场前景广阔。

希望控股是尼泊尔综合实力较强的大型综合性企业集团，业务覆盖水泥生产制造、矿业开采冶炼等。该公司拥有一条日产2000吨熟料水泥生产线，是尼泊尔目前规模最大品牌最好的水泥企业之一。

红狮希望水泥项目由中国中材国际工程股份有限公司设计，按照工业4.0标准，应用矿山数字化开采技术、智能化水泥制造等前沿技术，采用矿山长距离胶带输送机等先进设备，力争建成目前世界上最先进的水泥生产线，使该项目的能耗、自动化、智能化和环保排放等方面处于行业领先水平（见图3-22、图3-23）。

3-22　2015年3月17日，在时任驻尼大使吴春太及尼泊尔财政部长马哈拉的见证下，红狮集团副总经理许有元与希望控股董事长郭爱先生签署项目合作协议

**图 3 – 23　尼泊尔总理奥利（右二）在北京会见红狮集团董事长章小华先生（右三）**

由于采用国际先进工艺和大型装备，红狮希望水泥项目将生产优质高标号水泥，能够满足尼泊尔大型基础设施建设对高品质水泥的需求，提高建筑物质量和耐久性。加之项目按照智能制造、清洁生产的高标准建设，能耗环比可降低20%以上，环保排放达到世界一流水平，从而提升尼泊尔水泥工业整体水平。此外，红狮希望水泥项目直接新增500多个就业岗位，可带动物流、包装、配件等相关产业发展，间接增加2000多个就业岗位，将很好地促进当地经济更快发展。

尼泊尔政府更迭频繁，社情复杂。红狮希望项目需用地2500多亩。项目土地范围横跨两个县，土地征用涉及当地村民约3000多人，项目合法化手续约50项，涉及部门约20个，项目推进手续复杂、困难重重。公司主要采取以下措施，使得各项合法化手续办理顺利完成，项目建设进展顺利：

股本结构设计上由中国母公司控股，当地有实力的企业参股；

地方合法化手续办理上主要借助当地合作方力量；

充分沟通、尊重、信任，建立良好的合作关系；

引进先进技术、先进装备、先进管理理念获得合作方及当地社会认可；

诚恳态度、踏实工作，实实在在的投资、务实高效的工作作风、进展顺利的项目建设赢得社会各界的尊重与认可。

2017年1月，红狮希望水泥项目主体工程开工至今，生产线已经全线贯通并运行（见图3-24）。红狮希望水泥本着"义利并举、先予后取、包容发展"的发展理念，诚恳友善、信守承诺、携手发展。通过社会化的解决方案将各种运输、劳务、生产生活物资采购等就地实现，把当地群众利益与公司发展紧密结合。

图3-24　已经投产的水泥磨系统

红狮希望水泥通过本地采购生活用品和建筑材料，将部分非技术性工作、工程和运输等业务承包给当地，提供就业和经济发展机会；通过帮助当地修建道路、水利、生活取水、医院、学校等，改善当地基础设施；通过举办社区和企业联谊活动、捐助社区活动、招聘培训本地员工等，密切企业和当地社区关系；无偿为村民提供急病救援、干旱送水、消防灭火等，赢得地方群众赞誉。截至2017年底，通过各种方式直接或间接给当地村民带来超过32亿卢比的经济发展动力，与当地社会建立了良好的关系，树立了中国企业的良好形象。

　　中尼两国唇齿相依、睦邻友好。红狮希望水泥项目的实施，不仅是红狮集团和希望控股的牵手，也是中尼传统友谊的体现。项目于 2017 年 2 月 28 日获得了尼泊尔—中国工商会颁发的项目投资奖，这是唯一一家获得此奖项的中资企业，项目得到了中国及尼泊尔官方的高度认可。

# 努力推进中尼经贸关系

## ——中资企业协会

　　尼泊尔中资企业协会是由在尼泊尔从事合法经贸活动的中资企业发起并在当地依法注册成立的自律性、非营利性组织。2013 年 7 月 18 日在加德满都正式成立，并于 2017 年 4 月 10 日在尼泊尔政府完成注册。协会现有会员 46 家。会长单位为中国葛洲坝集团公司，会员单位在尼主要从事投资、承包、援外、通信、航空、贸易等领域，是尼泊尔经济建设的主要参与者。

　　尼泊尔中资企业协会的宗旨为：推动尼泊尔各中资企业之间的相互联系、交流与团结合作，增强中资企业的凝聚力，树立和维护中资企业在尼泊尔市场的整体良好形象。增进中资企业和尼泊尔当地工商界以及其他社会团体间的了解、沟通、交流与合作，进一步服务和推动中尼经贸关系的发展；在对外工作中代表在尼泊尔中资企业的整体利益，维护在尼泊尔中资企业的合法权益；指导和协调中资企业合法经营、公平竞争，协商解决重大经营问题。

　　协会根据"交流沟通、约束协调、诉求维权、服务指导"四项原则制定了协会章程、自律公约、恶性竞争行为认定和处罚标准、协会内部文件流转程序、理事会例会制度等一系列规章制度，确保了协会的各项经营活动有序开展。协会成立至今，在中国驻尼泊尔大使馆和经参处的组织下，对外与尼泊尔各政府部门、经贸协会、友好组织，对内与使馆、经参处、企业内部之间等建立了常态化的联系。

**图 3-25 中资企业在尼泊尔**

成立 5 年来，协会还积极践行企业社会责任。支持孔子学院、孔子课堂、志愿者之家举办"汉语桥""大使杯"等一系列活动；对地震灾区、加德满都当地高中进行慈善捐助活动；协助"深圳潮青爱心光明行"活动，为尼泊尔白内障患者免费手术。同时还积极开展文体活动，举行中资协会羽毛球比赛、乒乓球比赛、登山比赛等。这些活动有力地促进了尼泊尔人民对中资企业协会和各中资企业的了解，扩大了中资企业影响力，促进了中尼两国的友好关系的发展。

**图 3-26 2014 年 1 月 24 日，尼泊尔中资企业协会成员为加德满都 Shree Manohar 高中捐赠了价值逾 50 万卢比的电脑、复印机、书柜等物资**

## 专栏3-3　尼泊尔营商环境

尼泊尔中资企业协会认为，在尼泊尔投资、承包市场存在一定风险。

根据世界银行报告，尼泊尔在2016年世界最易创办企业评级中从2015年的第94位下降至第105位。报告称，在尼泊尔创办企业需要7道程序、等待17天，开办企业的费用是当地人均收入的28.4%。合同条款执行方面，尼泊尔在189个国家中排名152位，一份合同需要执行910天，并需要花费26.8%的索赔款。

总体来看，由于尼泊尔政策不稳定、基础设施缺乏、各地频发罢工等因素，中资企业在尼泊尔投资的项目面临诸多挑战。但从发展角度来看，投资者也取得了先期占领市场的优势。因此，扎实做好项目的可行性研究，全面评估各种风险，充分做好应对准备，尼泊尔市场还是大有可为的。

尼泊尔中资企业协会建议在尼泊尔发展的中资企业要加强对市场的深入调研，切忌照搬中国国内经验；要厘清机遇和风险，把握尼泊尔政策走向，确保项目推进的连续性和稳定性；要寻求法律支撑、通过商业化模式推进项目。同时，要加强合同细节的把握，对责任、义务的规定以及出现问题后的纠纷解决条款要高度重视，以免出现问题后陷入被动。

# 第四篇 专家观点

# 中尼共建"一带一路"合作前景可期

李　钢*

当前，经济全球化使各国之间的利益联系更加紧密，也共同面临更多挑战，而中国提出的"一带一路"倡议已成为国际合作的新平台、新模式，为世界经济发展贡献了"中国方案"。尼泊尔积极支持中国的"一带一路"倡议，并对此框架下的中尼合作充满期待，希望借此搭乘中国发展的顺风车，带动本国经济社会发展。而"一带一路"建设与尼泊尔经济发展战略相契合，是中尼合作的历史性机遇，在此框架下，中尼双方拥有较大的合作潜力与良好的发展前景。

## 一、 中尼共建"一带一路"的重要机遇

"一带一路"倡议致力于实现沿线各国多元、自主、平衡与可持续发展。而尼泊尔作为世界最不发达国家，希望能够参与其中，获得更多的发展机会。目前，尼泊尔政治、经济及社会环境较好，且中尼合作关系较为稳定，为双方"一带一路"框架下的互利合作提供了难得的机遇。

### （一） 尼泊尔政局趋于稳定，为中尼共建"一带一路"提供了良好契机

尼泊尔于 2008 年实现政治转型，废除君主制，成立联邦民主共和国，但激烈的党派斗争，使得尼政府更迭频繁，政局长期处于动荡状态，经济发展相对缓慢。

---

* 李钢，商务部国际贸易经济合作研究院副院长。

2017 年底，由尼泊尔共产党（毛主义中心）和尼泊尔共产党（联合马列）组成的左翼联盟最终赢得选举。2018 年 2 月，尼泊尔共产党（联合马列）主席奥利再次就任总理，并以超过 2/3 的得票率赢得议会信任投票，终结了尼持续多年的政治不稳定局面。2018 年 5 月中旬，尼泊尔共产党（联合马列）和尼泊尔共产党（毛主义中心）最终完成合并，成为尼历史上最强大的政党，使新一届政府的执政基础更加稳固。因而，尼泊尔政局的稳定为中尼"一带一路"框架下合作提供了良好契机，为尼经济发展与社会进步创造了有利条件。

### （二）　尼泊尔经济发展水平进一步提升，为中尼共建"一带一路"创造了新机遇

根据国际货币基金组织（IMF）的数据显示，尼泊尔 2017 年经济实现较快增长，实际增长率达到 7.5%，显著高于发展中国家的平均水平。[①] 同时，包容性增长水平得到提升，在世界经济论坛发布《2018 年包容性发展指数》中，尼泊尔在 74 个新兴经济体中名列第 22 位，处于"平稳发展"和"迅速发展"之间，在南亚国家中位居第一。[②] 包容性增长区别于单纯的经济增长，强调在公平的前提下，寻求社会与经济的协调发展与可持续发展，与"一带一路"的发展目标相契合。而尼泊尔在经济增长与包容性增长方面的进步，为中尼"一带一路"框架下的合作创造了新的发展机遇，并提供了重要支撑。

### （三）　中尼就共建"一带一路"达成共识，为两国互利合作奠定了坚实基础

中国与尼泊尔是患难与共的友好邻邦，两国友谊源远流长。尼泊尔坚定奉行一个中国政策，中国也一贯支持尼泊尔维护国家独立、主权和领土完整，两国高层交往频繁，世代友好的全面合作伙伴关系不断巩固和深化。中国的"一带一路"倡议得到尼泊尔的欢迎和支持，早在 2014 年两国就签署了《中华人民

---

① IMF. World Economic Outlook, April 2018: Cyclical Upswing, Structural Change [EB/OL]. http://www.imf.org/en/Publications/WEO/Issues/2018/03/20/world – economic – outlook – april – 2018, 2018 – 04/2018 – 06 – 28.

② World Economic Forum. The Inclusive Development Index 2018 [EB/OL]. https://www.weforum.org/reports/the-inclusive-development – index – 2018, 2018 – 01 – 22/2018 – 06 – 28.

共和国商务部和尼泊尔政府财政部关于在中尼经贸联委会框架下共同推进"丝绸之路经济带"建设的谅解备忘录》。此后,尼泊尔高层也多次表示愿意积极参与"一带一路"建设,推动两国在贸易、金融、互联互通、旅游、基础设施等领域的全面合作。2017 年 5 月,双方正式签署《中华人民共和国政府与尼泊尔政府关于在"一带一路"倡议下开展合作的谅解备忘录》,进一步深化在经济、环境、科技和文化等领域的合作。2018 年 6 月,尼泊尔总理奥利访华期间,双方发表联合声明,同意采取切实措施促进上述备忘录中各领域合作。因而,中尼双方领导人对"一带一路"建设的高度重视和重要共识为两国的互利合作奠定了坚实基础。

## 二、 中尼共建"一带一路"的重点方向

中国"一带一路"倡议的主要内容是"五通",即政策沟通、设施联通、贸易畅通、资金融通和民心相通,而尼泊尔目前最为关注的是基础设施建设、旅游业发展、制造业投资等领域,双方契合程度较高,因而在"一带一路"框架下拥有较大的合作潜力与发展空间。

### (一) 加强互联互通建设,将地缘劣势转化为优势

"一带一路"倡议的核心是基础设施建设与互联互通。尼泊尔基础设施条件相对滞后,亟须改善,且作为内陆国家,对外联通至关重要。因而中尼两国着力打造跨喜马拉雅立体互联互通网络,重点加强口岸、公路、铁路、航空、通信等领域合作。其中,尼泊尔最为关注的是中尼跨境铁路项目,这对破解其交通运输困境将有很大帮助,双方已签署《中华人民共和国交通运输部与尼泊基础设施和交通部关于开展铁路项目合作的谅解备忘录》,推动项目取得实质性进展。而提升中尼口岸运行水平、加快周边公路修复和升级、开辟更多直航航线、深化跨境光缆合作,以及促进水电资源开发利用和推进中尼电力联网项目等,也将是今后一段时期的合作重点。促进中尼互联互通有利于拓展尼泊尔对外联通渠道,提高其开

放性，并逐步摆脱对印度的单一依赖。而且，由于尼泊尔与印度之间实行开放边界，如果实现与中国的互联互通，则有利于将尼泊尔的地缘劣势转化为优势，将其打造为中印两大国之间的桥梁与纽带，并成为中国进入南亚以及印度进入东亚的重要通道。

### （二） 充分发挥旅游资源优势与潜力，促进双方互利合作

旅游合作是"一带一路"民心相通的重点。尼泊尔旅游资源十分丰富，既有雪山、湖泊等自然景观，也有寺庙、佛塔等人文景观，是世界著名的旅游目的地之一，旅游业也成为其国民经济重要的支柱产业。而中国西藏地区也是世界著名的旅游胜地，由于与尼泊尔分别位于喜马拉雅山的北麓和南麓，自然风景差异明显，且旅游淡旺季互补。中尼两国可利用"一带一路"建设的绝佳机遇，积极开展旅游业合作，将中尼两国尤其是中国西藏地区与尼泊尔的旅游资源整合起来，打造环喜马拉雅国际旅游带，进一步扩大赴尼泊尔旅游的中国游客规模，并积极吸引更多世界各国的游客。同时，应以"尼泊尔·中国西藏文化旅游产业园"项目为重点，促进中尼文化交融，带动服务贸易及投资合作，并以中国国际旅游交易会为平台，扩大对尼泊尔旅游资源的宣传和推介。这既符合尼泊尔以旅游业为基础的绿色可持续发展战略，也是中国西藏地区加强对外开放合作的重要途径。

### （三） 推动跨境经济合作区及工业园建设，打造跨境产业链

园区建设是"一带一路"倡议的重要内容，也是中国与沿线国家开展经贸合作的重要平台。中尼两国陆路接壤，多年前就开始对跨境经济合作区建设进行研究和探讨。2017 年 5 月 9 日，双方正式签署《中国商务部与尼泊尔工业部关于建设中尼跨境经济合作区的谅解备忘录》，以中国吉隆与尼泊尔热索瓦口岸为中心建设跨境经济合作区。同年 6 月 29 日，两国也通过外交换文，同意上述口岸正式扩大开放为国际性公路口岸。"一带一路"建设为中尼跨境经济合作区的推进提供了良好契机，开创了中尼经贸合作新途径与边境合作新模式。中尼跨境经济合作区可重点发展休闲旅游、商贸物流等产业，提升边境贸易发展水平，深化双向投资

合作，打造分工协作的跨境产业链，促进尼泊尔以及中国西藏地区的开放与发展，推动两国边境地区的繁荣稳定。同时，应加快尼泊尔境内的中尼友谊工业园建设，以此作为中国企业对尼投资的重要平台，重点发展能源资源、轻工制造、车辆组装、农畜产品加工等产业，提升当地工业化和现代化水平，打造面向尼泊尔及整个南亚地区的产业发展平台。

### （四）加快自贸区建设，促进贸易投资自由化与便利化

自贸区是当前区域经济合作的主要形式，也是"一带一路"建设的重要支撑。中尼经贸关系较为紧密，中国是尼泊尔第二大贸易伙伴和主要投资来源地，适宜开展自贸区建设。两国已于 2016 年 3 月 21 日签署《中华人民共和国商务部和尼泊尔商业部关于启动中国—尼泊尔自由贸易协定联合可行性研究谅解备忘录》，应尽快完成可行性研究，争取早日启动涵盖货物贸易、服务贸易、投资和经济合作等内容的一揽子自贸协定谈判，在互利共赢的基础上达成全面、高水平的自贸协定。中尼自贸区建设能够提升双方贸易投资自由化和便利化水平，进一步密切双边经贸关系，有利于尼泊尔吸引中国企业投资，促进其产业升级与发展，也有利于尼泊尔人民得到更多实惠。

### （五）提升金融合作水平，为双边经贸发展提供有力支持

金融合作是"一带一路"建设的重点内容之一，中尼双方已于 2014 年 12 月 23 日签署《中国人民银行和尼泊尔国家银行双边结算与合作协议补充协议》，将中尼人民币结算从边境贸易扩大到一般贸易，并进一步扩大地域范围，有利于促进双边贸易和投资发展。但目前，中资银行尚未在尼泊尔设立分支机构。因而，双方可在"一带一路"框架下加强金融合作，鼓励两国银行开展金融交易，支持中资银行进入尼泊尔市场，为两国贸易、投资及旅游合作提供有力支持。同时，中尼两国还可在现有反洗钱和反恐怖融资等信息交流的基础上，进一步加强各类金融情报交流合作，共同防范和打击违法犯罪活动，有效防控金融风险，维护两国经济社会的安全稳定。

## 三、 对中尼共建"一带一路"的几点建议

中尼"一带一路"框架下的合作符合两国的意愿与根本利益，机遇难得，前景广阔。虽然合作过程中可能存在一些困难和挑战，但只要双方共同面对，妥善处理，就能够在共享发展机遇的同时，将风险降到最低，实现两国的互利共赢与共同繁荣。

### （一） 加强政策沟通，促进中尼双方发展战略对接

"一带一路"倡议坚持共商、共建、共享原则，以政策沟通为基础和保障。随着尼泊尔政局的逐步稳定，新一届政府的工作重心将转移到经济发展方面，可能会制定新的发展战略与计划，这就需要中尼双方进一步密切高层交往，加强政策沟通与协调，充分考虑双方的发展需要与实际能力，寻求战略交集与利益契合点，尤其是基于中国西藏地区在中尼合作中的重要地位，应积极促进中国西藏与尼泊尔的发展战略对接。中尼双方可以中尼经贸联委会和中国西藏与尼泊尔经贸协调委员会为平台，加强对话与磋商，及时解决合作中存在的困难和问题，促进双方的互利共赢。

### （二） 探索制订早期收获计划，推动重点项目建设

尼泊尔欢迎和支持"一带一路"倡议，且在基础设施建设和产业发展等方面存在较大需求。目前中尼两国已经签署了"一带一路"合作谅解备忘录，因而可借鉴"一带一路"旗舰项目中巴经济走廊建设经验，在上述备忘录的基础上，结合双方实际情况，探索共同制订中尼合作的早期收获计划，以交通、能源、旅游、农业及产业园区建设为重点，分批次、分阶段有序推进项目建设，并通过重点项目形成示范与带动效应。例如，尼泊尔希望加快建设三条南北经济走廊，即戈西经济走廊、甘达基经济走廊和卡纳利经济走廊，中尼双方可积极研究上述走廊项目合作的可能性，并将其列入早期收获计划。此外，由于尼

泊尔是最不发达国家，经济实力有限，因而可在项目建设中将企业投资与政府援助及金融机构贷款相结合，充分发挥双方政府、企业和金融机构的作用，共同推动中尼合作的顺利开展。

### （三）注重地方合作，充分发挥地方政府的积极性

尼泊尔是联邦制国家，地方政府权力相对较大，这也是南亚国家的普遍特点。因此，在中尼共建"一带一路"合作中，应积极加强与尼泊尔地方政府的沟通与协调，尤其是在具体项目建设中，尼地方政府往往能够发挥更大的作用。同时，应充分发挥中国西藏、四川、云南、青海等省区政府的积极性，加强这些地区与尼泊尔及其地方政府的合作，并在国家层面给予必要支持。在具体项目建设中，可由中国西藏、四川、云南、青海等省区政府和企业担当主角，进一步促进中尼经济的融合发展，使西南地区成为中国对南亚开放的前沿和窗口。此外，还应鼓励东部地区与尼泊尔及其地方政府开展合作，利用东部的经济、技术和人才等优势，带动尼泊尔项目建设和经济发展，实现更广泛的中尼地方合作。

### （四）加强人文交流，营造中尼合作的良好氛围

民心相通是"一带一路"建设的社会根基。中尼两国虽然是近邻，但语言不通，难以做到无障碍交流，使得两国民众的相互认知还不够全面。因而，应进一步加强中尼人文领域的交流与合作，畅通信息渠道，增强相互理解，培养正确认知。一方面，可增加留学生、交换生、访问学者等，并扩大加德满都大学孔子学院规模。另一方面，可建立有效机制促进新闻媒体、党政社团、专家智库、企业机构等领域的互访与合作。同时，应大力推进文化旅游合作，提升旅游便利化水平，并充分发挥尼泊尔中国文化中心、中国节、加德满都文化论坛等平台的积极作用，提高两国普通民众的相互认知水平。此外，还可推动两国不同城市缔结友好城市关系，增强各领域人文交流与合作。

### （五） 开展多边对话，减少中尼合作的外部干扰

尼泊尔与印度拥有长期、特殊的历史、人文、宗教及法律关系，在交通、能源、劳务输出、贸易等方面对印度有较强的依赖性，这使得印度在尼泊尔经济社会中拥有很大的影响力，也使得印度成为中尼"一带一路"合作中无法回避的因素。目前，印度仍对"一带一路"倡议持消极态度，因而在中尼"一带一路"合作过程中，可适时举行三方会谈，通过对话与沟通尽可能实现增信释疑，减少中尼合作中可能出现的外部干扰，努力营造和谐的周边环境。同时，中尼两国可继续推动中尼印经济走廊建设的相关研究，向印度释放积极的合作信号，争取尽早取得实质性进展，实现三方的互利共赢与共同发展。

# 将尼泊尔建设成"一带一路"的重要支点

王海峰*

尼泊尔是佛祖诞生地和佛教发源地，位于中印两个新兴大国之间，在南亚地缘政治和"一带一路"建设中具有特殊作用。尼泊尔在政治上尝试多党议会民主，在社会制度上坚持社会主义道路，在经济方面对印度依赖性强。尼泊尔面临的主要问题是实现经济起飞和可持续发展，因而对"一带一路"建设寄予厚望，既有可能也有条件成为"一带一路"建设的重要支点。一定要做好做细顶层设计，理性认识中尼之间出现的问题，积极探索试点示范项目，做好中国方案，讲活中国故事。

## 一、 中尼合作具有良好的基础

### （一） 中尼两国世代友好，已成为世代友好的全面合作伙伴关系

中国和尼泊尔是山水相连的友好邻邦，两国之间有着上千年友好交往历史。1955 年 8 月尼泊尔与中华人民共和国建交，不论尼国内局势如何变化，尼历届政府均支持中国在中国西藏、台湾和人权问题上的原则立场，2009 年 12 月两国关系正式提升为世代友好的全面合作伙伴关系。2010 年以来，尼泊尔高级别代表团先后来中国参加上海世博会、成都西博会、中国南亚博览会以及"一带一路"国际合作高峰论坛。2012 年和 2017 年时任国务院总理温家宝和时任国务院

* 王海峰，国家发改委对外经济研究所研究员。

副总理汪洋先后访问尼泊尔，推动中尼关系不断向前发展。2014 年中国商务部和尼泊尔财政部签署《"丝绸之路经济带"建设谅解备忘录》，2016 年 3 月两国签署《关于启动中尼自贸协定谈判可行性研究的备忘录》和《中尼过境货物运输协定》，2017 年 5 月中尼签署《中国商务部与尼泊尔工业部关于建设中尼跨境经济合作区的谅解备忘录》。

### （二）中国是尼泊尔第二大贸易伙伴，中方对尼货物出口增长较快

尼泊尔是内陆国家，对进口商品依赖程度高，外贸进出口严重依赖印度。尼泊尔 2006 年签署《南亚自由贸易区协定》，进出口商品运输主要通过印度加尔各答港进行。尼泊尔前十大贸易伙伴分别为印度、中国、阿联酋、美国、印尼、瑞士、泰国、日本、法国和阿根廷，其中对印贸易占其贸易总额的 60% 以上。中国是尼泊尔第二大贸易伙伴，2017 年中国对尼泊尔出口 9.9 亿美元，增长 11.2%，中国向尼泊尔出口商品主要为电话和电机电气设备及零附件、针织和非针织服装、鞋类、机械设备及零件、苹果、羊毛及羊毛绒线、光学及医疗器具、皮革制品、车辆及零附件、化学短纤维、家具等。同期，中国自尼泊尔进口 0.2 亿美元，进口商品主要为贱金属雕塑像及其他装饰、地毯、医疗器具及零附件、生皮及皮革、披肩和围巾、仿首饰、其他纺织制品、有机化学品、铜器、木装饰器、羊毛机织物等。

### （三）中国对尼泊尔直接投资有限，发展潜力较大

尼泊尔利用外资规模有限，印度对尼泊尔直接投资存量最大，中国对尼泊尔投资增长最快。根据 2017 年世界投资报告，尼泊尔 2016 年吸引外资流量为 1.1 亿美元；截至 2016 年底，尼泊尔吸收外资存量仅 6.5 亿美元。据尼泊尔工业局统计，截至 2015/2016 财年年底，全球 89 个经济体对尼进行了投资，印度投资存量最大，占 40.8%，中国位居第二占 14.5%；中国香港、韩国、英属维尔京、美国分别占 12.7%、4.7%、4% 和 3.7%。2015/2016 财年，中国大陆对尼泊尔投资规模最大，占 41.3%；英国、印度、瑞士、美国、新加坡分别占

13.7%、12.8%、12.1%、4.6%和3.1%。近年来,尼泊尔利用外资主要集中在制造业、能源和服务业领域。按照中国商务部统计,到2016年底,中国对尼泊尔投资存量接近2.5亿美元,主要集中在水电站、航空、餐饮、宾馆、矿产、中医诊所、食品加工等行业。

### (四) 外援对尼经济社会发展影响很大,中国是尼泊尔重要援助国

尼泊尔经济对外援依赖性很大,其财政预算支出的1/3来自国外援助,此外还有大量预算外非官方援助。2015/2016财年,尼泊尔接受国际援助10.74亿美元,主要用于教育、地方发展、灾后重建、医疗、能源、道路交通、饮用水、农业及和平建设等方面。其中,58%的官方援助来自国际多边组织,排名前五的分别是世界银行2.44亿美元、亚洲开发银行2.18亿美元、联合国1.14亿美元、欧盟2948万美元、国际农业发展基金922万美元。双边援助排名前九的经济体分别是美国1.19亿美元、英国8948万美元、日本4591万美元、瑞典3698万美元、印度3577万美元、挪威3554万美元、中国3536万美元、澳大利亚2123万美元、韩国1145万美元。2013—2016年,中国对尼泊尔官方援助总额高于瑞典、印度和挪威,位居第四。

### (五) 尼基础设施建设对外依赖程度大,中资企业发挥了重要作用

尼泊尔基础设施重点项目的建设资金主要来自世界银行、亚洲开发银行、中国、印度、日本、韩国等国际援助机构和双边援助国的援款或贷款。尼泊尔国内由于缺乏建设施工能力和经验,鼓励外国投资者以BOT等方式参与尼泊尔基础设施建设。中资企业是尼泊尔基础设施建设的一支主要力量,据商务部统计,2016年中国企业在尼新签承包工程合同39份,新签合同金额2.98亿美元,完成营业额2.23亿美元,年末在尼泊尔劳务人员1394人。华为、中水电、中国水利电力、中国海外工程、中鼎国际等活跃在尼泊尔工程承包市场上。

## 二、 尼泊尔需要中国道路和中国方案

### （一） 尼泊尔是落后的农业国，经济发展受制于印度

尼泊尔是联合国确定的48个最不发达国家之一，与140多个国家有外交关系，2016年人均GDP仅为750美元左右，2008—2016年平均增速仅为4%，低于南亚平均水平。同时，尼泊尔又是典型的农业国，农业人口占80%，农业占GDP的比重大约为32%；工业比重不到15%；旅游业和侨汇收入对尼泊尔经济贡献很大，2016年接待境外游客75.3万人，印度、中国、美国、斯里兰卡和英国是前五大客源国。尼泊尔是非常典型的内陆国家，一次能源油气主要依靠印度，电力对印度的依赖性也很大。印度也是尼泊尔最重要的贸易伙伴，对印度货物进出口贸易占尼泊尔的60%以上。尼泊尔货物进出口主要通过印度加尔各答港，进口商品主要有成品油、钢铁及其制品、机械及配件、车辆及配件、谷物、电子电器设备、药品、化肥等，出口商品主要有钢铁制品、羊毛制品、纱线、成衣、纺织品、果汁、豆蔻等初级产品，进口远远大于出口。

### （二） 尼泊尔积极参与"一带一路"倡议，对中国寄予厚望

尼泊尔是"一带一路"倡议的积极支持者，迫切希望通过中尼印经济走廊建设，带动其经济的发展。尼泊尔虽然在能源和贸易方面严重依赖印度，很多经济发展政策、招商引资和国际合作项目受制于印度。但是，由于尼共与印共的历史联系，印度对尼泊尔一直存在很大戒心，2015年尼泊尔通过新宪法招致印度的"非正式禁运"，进一步加大了尼印两国的隔阂。尼共重新执政后，印度政府表现积极，急于修复与尼泊尔的关系。尼泊尔公众和越来越多的有识之士经过多年的经历，逐渐认识到印度不可能是尼泊尔的选择，只有中国才有可能真心帮助尼泊尔实现经济的发展，而且中国也有这个能力和经验，一个繁荣和走向富强的尼泊尔符合中国利益。因此，尼泊尔对中国寄予厚望。

### （三）尼泊尔是社会主义国家，需要中国式的发展道路

尼泊尔自 2007 年废除国王后，实行议会民主制，尼共（联合马列）、尼共（毛主义）和大会党三大政党占议会 78% 的席位，均为左派政党，都坚持走社会主义道路，并积极尝试市场化改革，以实现经济的起飞和发展。中国近 40 年的改革开放成就对尼泊尔具有很强的吸引力，尼泊尔非常渴望学习借鉴中国的市场化改革经验、中国的发展道路、中国的规划计划、中国的开发区建设、中国的政党建设、中国的政府治理体制，走出一条具有尼泊尔特色的社会主义道路。尼共两大政党合并后，在 2017 年大选中获胜，使得尼泊尔政治趋于稳定，将会进一步拉近与中国的关系。如果尼泊尔能够借鉴中国的发展道路和经验，实现经济的起飞和发展，走出一条适合于尼泊尔的发展道路，就会减轻对印度的依赖，更多地转向中国，也是中国道路在"一带一路"沿线的延伸。

### （四）尼泊尔属于内陆山地国家，需要中国式的发展方案

尼泊尔是内陆山地国家，50% 的国土在海拔 1000 米以上，水力资源丰富，但季节性变化大，地形地貌地质条件与中国西南的云贵川较为相似，首都加德满都被称作"春城"，气候与中国昆明和贵阳类似，10 月到次年 4 月的旱季是尼泊尔旅游旺季，自然、文化、宗教和体育旅游资源独特，在全球享有盛誉。但是，尼泊尔经济发展受很多因素制约。首先，电力供应严重短缺，在旅游旺季尤为突出，全国仅 40% 人口能用上电，2015 年 12 月至 2016 年 2 月旅游旺季，首都加德满都每周停电时间高达 70 小时。其次，道路航空等交通基础设施落后，公路等级低而又缺乏维护，运输效率极低；机场设施陈旧，加德满都国际机场候机楼非常拥挤。最后，2015 年大地震对尼泊尔本已脆弱的经济和基础设施带来更加沉重的打击，印度"非正式禁运"使其经济雪上加霜。尼泊尔迫切需要中国西南地区在水电开发，公路、铁路、机场建设，灾后重建，扶贫，城市化等方面的实践经验和发展方案。

## 三、 尼泊尔具有成为"一带一路"建设重要支点的条件和可能

尼泊尔虽然经济落后，但是社会治安良好，不同宗教信仰派别能够长期和睦相处，幸福指数高于印度、斯里兰卡、孟加拉国等南亚国家。其独特的历史、文化、宗教、建筑和山地旅游资源吸引着世界各地的游客，劳工输出到很多国家，社会经济发展和灾后重建受到亚洲和世界的关注。

### （一） 尼泊尔社会稳定，具有发展经济的基础

尼泊尔现行的多党议会民主制度有利于尼泊尔政治、社会和经济的稳定，为中尼经济合作创造了条件，有可能成为"一带一路"建设的重要支点，具有潜在的示范意义。中尼两国是山水相连的友好邻邦，有着千年的友好交往，2009 年两国关系提升为世代友好的全面合作伙伴关系。2014 年 12 月两国签署了《中华人民共和国商务部和尼泊尔政府财政部关于在中尼经贸联委会框架下共同推进"丝绸之路经济带"建设的谅解备忘录》；2016 年又签署自由贸易、过境运输、互联互通、金融等领域合作协议；2017 年"一带一路"国际合作高峰论坛和时任国务院副总理汪洋访尼，将中尼合作带入一个新时代，为全面深化两国合作奠定了基础。

### （二） 尼泊尔水电资源丰富，双方在水电领域的合作前景广阔

尼泊尔水力资源丰富，水电蕴藏量为 8300 万千瓦，其中 4300 万千瓦可供开发，水电资源开发利用率不到 3%。尼泊尔 2014/2015 财年电力峰值需求 1292MW，缺口高达 585MW。尼泊尔自身没有水电开发的技术和能力，印度又在一定程度上控制着尼泊尔水电资源的开发权，但印度项目进展缓慢，遥遥无期。近年来，中国水电建设集团、葛洲坝集团、长江三峡集团进入尼泊尔，帮助尼泊尔开发水电资源，部分水电项目已经并网发电，在建项目装机容量高达 1200MW，将在很大程度上改善尼泊尔的电力供应，让尼泊尔看到了希望。尼泊尔电力部门非常希望能进一步与中国西藏电网实现互联互通。

### （三） 尼泊尔旅游资源独特，对中国游客具有潜在的吸引力

尼泊尔自然风光旖旎，气候宜人，生态环境基本未受破坏，徒步旅游和登山业在全球享有盛誉，是徒步旅行者的天堂。同时，尼泊尔又是印度教国家，佛教发源地，境内寺庙众多，供奉着 3.3 亿位神祇，对东亚和东南亚游客具有巨大的吸引力。但是，2003 年尼泊尔接待中国游客仅 7000 人；2014 年，赴尼泊尔旅游的中国游客也仅上升到 12.4 万人，占尼泊尔接待境外游客的 16%，远低于同期中国西藏 1500 万游客的接待水平。受地震影响，2015 年中国游客数量明显下降，2016年恢复到 10.4 万人，占尼接待境外游客的 13.8%，而同期中国西藏接待游客超过 2300 万人次。由于中国游客境外消费能力强，尼泊尔近年来对中国游客给予落地签证，并免签证费。

### （四） 尼泊尔与中国人民世代友好，有利于民心相通

尼泊尔虽然是印度教国家，但由于印度对尼泊尔长期缺乏信任，对尼泊尔政治经济加以控制和干涉，导致尼泊尔呈现出很大程度的对印度反感而又无奈的复杂情绪。相反，尼泊尔与中国人民，特别是中国西藏人民长期和睦相处，平等相待，形成了一种历史亲和力；相同的社会主义制度以及中国民众对佛教的信仰进一步拉近了两国人民的距离。在尼泊尔精英阶层中，比较普遍的认识是，尼泊尔之所以没有像锡金那样被印度吞并，很大程度上得益于中国对印度的牵制。

### （五） 尼泊尔经济总量不大，发展水平很低，容易见到成效

尼泊尔国土面积与中国辽宁省相当，人口是中国西藏的 8.6 倍，经济总量是中国西藏的 1.4 倍，仅为 211 亿美元，人均只有 750 美元，经济发展容易在较短时间内见到成效。同时，由于左派政党执政和长期革命斗争的影响，种姓制度对尼泊尔的负面影响远没有印度那样强烈，经济改革的社会和传统阻力较小。更为重要的是，尼泊尔实行社会主义制度，愿意学习中国改革开放经验。帮助尼泊尔进

行市场化改革，并在城市和农村开展一些改革试点，有助于用事实讲活"中国故事"，显示"中国方案"的优越性。

## 四、 把尼泊尔建设成"一带一路"重要支点的方略

### （一） 做好做细顶层设计，寻找中印尼三边关系的突破口

建立长期稳定的中尼合作关系，一定要充分考虑印度因素，尽可能兼顾印度利益，避免伤及印度感情。应该认识到，在相当长的时间内，尼泊尔对印度在能源和贸易方面的依赖很难改变，尼泊尔的经贸投资政策或多或少都要受制于印度。因此，要主动谋求与印度在尼泊尔经济建设方面的对话和合作，在战术上发挥中国在社会主义建设、市场化改革、基础设施建设等方面的经验和能力，让尼泊尔切切实实感受到中国的诚意，积极寻求中印尼三方互利共赢的突破口。

### （二） 从大局出发，理性认识和处理在尼重大项目出现的问题

2017年11月中旬尼泊尔议会选举前夕，葛洲坝集团在尼泊尔水电项目突生变故，背后既可能有尼泊尔政党斗争和选举政治的因素，也可能有国外第三方势力的参与，受到舆论普遍关注。这是南方电网2016年在尼泊尔签约受挫后的又一变故。对于这类事件，既要理性认识政党斗争和选举政治的不确定性及其对经济的影响，也要理解尼泊尔背后存在的其他势力，不要做于事无补的过分解读和媒体宣泄。反过来更应该从经济大外交和企业投资策略上找问题，亡羊补牢，未为晚矣。

对于道路交通、机场和水电等重大项目一定要统筹谋划，循序渐进，注意控制节奏。重大基础设施项目一定要做好做细前期工作，一步一步推进。

### （三） 加强政策沟通，助力尼泊尔实行市场化改革

紧紧围绕改革、发展、开放、扶贫和市场这几个尼泊尔当前高度关注的主题，

加强与尼泊尔政府及主要政党的政策沟通和对话。要与尼泊尔联邦政府、地方政府和三大政党分享中国的市场化改革开放和治国理政经验，共同探讨规划计划、招商引资、开发区管理、基础设施建设、农村发展、消除贫困、山地农业、小水电等方面的理论和实践。要尽可能通过政策对话和沟通帮助尼泊尔找到一条适合自己国情的发展道路，支持尼泊尔进行社会主义的市场化改革。

### （四） 引导地方政府有序参与两国地方合作

尼泊尔地质地貌、气候条件和资源环境与中国云贵川高原山地地区比较相近，重庆、四川、云南、贵州等地中国农村和水电发展经验和成功案例具有很强的示范意义。尼泊尔联邦政府缺乏经济管理经验，决策效率不高，不仅易受政党轮换影响，而且也受印度制约。通过地方政府合作，可能更有效率，更具有可持续性，更易见到成效。可以考虑支持重庆、四川、云南和贵州，分别选择尼泊尔不同政党控制的三到四个地方政府进行合作，有针对性地建设几个农村发展综合试点，建设"一带一路"民心相通示范项目。

### （五） 积极探索试点示范项目，提供中国方案

尼泊尔农村文化、宗教、山地旅游资源独特，11月到来年4月最适于旅游，很多地方又不闭塞，不仅适合搞"一带一路"试点示范项目，也利于扩大中国影响，搭起民心相通的桥梁。比如，加德满都塔芒社区大约100户人家，距市区不到50公里，但需4个多小时车程；与佛教圣地南摩不达（传说中的佛陀舍身喂虎地）相距不到3公里，国际山地步道也从那里经过。尼泊尔政策研究学会希望在塔芒社区与中国合作开发一个农村发展的示范项目。经中国专家初步考察，该项目是个非常有潜力的民心相通工程，可以试点农村发展的中国方案，具有海外示范推广价值。

### （六） 支持和鼓励民营企业参与

民营企业和民间机构是"一带一路"建设的重要力量，数量多，机制活，敏感度低，亲和力强。尼泊尔虽然是社会主义国家，但土地和住房私有，政党斗争

并没有波及私有产权，民营经济在尼泊尔发展风险较低。同时，中尼长期友好更有利于民营企业到尼泊尔去投资经营、落地生根。支持和鼓励中国民营企业去尼泊尔发展，有利于从基础上扩大中国在尼民间影响，不仅有利于避开印度的干预，也有利于消除印度的戒心。

### （七）加大对尼泊尔的人员培训力度，讲好中国故事

中国应加大对尼泊尔各类人员的培训力度。要增加给予尼泊尔的奖学金名额，加大对尼泊尔重点地区地方干部和相关专家的培训力度。中国派出国内专家到尼泊尔对当地官员进行改革发展和政府管理方面的培训，以提高援外培训的产出率，保障重点工程和示范项目的顺利推进。

# "一带一路"倡议下中尼合作的机遇、挑战与对策

李青燕[*]

伴随"一带一路"倡议实施，中国与沿线国家和地区的区域合作迎来重大发展机遇。当前，中国与尼泊尔构建全方位互利合作，尤其是大力推进跨境联通与贸易，探讨中国、尼泊尔、印度三方合作，既符合域内国家经济融合与互联互通需要，又可促进地区共同发展与共同安全。但同时，中尼区域合作建设亦面临印度传统地缘政治势力干扰、尼泊尔社会动荡风险及非传统安全因素掣肘。如何在"一带一路"框架下推进中尼跨境经济合作区及选择有效推进路径是亟待解决的课题。

"一带一路"倡议提出后，尼泊尔各界视为其经济社会发展良机，积极响应。2017 年 5 月，中尼签署"一带一路"合作备忘录，尼泊尔对加入"一带一路"倡议以实现自身经济发展充满期待。2018 年 6 月，尼泊尔完成政治转型，再次当选总理的奥利率团访华，双方表示将加强"一带一路"框架下基础设施互联互通、灾后重建、经贸投资等领域合作，签署中尼政治、交通、基础设施、产能、经济技术等十余项双边合作文件。中尼区域合作拥有历史基础和现实需要，两国以共建"一带一路"为契机，克服内外干扰因素，扎实推进跨越喜马拉雅立体互联互通网络建设及中尼经贸、产能、投资和农产品等领域合作，将开创中尼全面务实合作新局面，并惠及整个地区。

---

* 李青燕，中国国际问题研究院发展中国家研究所副研究员。

# 一、 推进中尼区域合作的必要性

"一带一路"强调与沿线国家开展"五通"合作，即政策沟通、设施联通、贸易畅通、资金融通、民心相通，而当前中国与南亚腹地跨喜马拉雅山南麓通道受限，亟待盘活西部地区特别是中国西藏与周边国家的联通与经贸往来。中国的周边发展规划与尼泊尔的国家发展战略高度契合，亦可促进南亚其他国家的经贸合作与联通建设，带动该区域尽快走出"洼地"融入经济全球化进程。

## （一） 完善"一带一路"在南亚布局

"一带一路"建设主要依托六条走廊，其中两条走廊位于南亚，分别是"孟中印缅经济走廊"和"中巴经济走廊"。这两条走廊分布在南亚次大陆的东西两翼，已成为中国与南亚区域经济合作建设的主要推动力。"孟中印缅经济走廊"联合研究工作组第三次会议于 2017 年 4 月在印度加尔各答举行，会议讨论了四国联合编制的研究报告，并同意在联合报告完成后启动孟中印缅政府间框架安排的磋商工作。尽管"孟中印缅经济走廊"进展缓慢，但中国与缅甸和孟加拉国的联通建设，尤其是港口和能源管道建设等为中国与南亚东部陆路及海上联系提供了便利。而作为"一带一路"旗舰项目的"中巴经济走廊"经过三年多的建设，率先进入早期收获阶段。走廊项下 43 个项目中已有 20 个开工在建或建成。2017 年 12 月，两国又共同发布了《中巴经济走廊远景规划（2017—2030 年）》，中国的地区规划与巴基斯坦国家战略实现中长期深入对接。"中巴经济走廊"对巴经济发展的拉动作用已经显现，巴经济增速从 2013 年 3.5% 升至 2017 年的 5.3%，增速创近十年以来新高。同时，中国、阿富汗和巴基斯坦三国正积极探讨"中巴经济走廊"以适当方式向阿富汗延伸，以更好地发挥走廊地区辐射作用。[①]

中国与南亚东西两翼次区域联通建设与经贸合作有序推进，尤其是西部"中

---

① 李青燕，"南亚局势新动向对'一带一路'在南亚推进的影响"，《国际论坛》2018 年第 3 期.

巴经济走廊"已取得丰硕成果，更突显中国与南亚中部腹地即跨喜马拉雅通道的空缺。跨喜马拉雅区域不仅拥有诸多佛教和印度教圣地及雪山等文化和自然资源优势，且水电资源丰富，但都未得到充分开发利用。中尼区域合作向南亚腹地延伸，构建中尼印经济走廊，将使尼泊尔真正实现从"夹缝中生存"到"中印桥梁与纽带"的转变与升华，[①] 还将助推"一带一路"倡议海陆对接，突破长期困扰跨喜马拉雅区域合作的地缘窠臼。

### （二）促进地区经济融合与互联互通

中尼区域合作将涵盖尼泊尔、印度北部广大地区和不丹、孟加拉国等南亚国家。当前南亚各国经济发展水平相近，优势产业相似，经贸互补性较差，且联通基础设施薄弱，生产要素流通受限。受喜马拉雅山天堑阻挡，南亚形成相对封闭的自然地理环境，其与欧亚大陆的陆路交通不畅，唯有海上通道方便相连。[②] 长期以来，南亚发展甚少享受到经济全球化带来的"红利"，而夹在中印之间的尼泊尔，也没能搭上这两个新兴经济体的发展"便车"。在中国与周边地区的贸易往来中，中国与南亚国家的贸易水平相对较低。尼泊尔经济发展在南亚国家中几乎垫底，尼政府希望摆脱"最不发达国家"行列，并在 2030 年成为中等收入国家。尼泊尔实现经济复苏与快速增长，离不开在中印两国支持下尽快融入地区经济发展大局。

尽管中国是尼泊尔的第二大贸易伙伴，但受地理和气候因素制约以及道路运输能力限制，中尼之间的贸易水平较低，2016 年双边贸易额有了较大增幅后仅为 8.9 亿美元。[③] 其中，尼泊尔与中国西藏的边境贸易占中尼贸易总额的 1/3。2015 年尼泊尔地震造成拉萨—加德满都公路损毁严重，又使得往日较为繁荣的樟木口岸日渐萧条。尼印之间的贸易往来则十分顺畅，两国交界地处平原，共有 500 公

---

① 李青燕，"奥利政府：尼泊尔愿做中印之间的桥梁"，《世界知识》2016 年 5 月 16 日．

② 李青燕，"'一带一路'框架下中国与南亚区域合作的进展、挑战及推进路径"，《东南亚南亚研究》2017 年第 4 期．

③ 《对外投资合作国别（地区）指南—尼泊尔（2017）》，商务部国际贸易经济合作研究院等，P31．

里的边境线呈开放状态。尼泊尔对外贸易严重依赖印度，尼印贸易额约占尼泊尔对外贸易总额的62%。① 南亚域内其他国家亦存在相似问题，其域内经贸活动主要对象是印度，且与印度的双边贸易均存在严重逆差。当前中国、尼泊尔和印度三国的交通主要依赖公路、航空和海运。客运主要依靠航空，货运主要靠海运，都难以满足未来运输需求及可持续发展的要求。因此，要实现经济快速增长，包括尼泊尔在内的南亚国家亟须拓展经贸合作空间，加强与外界的道路联通建设，突破相对封闭的地缘结构障碍。

### （三） 中国西藏稳定与发展的内在需要

中国西藏与尼泊尔、印度和不丹等南亚国家接壤，是历史上南方丝绸之路、唐蕃古道、茶马古道的重要参与者，成为中国西部与南亚国家交往的重要门户。但一段时期以来，受边界、领土和安全等因素影响，中国西藏与南亚国家的经贸往来发展滞后。进入21世纪，中国实施西部大开发战略，十余年来西部发展有了长足进步，东西部经济落差有所缓和。中国西藏经济开放水平亦取得较大提升，但仍面临自然环境条件局限、缺乏基础产业支撑、地缘政治和安全制约等难题，GDP总量在低位徘徊。中国西藏要实现跨越式发展，必须发挥其区位比较优势，进而推动地方产业转型升级，促进经贸结构优化，提升经济开放水平。同时，中国西藏的发展将带动周边地区同频共振，构建地区经济发展与合作良好环境，也有利于缓解中国西南边陲的地缘政治和安全压力。

## 二、 中尼区域合作面临新机遇

中国与尼泊尔历史关系渊源深厚，宗教文化一脉相承，经济与人力资源互补性较强，双方在经贸、人文、旅游等方面的交往日益密切，中尼区域合作已有一定基础。当前，推进中尼跨境经济合作区建设还面临新机遇。

---

① 《对外投资国别（地区）指南—尼泊尔（2017）》，商务部国际贸易经济合作研究院等，p26.

## （一）尼泊尔政治转型完成

政治体制建设逐步健全。尼泊尔自 1990 年步入君主立宪下的多党议会民主制以来，政局动荡不宁。二十多年来，尼泊尔政府换届多达二十多次。1996—2006年，尼泊尔一度陷入左派激进势力发起的"人民战争"内战漩涡。2008 年 5 月，尼泊尔制宪会议宣布废除君主制，建立联邦民主共和国，尼泊尔政治史掀开新篇章。经过七年多制宪纷争，2015 年 9 月尼泊尔新宪法终于出台，政治混乱局面逐渐结束。虽然在新宪法颁布初期，民族问题与外部干扰叠加施压，尼泊尔政坛又现波动，但在民心思稳、发展优先的大势下，尼政治转型进程继续推进。2017 年，在各方努力下，尼泊尔地方行政机构、省级和联邦议会三级选举成功举行并成立三级政府，在全国初步搭建起联邦体制框架，摆脱了转制共和十年来仅有中央议会和政府的不合理权力机制，为经济社会发展提供了政治保障。

以左翼政党联盟为首的政权架构初步成形。2017 年底，由尼泊尔共产党（联合马列）和尼泊尔共产党（毛主义中心）组成的左翼联盟在大选中赢得压倒性胜利，随后联合执政。经协商沟通，2018 年 5 月，尼共（联合马列）和尼共（毛主义中心）宣布合并，新组建的尼泊尔共产党拥有下议院 275 个议席中的 174 席，并掌控全国 7 个省中的 6 个省议会，成为尼泊尔有史以来最强执政党。此次大选投票率高达 65% 以上，可见尼泊尔民众对选举寄予厚望，渴望国家政局尽快平稳，经济社会恢复发展。新宪法还对罢免总理设置了严格规则，并规定在 2 年内不可对新政府发起不信任动议，使新政府有望顺利完成 5 年任期。强势政府将有利于尼泊尔聚焦经济发展和民生建设，并在对外政策上有更多运筹空间。奥利与普拉昌达同为新党主席，两人均曾为总理（奥利于 2018 年 2 月再次当选总理），治国理念相近，以振兴经济为要务，在对中印关系上更为平衡务实。尼泊尔有望保持经济政策连续性与稳定性，尤其有助于重大经济合作项目的立项与实施。

## （二）中国西藏积极融入"一带一路"建设

"一带一路"建设的推进，使中国西部地区、沿边地区正由开放"末梢"变为开放前沿。从区位看，中国西部地区向西、向南、向北均具有开放优势：向西，通过欧亚大陆桥联通中亚达至欧洲；向南，可加强与南亚和东南亚国家的联动合作；向北则可以延伸至俄罗斯。其中，西南向的重庆、四川、云南、贵州和西藏充分把握机遇，找准自身定位，加快开放步伐，积极融入到"一带一路"建设中。相对于基础较好、定位明确的重庆、四川、云南等地方，西藏在对外开放的道路上一直在探索，其贸易规模和活跃程度都有待进一步提升。2010年，中央第五次中国西藏工作座谈会明确提出"支持南亚贸易陆路大通道建设，开展吉隆口岸跨境经济合作区前期工作"，将建设南亚贸易陆路大通道和中尼跨境经济合作区提上重要议程，开启了中国西藏加快南亚贸易陆路大通道建设，推进跨境经济合作的序幕。"一带一路"倡议提出后，中国西藏面向南亚开放的区位优势得到凸显。2015年，国家发展改革委、外交部、商务部联合发布了《推动共建丝绸之路经济带和21世纪海上丝绸之路的愿景与行动》，将中国西藏纳入了丝绸之路经济带，从而助推中国西藏与尼泊尔、印度等国家边境贸易和旅游文化合作等。2017年，中国西藏通过《面向南亚开放重要通道建设规划》，为中国西藏发挥连接中国内地与南亚、加快对内对外开放提供了顶层设计。

在当前形势下，相对于印度、不丹和缅甸等，中国西藏参与"一带一路"建设首先与尼泊尔对接较为可行。中尼除了有紧密的宗教人文传统纽带，道路和口岸建设也有一定基础。随着青藏铁路延伸线拉日铁路的通车，中国西藏形成了以青藏铁路、拉日铁路、拉林铁路为骨架的铁路网络；中尼跨境铁路已提上日程，其中拉萨至日喀则段已通车，日喀则至吉隆段可行性研究报告已完成。空中走廊建设也初有成效，中尼合资的喜马拉雅航空公司自2016年4月首航以来，载客量不断增加，航线向周边区域扩展。吉隆口岸的建设加速推进，已扩大开放为国际性口岸。2017年，粤藏中南亚班列开通，由广州经中国西藏吉隆至尼泊尔加德满都的公铁联运通道运行，在中国西藏与东部沿海地区间搭建了一条便捷、高效的贸易通道，有助于中国西藏实现开放型跨越式发展，逐步成为中国陆路通往南亚国家的贸易和物流中心。在此基础上，将吸引更多的配套产业向通道沿线聚集，进而促进地区经济动能转换和产业升级，构建中尼跨境经济合作区雏形。

## 三、 中尼区域合作挑战仍存

一直以来，中国与尼泊尔的区域合作受地理因素和政治安全风险掣肘而推进缓慢。随着技术进步，地理障碍已逐步减弱，但地缘政治挑战依然严峻，外部干扰与域内动荡因素共振，由此带来的政治安全风险不容低估。

### （一）印度因素掣肘

凭借在南亚得天独厚的地缘优势，印度政治精英怀抱"独享"南亚与印度洋的战略情结，"门罗主义"思想根深蒂固，视南亚为其"后院"，将任何在这一区域谋求合作的国家视为战略威胁。莫迪政府上台后，更是强化地区主导权，推出"邻国优先"政策，十分重视对尼关系。尼泊尔大选后，2018年5月莫迪第三次访尼，修复之前因对尼封锁造成的龃龉，承诺提供大量援助，并称尼泊尔在其"邻国优先"的外交政策中处于最重要的位置。实际上，印度对尼泊尔的政治、经济、安全以及宗教人文等各方面影响深厚。尼泊尔多数民众信奉印度教，开放的边界使两国民众在文化、语言乃至社会规范与生活习俗等方面深度交融。关键是印度掌握着尼泊尔的经济命脉，尼对印度经济的依赖度高达65%以上，就连与第三国的进出口货物98%左右也要经过印度。出于安全关切，印度历届政府竭力维持与尼泊尔的"特殊关系"，并对尼泊尔与域外国家发展极为关注。

印度对中国近年来在南亚影响力提升，尤其是对中国与南亚各国的经贸合作与联通建设取得进展心存芥蒂。印度担忧其地区主导权被中国取代。印度外交部就"一带一路"高峰论坛会做出的官方声明，[①] 虽然未明确反对，但从其对该倡议提出的种种质疑，反映出印度"不接受、不参与"的立场。印度国内各界就"一

---

① "Official spokesperson's response to a query on participation of India in OBOR/BRI Forum", Ministry of External Affairs of India, http： //mea. gov. in/media - briefings. htm? dtl/28463/Official + Spokespersons + response + to + a + query + on + participation + of + India + in + OBORBRI + Forum，访问日期2017年8月10日.

带一路"也展开热议，有观点认为印度应抓住机会，搁置争议，对接"一带一路"，从而融入亚洲及全球市场，促进自身改革与发展进程。但也有政治势力固守"零和博弈"地缘思维对待中国与南亚的区域合作建设。印度主流派学者拉贾·莫汉就此撰文指出，印度不参与"一带一路"主要是出于中印间存在的地缘政治竞争，"应对中国对印度周边的改造将可能是印度未来数十年最重要的战略挑战"。①针对"一带一路"涉及南亚的两条走廊，一是"孟中印缅经济走廊"，印度有意拖延进程，使其仍在"二轨"调研层面徘徊。另一条"中巴经济走廊"，印度以该走廊经过印巴争议地区为由公开反对。在 2015 年，莫迪访华期间，中国领导人曾提出中印共同帮助尼泊尔灾后重建和探讨建立中尼印经济走廊，莫迪对此做出积极回应，并提议建立联合研究小组探讨中尼印经济走廊倡议。但此后印度从官方到民间都对这一倡议保持沉默。2017 年"洞朗事件"对中印关系的冲击，令两国的合作困境凸显。近期，中印关系持续改善，为两国共同推动南亚区域合作及在该地区第三国开展经济合作项目提供良好氛围，但可以预期中尼区域合作仍将面临印度掣肘。

### （二）尼泊尔社会动荡风险

尽管尼泊尔政局趋稳，但长期以来，政治转型进程延宕、政府治理能力不足、族群意识兴起等痼疾，导致尼泊尔社会动荡风险上升。尼泊尔境内有 109 个武装组织，约 70% 属于犯罪集团。② 尼泊尔南部与印度接壤的特莱地区治安状况最差，暴力犯罪事件频发。同时，伴随少数民族谋求"民族自治"或"地方自治"意识泛滥，地方武装组织活动频繁。特莱地区的武装组织主要有"马德西猛虎""特莱解放虎""沉默杀手""特莱人民虎"等十余支武装组织，③ 部分已与政府和谈，部分仍较为活跃，多数组织头目在印度境内。东部山区一些少数族群也成立了结

---

① "Network Is the Key"-Carnegie India-Carnegie Endowment for International Peace http：//carnegieindia.org/2017/05/09/network – is – key – pub – 69915，访问日期：2017 年 8 月 10 日.

② 胡仕胜，"联通喜马拉雅，对接'一带一路'"，《印度洋地区发展报告（2017）》，社会科学文献出版社，2017 年 6 月，p84.

③ 同上.

构严密的武装组织,在边远地区设立平行政府。

尼泊尔族群问题日益突出,并与外部势力勾连,成为尼经济社会发展的隐忧。此次大选,马德西政党迫于压力转变立场参选,促成选举顺利推进,但选举成功并不意味着相关民族问题得以解决。尼泊尔政治局势仍处于复杂演变中,以高种姓克什族为主的政治阶层掌握国家核心权力,主要政党高层也均来自克什族,不愿同低种姓少数民族分权,双方斗争妥协空间有限,不排除矛盾激化的可能。且印度密切关注尼泊尔局势,不管亲印的大会党(原执政党之一)是否会甘当配角,印度都会竭力维护其在尼影响力,必要时仍将出手干涉尼政局走向。

## 四、 推进路径思考

中尼区域合作面临难得的历史机遇,对尼泊尔等南亚国家来说,经济发展和造福民生是硬道理,即便是印度亦将经济增长率作为首要政绩,也在积极推动以印度为中心的南亚区域合作建设。鉴于南亚特殊的地理特征,中国与该地区国家的区域合作关键是实现设施联通与贸易畅通,在此基础上,双方经济互补性才能充分展现,中尼区域合作的共赢性才能凸显。在做好顶层设计、有序推进的过程中,还应注意克服或减轻地缘阻力,寻求发展合力,内外联动,推动中尼区域合作尽快取得突破性进展。

### (一) 在"一带一路"框架下做好顶层设计

中尼区域合作建设可与南亚两条经济走廊对接,尤其是"孟中印缅经济走廊"。但鉴于印度对"一带一路"倡议的抵触态度,中尼区域合作先不宜冠之以"经济走廊"的名称,可从具体的合作项目入手,逐渐搭建起骨架形成"走廊"之势。在《中国商务部与尼泊尔工业部关于建设中尼跨境经济合作区的谅解备忘录》和《中国西藏面向南亚开放重要通道建设规划》基础上,尽快完成中尼过境运输议定书和中尼自贸区谈判,并依托中部省份与沿海地区,确定优先推进领域和路径,制定跨喜马拉雅立体联通网络规划,建立中央和地方职责协调联动机制。

注意统筹西部省份与尼泊尔的合作对接规划，充分发挥各地比较优势和自然禀赋，避免重复建设与同质竞争。

### （二） 充分考虑印度因素，争取中尼印三方合作

中尼区域经济合作的发展潜力主要是面向南亚腹地巨大的市场，若仅停留在尼泊尔则仅具战略意义，且难以长期维持。在推进路径上，可中尼合作先行，倒逼印度融入区域经济合作框架，如中尼加快推进跨境铁路建设，印度就马上承诺改善与尼泊尔的联通设施，计划新建尼印铁路。与此同时，印度也在积极推进停滞多时的南亚区域合作建设。由于印度缺乏必要的资金与技术支持，当前中尼印区域合作仍有运作空间，只是在具体行动中要充分考虑印度的敏感性及可能采取的反制措施。

具体而言：一是利用中印现有对话机制及多边交流平台，如中印战略经济对话、中印边界问题特代会晤、金砖峰会、上合峰会等，以高层引领，加强协调，扩大共识。二是建立中尼印区域合作对话机制。可先从智库研讨会"二轨"平台做起，从拓展中印帮助尼泊尔灾后重建合作入手，探讨合作领域和合作路径，营造氛围，扩大影响，逐渐提升为政府间对话机制。三是努力寻求中印区域合作规划对接。印度在南亚次大陆东翼已推出孟加拉国、不丹、印度和尼泊尔（BBIN）四国联通计划，及包含孟加拉湾沿岸国家和尼泊尔、不丹的"环孟加拉湾多领域经济技术合作倡议"（BIMSTEC）。在促进地区联通与经济合作的目标上，中印拥有共识。两国均是金砖国家新开发银行和亚洲基础设施投资银行主要成员，中印双方可通过提供资金援助等方式间接参与彼此区域合作倡议，寻找"中印＋"对接合作项目，实现利益共享，风险共担，从而化解来自印度的干扰。

### （三） 夯实中尼合作基础，防范尼政局动荡

尽管尼泊尔政治转型基本完成，政治体制建设初具成效，但由于长期动荡，尼泊尔政府治理能力尤其是地方行政机构的执政水平亟待提升。新宪法推行不久，地方政府和省级议会亦刚经选举组建，整个国家机器成熟运转尚需时日。中国企

业进入尼泊尔当地开展区域合作项目时，应掌握当地相关法律法规，与地方政府加强协调沟通，并注意环境保护与宗教习俗。如果相关项目发展延展至印度，还需了解尼印之间的经济合作和过境贸易协议等法律法规。尼泊尔力推经济特区建设，提供较为优惠政策。中国企业可加快入驻产业园区步伐，发展适合尼泊尔等南亚国家的加工制造业，打好中尼产能合作的基础。

同时，借鉴中国在斯里兰卡科伦坡项目的经验教训，严格遵循项目规程，保持信息透明度，警惕所谓人权组织和保守势力的破坏干扰。尼泊尔境内有大量西方支持的非政府组织，印度对尼泊尔内外政策操纵能力较强，因而，在推进中尼区域合作时应密切关注尼泊尔政局走向和政治社会动态，重点跟踪大型合作项目舆情，防患于未然。

### （四）中尼区域合作建设与维稳并行推进

在推进中尼区域合作建设的同时，维稳工作不能松懈，否则以发展促安全的初衷难以实现。未来伴随中尼之间的互联互通与贸易便利化发展，双方人员和经贸往来将大幅度增加，给西部地区的维稳工作增加难度。中尼双方可在边界口岸通关政策和跨境交通管理办法的制定上深入调研、统筹协调，兼顾经济发展与社会稳定。

# 南亚地缘格局与中国尼泊尔
# "一带一路"合作的前景

叶海林\*　李铭恩\*\*

2015 年 3 月，中国国家发展改革委、外交部和商务部联合对外公布了《推动共建丝绸之路经济带和 21 世纪海上丝绸之路的愿景与行动》（以下简称《愿景与行动》），提出"推进中国西藏与尼泊尔等国家边境贸易和旅游文化合作"，① 既明确将中国西藏自治区与周边国家的合作涵盖进"一带一路"愿景和行动方案当中，从而将中国西藏自治区的开发与开放正式纳入到"一带一路"建设的宏图当中；也从中国的角度为"一带一路"倡议框架内推动中国与尼泊尔的合作表达了积极期待，拟定了基本路径。2015 年后，中国主要通过推动中国西藏自治区与尼泊尔边境贸易和旅游文化合作等方式，提升中尼在"一带一路"倡议框架内合作水平，政策宣示与表述经历了一个不断丰富和拓展的过程。2018 年 6 月，尼泊尔总理奥利访华期间，中国和尼泊尔发表联合声明，表示"双方同意加快落实两国政府关于在'一带一路'倡议下开展合作的谅解备忘录，加强口岸、公路、铁路、航空、通信等方面互联互通，打造跨喜马拉雅立体互联互通网络"。②

---

　\* 叶海林，中国社科院亚太与全球战略研究院研究员，南亚研究中心主任。
　\*\* 李铭恩，中国社会科学研究生院亚太系研究生。
　① 《国家发展改革委、外交部、商务部联合发布〈推动共建丝绸之路经济带和 21 世纪海上丝绸之路的愿景与行动〉》，商务部网站，http://www. mofcom. gov. cn/article/resume/n/201504/20150400929655. shtml.
　② 《中华人民共和国和尼泊尔联合声明》，中国"一带一路"网，https://www. yidaiyilu. gov. cn/zchj/sbwj/58463. htm.

"跨喜马拉雅立体互联互通网络"是中国和尼泊尔两国在"一带一路"倡议中开展合作的最新愿景表述，这一表述相对于 2015 年中国政府《愿景与行动》中的"边境贸易和旅游文化合作"，以及中国西藏自治区人民政府相关部门随后提出的"环喜马拉雅经济合作"规划，不论从目标还是从内涵上，都有了相当程度的提升和丰富。"跨喜马拉雅立体互联互通网络"的提出，表明中尼两国都有强烈的在"一带一路"倡议框架内开展合作、提升双边关系的意愿。

但是，必须看到，中尼两国提升合作水平，共同推动"一带一路"建设，不可能脱离南亚地缘政治和经济格局实施，而南亚地缘格局对中尼合作有着至关重要的影响。推进"一带一路"合作过程中，双方的行为都不可避免地要考虑到区域因素，既要权衡外部因素的影响，又要注意评估双方互动的地区后果。本文即重点研究南亚地缘格局对中尼"一带一路"合作的相互关联与影响，并试图有针对性地提出稳妥推进"跨喜马拉雅立体互联互通网络"的有关建议。

## 一、 中尼关系及两国在"一带一路"倡议框架内开展合作的情况

中国和尼泊尔的传统友谊源远流长，尼泊尔也是南亚地区国家中"一带一路"倡议的积极支持者与参与者。2014 年 12 月 17 日，两国签署了《中华人民共和国商务部和尼泊尔政府财政部关于在中尼经贸联委会框架下共同推进"丝绸之路经济带"建设的谅解备忘录》。2015 年 3 月 28 日，时任尼泊尔总统亚达夫来华出席博鳌亚洲论坛年会，亚达夫表示，尼方坚定支持"一带一路"倡议和亚投行建设。[①] 此后中尼先后签订贸易、经济技术合作、避免双重征税、交通、中国西藏自治区同尼泊尔通商等协定，深化在互联互通、过境运输、自贸协定、灾后重建、能源等领域合作。2017 年 5 月 12 日，中国驻尼泊尔大使与尼泊尔外秘分别代表两国政府签署《中华人民共和国政府与尼泊尔政府关于在"一带一路"倡议下开展

---

① 《习近平会见尼泊尔总统亚达夫》，外交部网站，http://www.fmprc.gov.cn/web/gjhdq_676201/gj_676203/yz_676205/1206_676812/xgxw_676818/t1249740.shtml.

合作的谅解备忘录》。① 2017 年 5 月 14—15 日,"一带一路"国际合作高峰论坛在中国北京成功举办,"一带一路"国际合作高峰论坛形成了 5 大类、270 多项有代表性的具体成果,包括中尼双方签署的《关于一带一路合作谅解备忘录》《建设跨境经济合作区的谅解备忘录》《沙拉公路修复改善项目换文》,中尼商业部门与其他 60 多个国家相关部门和国际组织共同发布了《推进"一带一路"贸易畅通合作倡议》,双方企业还签订了中尼友谊工业园、尼泊尔·中国西藏文化旅游产业园的合作协议。② 2018 年 6 月 19 日—24 日,尼泊尔总理奥利访问中国,双方一致同意"加快落实两国政府关于在'一带一路'倡议下开展合作的谅解备忘录,……打造跨喜马拉雅立体互联互通网络"。

为提升中国与尼泊尔的互联互通水平,多年来,中国在基础设施建设、人文交流和人道主义援助等多个方面加大了对尼泊尔的支持力度。主要包括,中国对尼泊尔能源领域的投资,如中国电力建设集团有限公司承建的尼泊尔国家荣誉项目上塔马克西水电站工程③;中国电信公司与尼泊尔国有企业尼泊尔电信公司联合实施的中尼跨境陆地光缆项目,该项目将通过新建一条中国和尼泊尔的陆地光纤电缆向尼泊尔提供更多互联网宽带容量,与此同时,该光纤电缆项目还通过连接印度、尼泊尔的通信电缆基础设施提供额外的带宽传输服务;④ 日产 6000 吨新型干法熟料水泥的中尼合资企业红狮希望水泥有限公司项目,该项目将为尼泊尔的基础设施建设提供必不可少的建筑原料;⑤ 以及中国政府提供优惠贷款的尼泊尔商

---

① 《中尼两国政府签署"一带一路"合作协议》,外交部网站,http://www.fmprc.gov.cn/web/gjhdq_676201/gj_676203/yz_676205/1206_676812/1206x2_676832/t1461293.shtml.

② 《驻尼泊尔大使于红在第 14 届中尼民间合作论坛上的讲话》,外交部网站,http://www.fmprc.cn/web/gjhdq_676201/gj_676203/yz_676205/1206_676812/1206x2_676832/t1466618.shtml.

③ 《驻尼泊尔大使于红陪同尼泊尔总理奥利视察上塔马克西水电站项目》,外交部网站,http://www.fmprc.gov.cn/web/gjhdq_676201/gj_676203/yz_676205/1206_676812/1206x2_676832/t1550861.shtml.

④ 《驻尼泊尔大使于红出席中尼跨境陆地光缆开通仪式》,外交部网站,http://www.fmprc.gov.cn/web/gjhdq_676201/gj_676203/yz_676205/1206_676812/1206x2_676832/t1525625.shtml.

⑤ 《驻尼泊尔大使于红出席尼泊尔投资委员会与红狮希望水泥有限公司 PIA 签署仪式》,外交部网站,http://www.fmprc.gov.cn/web/gjhdq_676201/gj_676203/yz_676205/1206_676812/1206x2_676832/t1490521.shtml.

用飞机采购项目与中工国际工程股份有限公司承建的博卡拉地区国际机场项目。[①]除上述基础设施工程项目以外,中国还在"一带一路"框架下与尼泊尔开展了日渐密切的人文交流活动,并提供了力所能及的人道主义援助。如中国援尼泊尔国家武警学院项目、中国援尼泊尔巴拉维中学项目和拉特纳中学项目、中国援助尼泊尔南部灾区人道主义物资项目。值得注意的是,这一项目是中国政府在尼泊尔南部地区实施的人道主义援助项目,既是中国政府首次与联合国开发计划署合作在尼开展援助项目,落实中国国家主席习近平在"一带一路"国际合作高峰论坛期间宣布的向有关国际组织提供 10 亿美元落实一批惠及沿线国家合作项目承诺的举措之一,[②] 也是尼泊尔南部特莱平原地区民众少有体会到中尼友谊的机会之一。

## 二、 中尼经贸关系现状和"一带一路"倡议下提升合作的机遇

2014 年及以前,中国—尼泊尔双边贸易量基本保持稳定上升的趋势,时有小幅度波动。2014 年中尼贸易总额为 23.3 亿美元,增幅达 3.4%。受 2015 年"4·25"尼泊尔地震影响,2015 年中尼双边贸易额骤降至 8.66 亿元,降幅达 62.8%。即使 2016 到 2017 年中尼贸易额维持较小幅度增长,增长率分别为 2.7% 和 11.2%,但目前仍未恢复到 2014 年的贸易水平。

边贸经济是中尼经贸关系的重要组成部分,因此 2015 年"4·25"尼泊尔地震对尼泊尔与中国西藏经贸往来产生了较大影响。2015 年 5 月中国西藏对尼贸易值下降尤其明显,同比减少 99.9%。中国西藏樟木和吉隆两大对尼口岸边境贸易基本处于停顿状态,中国西藏对尼贸易额仅 107.1 万元人民币,为正常时期的千

---

① 《驻尼泊尔大使于红走访慰问在尼中资企业》,外交部网站,http://www. fmprc. gov. cn/web/gjhdq_676201/gj_ 676203/yz_ 676205/1206_ 676812/1206x2_ 676832/t1530126. shtml.

② 《中国与联合国开发计划署(UNDP)合作向尼泊尔灾区提供人道主义援助物资》,外交部官网,http://www. fmprc. gov. cn/web/gjhdq_ 676201/gj_ 676203/yz_ 676205/1206_ 676812/1206x2_ 676832/t1525345. shtml.

分之一。① 2015 年 10 月，吉隆口岸恢复通关，承接了尚未恢复对尼贸易的樟木口岸的功能，对尼贸易快速回暖。② 2017 年中国西藏对外贸易进出口实现"4·25"地震以来首次正增长，其中尼泊尔为中国西藏的最大出口市场。③

### （一）双边贸易失衡问题显著，中国处于顺差地位，短期难以逆转

中国和尼泊尔的进出口总额中绝大部分是中国对尼泊尔出口，中国一直处于顺差地位，两国的贸易差额明显（见表 4 – 1）。

表 4 – 1　中尼贸易统计一览表

单位：亿美元

| 年份 | 进出口 | | 对尼出口 | | 自尼进口 | | 贸易平衡 |
|------|--------|------|----------|------|----------|------|----------|
| | 金额 | 增长 | 金额 | 增长 | 金额 | 增长 | |
| 2014 | 23.3 | 3.4% | 22.8 | 3.3% | 0.5 | 8.5% | 22.3 |
| 2015 | 8.7 | – 62.8% | 8.3 | – 63.5% | 0.3 | – 32.0% | 8.0 |
| 2016 | 8.9 | 2.7% | 8.7 | 4.0% | 0.2 | – 30.6% | 8.4 |
| 2017 | 9.9 | 11.2% | 9.7 | 12.0% | 0.17 | – 20.4% | 9.5 |

资料来源：根据 2014—2017 年中国海关总署数据统计。

近两年，中尼贸易差额有扩大的趋势，尼泊尔对中国的贸易逆差增大。2016和 2017 年尼泊尔对中国出口额分别为 0.2 和 0.17 亿美元，同比下降 30.6% 和20.4%；而中国对尼出口额分别为 8.7 和 9.7 亿美元，并且除 2015 年以外中国对尼出口额长期保持增长，反映出尼泊尔在中尼经贸关系中处于劣势。

① 《中国西藏对尼贸易全面下滑前 5 月下降近 4 成》，商务部网站，http://www.mofcom.gov.cn/article/resume/n/201507/20150701039245.shtml.
② 《中国西藏吉隆口岸恢复通关后对尼贸易快速回暖》，商务部网站，http://www.mofcom.gov.cn/article/resume/n/201601/20160101228735.shtml.
③ 《2017 年中国西藏外贸实现"4·25"地震以来首次正增长》，商务部网站，http://cdtb.mofcom.gov.cn/article/shangwxw/201802/20180202710773.shtml.

### （二）中国西藏地区与尼泊尔贸易依存度较高，商业互补性较强

尼泊尔主要进口商品包括钢铁及其制品、成品油、车辆及配件、机械及配件、谷物、电子电器设备、药品、电信设备及配件、黄金、化肥等，① 主要出口商品包括羊毛地毯、成衣、纱线（涤纶、棉及其他）、钢铁制品、豆蔻、纺织品、果汁、羊毛和羊绒披肩、茶叶、棉布箱包及袋子等。② 而根据中国商务部的统计，中国向尼泊尔出口的主要商品有电话和电机电气设备及零附件、非针织服装、针织服装、鞋类、机械设备及零件、苹果、羊毛及羊毛纱线、其他纺织品、光学及医疗器具、皮革制品、车辆及零附件、化学短纤维、家具等。中国自尼泊尔进口的主要商品有贱金属雕塑像及其他装饰、地毯、医疗器具及零附件、生皮及皮革、披肩和围巾、仿首饰、其他纺织制品、有机化学品、铜器、木装饰品、羊毛机织物等。③

由此可见，中国对尼出口的商品涵盖了尼泊尔进口中的大部分类别，尼泊尔和中国西藏地区存在互补关系，且尼泊尔对中国的贸易依存度较高。此外，中国对尼泊尔出口多是具有附加值的产品，而尼泊尔对中国出口多是原材料和初级加工品，两国的贸易结构存在进一步升级与优化的空间。

### （三）中尼双边贸易规模小，存在较大提升空间

虽然中国与尼泊尔的双边贸易逐年增加，但中尼贸易存量少、贸易规模也仍然很小，未来中尼贸易水平可能有较大提升空间。

相较于南亚区域的其他国家，中尼贸易量远低于中国与印度、巴基斯坦、孟加拉国和斯里兰卡四国的贸易量，同时仅高于不与中国接壤的小国马尔代夫和未同中国建交的不丹（见表4－2）。

---

① 《尼泊尔主要进口商品表》，商务部网站，http://np. mofcom. gov. cn/article/zxhz/hzjj/201706/20170602596390. shtml.

② 《尼泊尔主要出口商品表》，商务部网站，http://np. mofcom. gov. cn/article/zxhz/hzjj/201706/20170602596389. shtml.

③ 《2016 年中尼双边贸易》，商务部网站，http://np. mofcom. gov. cn/article/zxhz/hzjj/201706/20170602596391. shtml.

表4-2 2017年中国与南亚国家的进出口总额

单位：亿美元

| 国　家 | 2017年 | 2016年 | 2015年 |
|---|---|---|---|
| 印　度 | 844.0 | 701.5 | 716.2 |
| 巴基斯坦 | 200.9 | 191.3 | 189.2 |
| 孟加拉国 | 160.4 | 151.7 | 147.0 |
| 斯里兰卡 | 44.0 | 45.6 | 45.6 |
| 尼泊尔 | 9.9 | 8.9 | 8.7 |
| 马尔代夫 | 3.0 | 3.2 | 1.7 |
| 不　丹 | 0.06 | 0.05 | 0.1 |

资料来源：根据2015—2017年中国海关总署数据统计。

尼泊尔最大的贸易对象国是印度，中国是其第二大贸易伙伴。以2015/16财年为例，尼泊尔对外贸易总额为8522.9亿卢比（约80.14亿美元），尼泊尔出口总额为711.4亿卢比，其中对印度出口396.95亿卢比；进口总额为7811.5亿卢比，从印度进口4875.97亿卢比。[①]可见尼印贸易额占尼泊尔对外贸易总量的大部分，从这个角度而言，在尼泊尔，印度比中国有更强的经济影响力。

从中尼经贸数据中看，中国与尼泊尔贸易规模较小，排除自然灾害等不可控因素，中尼经贸关系保持着稳定发展的趋势，增速较为平稳。在贸易平衡方面，中国在两国贸易关系中维持绝对顺差地位，且这一地位将随着中国对尼出口持续增加而得到巩固，而中尼商品的互补关系则表现出尼泊尔对中国有较高的依存度。总体上，中尼经贸关系是健康且可持续的，在贸易规模、贸易平衡和进出口结构等方面也存在进一步发展的空间。

2017年，尼泊尔政局趋稳，经济继续保持恢复和发展态势。国家需要发展，这已是尼泊尔社会各界的基本共识，而吸引更多外国投资已被尼泊尔政府视为发展本国经济的重要举措。为此，尼泊尔政府正在致力于改善投资环境、扩大对外

---

[①] 《尼泊尔对外贸易总体情况》，商务部网站，http：//np. mofcom. gov. cn/article/zxhz/hzjj/201706/20170602596386. shtml.

资开放领域。这进一步提升了中尼在"一带一路"倡议下开展合作的机会，中尼在水利水电开发、跨境旅游、基础设施建设、农业现代化等领域存在着广阔的发展空间和投资潜力。①

### 三、 影响中尼"一带一路"的南亚地缘因素和中国的策略选择

中国倡导的"一带一路"正在从欧洲到东南亚的广大区域程度不同地得到推进和实施，南亚作为中国周边战略的西南方向，是"一带一路"上的重要节点区域，其地缘政治和地缘经济的重要性也越来越突出。南亚地区既是"21 世纪海上丝绸之路"的必经之路，也紧邻"丝绸之路经济带"，而中国在推进"一带一路"同时倡导的几个规模小一些的周边合作规划"中尼跨喜马拉雅立体互联互通网络""中巴经济走廊"和"孟中印缅经济走廊"亦在中国的西南方向。由此可见，位于中国战略西南方向的南亚地区至少就地理位置而言，是中国几个主要的周边合作规划能否取得实效的重要地域。

南亚地区的地缘架构具有显著的特殊性。首先该地区拥有相当的地缘独立性和封闭性，在这个区域之内的各个国家相互关联，而与其他区域之间的关联性相对较为松散。这一地区的内在问题通常不会成为区域外大国的关注焦点。南亚地区长期以来是国际关系体系当中的一个半自主的区域，其内部国家间关系构成本地区秩序的主要动力，而外部强国很少将南亚作为战略重点。冷战结束以后，美国大幅度提升了对印度的重视程度，并提出了"印太"战略概念，即便如此，这一地区也仍然没有成为世界大国的主要博弈区域。

印度的"崛起"在一定程度上强化了这一地区地缘秩序的自主性，而不是弱化了这一特征。本地区的一切事物都与印度有关，而区域内其他国家与印度之间的态度和行为则构成了本地区地缘秩序变动的基本内容。这使得区域外国家在和南亚区域内国家互动时，必然要从南亚整体区域秩序的角度制定战略和政策，而

① 《对外投资合作国别（地区）指南 尼泊尔》（2017 年版）.

不能仅仅满足于平行的双边思维。

从地缘政治和地缘经济结构看，印度是南亚地区唯一一个可以被称之为强国，并有成长为世界大国希望的国家。印度一家独大是任何外部力量都无法改变而只能接受的南亚地缘政治基本结构。印度以其庞大的人口、巨大的市场潜力、远超过南亚其他国家的军事和经济实力，当仁不让地居于南亚地缘结构的核心，是这一地区的最主要行为体。不仅是中国，所有世界大国的南亚地缘战略都是以如何处理与印度的关系作为核心问题的，印度在任何区域外国家的南亚战略布局中都居于中心位置。

面对这种地缘格局，中国联合包括尼泊尔在内的南亚国家推动"一带一路"建设，不可能不对印度的可能反应有所顾忌，执行相互不挂钩的南亚双边政策并不容易。当前，中国在南亚推动"一带一路"存在两种不同的应对思路：一是承认并接受南亚地区印度一家独大的事实，将印度作为首要甚至是核心合作伙伴；二是追求平衡政策，注重与南亚中小国家的合作，哪怕这种合作可能引发印度的不安。

中国需要认识到，南亚地区印度一家独大，这是毫无疑问的。其他国家相对于印度，实力明显不足。如果中国在与南亚其他国家打交道的过程中也以印度为优先的目标，优先照顾印度的顾虑，唯一的结果就是使印度一家独大的地位变得更加明显。印度有没有必要因为中国的配合，就认为中国的帮助与支持是印度在南亚地位的关键因素，或者因此对中国予以回报，在外交上、在经济上、在安全上跟中国展开平等合作，进行相互配合？印度并没有如此投桃报李的必要。如果中国这样做，会使南亚其他国家与印度之间的差距变得更大，从而更有利于印度在南亚地区推行排他性霸权主义策略，这显然是不符合中国的利益，也不符合中国的外交原则。在南亚独特的地缘政治格局下，中国更应该做到的是，努力支持南亚包括尼泊尔在内的中小国家独立自主，以一个域外世界大国的身份去帮助南亚国家能够更好地发展自己、保护自己，实现南亚地区的真正平衡。

在南亚地区的框架下，中国应该更多思考的是战略平衡，而不是一时的战略稳定。假如以长期的中国利益不断受损、南亚其他国家的利益不断受损为代价的话，那么这个稳定是不值得追求的。中国在参与南亚地区事务的时候，要坚持"国家无论大小一律平等"的原则，中国对于在地区层面做出的一些承诺要坚持到底，不应该因为印度的阻挠和非议就有所调整。中国要继续推进，用坚定的步伐来展示对南亚国家的承诺是严肃认真的。这样才能最终通过中国的合作成果让印度感受到：第一，中国在经济上进入南亚是一个不可逆转的趋势，这个趋势印度是阻止不了的；第二，中国在经济上进入南亚并没有对印度产生实质性威胁。这样的判断只有在中国实际上已经进入南亚且中国的经济存在已经在南亚本土化开花结果后，印度才可能相信。在中国没有在南亚取得实际性经济成果之前，印度不可能预判到这一点。中国把在南亚的经济合作做得越好，促使印度认识到其原有的想法是不对的，重新去思考中国在南亚的经济合作的可能性就越大，而不是恰恰相反。

中国还需要看到，印度早在多年前就已经开始试图阻挠"一带一路"建设。印度始终反对尼泊尔和中国的接触，敌视中国在斯里兰卡的港口建设，公开抨击中巴经济走廊项目。但是，中国和以上国家的合作都在不断取得积极成果。2015年尼泊尔大地震后，印度对尼泊尔进行实质封锁，结果是尼泊尔对华亲近感进一步增强。斯里兰卡政权更迭导致科伦坡港口城项目出现波折，但其他合作项目仍在推进，且港口城项目也在一年后复工。至于巴基斯坦，中巴经济走廊项目并未因印度的阻挠而出现动荡。的确，中国和南亚地区中小国家的合作进展并非一帆风顺，但究其根源，波折的出现到底是因为印度的阻挠，还是中国与这些国家开展合作过程中必然会遇到的障碍没有得到妥善处理，这是需要中国在推进"一带一路"建设时需要慎重思考的问题。中国应该看到，"一带一路"建设成败的关键是中国能否与具体项目的承载国家开展建立在互信互惠基础上的双边或小多边合作，很多问题的出现是双边关系框架下的，比如中尼水电合作的成本收益计量问题、中巴经济走廊的安全问题，以及科伦坡港口城的环境评估问题。将这些问题都归因为印度的阻挠，是不符合事实的，即使没有低估印度用零和博弈思维处理涉"一带一路"的底线，也高估了印度在南亚地区给中国制造麻烦的能力。

归根结底，"一带一路"建设的成败关键并不在于区域内外大国的阻挠，而在于中国和参与国合作的具体成果是否能够说服更多国家对"一带一路"抱有信心。就此而言，中国与尼泊尔的合作，印度是一个重要的外部因素，但不应该成为主导性甚至是决定性的因素。

当前，尼泊尔对中国需求强烈，双方合作的政治和民心基础牢靠。尼泊尔作为中印两个大国之间的一个封闭小国，长期以来并不愿意在中印之间选边站。印度的霸权主义行径让尼泊尔多年来深受其苦，而中国不干涉内政的原则又让尼泊尔不敢在面对印度压力时向中国求援。2006 年尼泊尔第二次人民革命以来，尼对外交和内政独立自主的需求逐渐增加，与印度的矛盾加深。2015 年尼泊尔制定宪法，遭到印度的横加指责和肆意干预；2015 年夏天，印度在尼泊尔"4·25"地震后乘人之危，对尼封锁边境，发动"实质制裁"，此举成为改变尼泊尔对印度犹豫逢迎态度的关键。尼泊尔向中国寻求帮助，而中国及时的援助极大增强了尼泊尔发展对华关系的信心。但是，即便如此，尼泊尔政府仍然难以摆脱南亚地缘政治结果的约束，短期内也无法扭转经济上对印度以及南部特莱平原出口通道的依赖。因此，中国在坚持积极争取尼泊尔参加"一带一路"建设、推动"跨喜马拉雅立体互联互通网络"的基本思路的同时，应该更加注意方式方法，避免导致尼泊尔过度担忧印度可能的干涉。

## 四、 跨喜马拉雅合作的政治经济意义及实现路径

中国应该积极推动跨喜马拉雅立体互联互通建设，将尼泊尔作为现阶段南亚地区"一带一路"建设的关键目标，并对尼泊尔发出强烈信号，促使尼泊尔对华友好态度更加坚定。

深化与尼泊尔的经贸合作，有助于中国在南亚地区负责任大国形象的强化，提升"一带一路"的感召力。近年来，中国在南亚提出的合作战略，在一部分国家获得了非常积极的评价，特别是在巴基斯坦。而在斯里兰卡则出现了一定的反复。至少其中原因之一是斯里兰卡这样的国家不像巴基斯坦，对印度的压力基本

上没有抵御能力，如果这些国家对中国的支持没有信心，那么在印度施压的时候，他们会迅速做出妥协。而如果中国的介入姿态更加明确，至少会让尼泊尔、斯里兰卡等国在面对印度干预的时候更有勇气坚持自己的主张。中国强化和尼泊尔的关系，有助于实现南亚地区地缘政治态势的均衡。

同时，对尼泊尔的支持，也有助于增加"一带一路"的可信度，有效反击外界对中国周边经济合作"嫌贫爱富""重利轻义"的指责，激发周边中小国家的参与热情，使得"一带一路"更具道义感召力。在推动中尼合作建设"跨喜马拉雅立体互联互通网络"时，中国应大力发挥中国西藏自治区的区位优势。

尼泊尔经济落后，中国西藏发展对尼合作具有比较优势。中国西藏属于中国经济发展的滞后地区，但和尼泊尔相比，各方面的优势还是非常明显的。中国西藏沿边地区劳动力不足，尼泊尔劳工提供了必要补充。中国西藏边贸主要是以尼泊尔为贸易伙伴，中国产品极大丰富了尼泊尔人民的日常生活。尼泊尔自然环境远比中国西藏更适合进行农业生产，可以成为中国西藏的农副产品供应基地，缓解日喀则特别是阿里地区的供应压力。

## （一） 加强国家引导作用

首先是继续加强与南亚各国尤其是尼泊尔等"一带一路"积极参与国家的政府间对话与合作，积极构建多层次政府间协调工作机制，做到政策沟通。其次是要加大对区内区外跨境基础设施投资力度，加强海关、检验检疫、认证认可、标准计量、统计信息等方面合作，确保设施联通。再次是要加快中尼自贸区谈判进程，加快中国（中国西藏）与南亚国家间的贸易自由化、经济一体化进程，降低关税、非关税和投融资壁垒，做到贸易畅通。最后是要深化投融资合作，加大中国与尼泊尔等南亚国家本币互换、结算范围和规模，加强金融监管合作，做到资金融通。

## （二） 发挥中国西藏自治区主导作用

一是要加强组织领导，尽快成立由中国西藏自治区发改委牵头的"跨喜马拉雅立体互联互通网络"领导机构、工作机构和协调机构，合力推进"跨喜马拉雅立体互联互通网络"规划和后期实施工作。二是要加强平台建设、加大资金支持力度，研究设立专项基金，研究设立融资平台、研究设立 PPP 项目库，研究打造中尼跨国产业经贸合作平台、人文交流合作平台。三是要做好与"一带一路"倡议部际省际发展战略的有机衔接，研究成立专门的部际省际协调小组，统筹推进"跨喜马拉雅立体互联互通网络"建设。四是要加大智力支持，借鉴中国—东盟高层论坛、"东亚展望小组"经验，研究成立由中尼双方国家级智库、知名专家学者、行业代表构成的"跨喜马拉雅立体互联互通网络"论坛和专家工作小组。

### （三） 充分发挥企业参与主体作用

充分发挥市场在资源配置中的决定性作用和企业在环喜马拉雅经济带建设中的主体作用。以产业合作推动"一带一路"倡议和"跨喜马拉雅立体互联互通网络"走向深入。以边境口岸产业园区、境外自贸园区、中心城市产业园区为平台，积极探索中国西藏参与国家"一带一路"倡议和自治区企业"走出去"的新路径、新模式。

### （四） 争取"早期收获"，形成示范效应

由于考虑到"跨喜马拉雅立体互联互通网络"建设的长期性、外部环境的复杂性，争取早期收获自然成为"跨喜马拉雅立体互联互通网络"建设布局和起步阶段的关键。为了尽快起到示范效应，可先行推进一些敏感度低、可复制、可升级且能够很快产生经济效益的项目落地，或许更容易形成早期收获。早期收获需要充分考虑所选项目的战略性、时间迫切性和可操作性（项目的重要性首先取决于所选项目与"一带一路"倡议、与中国西藏"两屏四地一通道"战略定位的匹配程度）；需要统筹兼顾所选项目的技术可行性、预期盈利性和环境可持续性的平衡；需要在国际最佳标准与尼泊尔等南亚国家具体发展实情之间寻求最佳平衡。

# Nepal and the BRI[*]

Nishchal N. Pandey[**]

Nepal and China enjoy age-old, traditional relations that have now been molded into fruitful areas of trade, investment, tourism, and people to people exchanges. The formal bilateral relations have been blessed by the senior leaders of both the countries from the very onset of the establishment of bilateral ties, but at the people to people level, the relations are cemented by academic exchanges, Nepalese and Chinese students studying in one another's countries, visits of business-persons and burgeoning Chinese investment in Nepal. Connectivity has become the buzzword for Nepal in the recent times but it was the Arniko Highway constructed by Chinese aid that really brought Nepal and Tibet Autonomous Region (TAR) of China closer to one another. The Arniko Highway linked Bhaktapur in the Kathmandu valley with Khasa in TAR and till the devastating earthquake of 2015, it was still the main road link with China.

India and China have risen many times in their history. And each time, we in Nepal have benefited. As an entrepot nation in between, Nepal has historically reaped the advantage of trading between these two civilizations. During the prosperous Yuan and Ming Dynasties and during the Mughal era, Nepal also went through its golden period ruled by

---

* 参考译文见附录二。

** Director, Centre for South Asian Studies (CSAS), Kathmandu and a well-known academic.

the Licchavi Kings. Therefore, there is the historical legacy behind this and we feel that rising India and rising China phenomenon is going to be critical again for Nepal. Situation deteriorated in the early 20th Century with the instability and civil war in China and the colonization of India. Nepalese towns such as Bhimfedi, Bhaktapur, Rasua experienced the low volume of goods passing to India in the south and Tibet in the north because of the poverty, instability and at times even armed rebellion around the border areas. With India and China rising again, can we in Nepal reinvigorate our economy, reconnect the damaged trade ties and build ourselves once again as a vibrant economy?

I think this is a moot question for us today. And that has to be answered by the current generation of Nepalese. It demands vision, steadfast action, honesty and encouraging new talents and merit based appointments in all spheres of nationhood. Just like China emerged from the shackles of political instability and primitive agriculture and economy to a global economic power, we in Nepal need to reinvigorate all sectors of the national economy. Moreover, we need to focus on infrastructure such as airports, border points, train stations and road linkages. It is not going to be an easy task because a lot of critical infrastructure was damaged during the earthquake of 2015. We must also not forget the fact that big ships passing by can easily uplift small boats nearby, which will happen to Nepal vis-à-vis India and China.

However, from a purely academic perspective, let us see where India and China are rising. They are rising in Gurgaon, in Bangalore, in Delhi and in Mumbai. They are certainly rising in Shanghai, in Wuhan, in Beijing, in Guangzhou uplifting millions out of poverty. Indians and Chinese today enjoy prosperity denied to them over centuries. Rural people are migrating to the mega cities and this is expanding the urban areas like nothing in the past. But none of these mega cities are anywhere close to Nepal. We border North U. P. , North Bihar, North Bengal and by all indices they are the most backward areas of today's India. More specifically, we border Philibit, Baharaich, Sarbasti, Balrampur in Uttar Pradesh; East Champaran, Sitamarhi, Madhubani, Arariya, Kishanganj in Bihar.

If one sees the indices in sectors such as health, education, sanitation, in fact – all pa-rameters, these areas are on the rock bottom in the whole of India. If you tell the common man in the Nepali side of the Indo-Nepal border that India will be the second largest econ-omy of the world in GDP terms by 2050, he/she will not believe it. Because Indian pa-tients come in their hundreds in our hospitals in Nepal for their cataract operations. Indi-an students try desperately to enroll themselves in the medical colleges in Dharan and Pokhara inside Nepal. It is true that Nepalese students also study in India in their thou-sands but the grim reality remains that independent India does not focus on development of the border areas either with Nepal or with other smaller countries such as Bhutan, Bangla-desh, Myanmar. Post 90s liberalization, India has seen prosperity in mega cities. This is the rising Asian giant and we in Nepal are one of the poorest countries in the world. It is because, India has neglected infrastructure, connectivity, roads and railways, educations and health services in the bordering areas. Gurgaon, Hyderabad and Mumbai are rising but not the districts bordering Nepal in North Bihar. This is where the challenge lies. An-other challenge side by side is that just at the same time that India took off in its tryst of e-conomic development in the mid-90s, Nepal plunged into political instability with Maoist insurgency claiming the lives of 18, 000 innocents. Only after the cessation of hostilities and the onset of the peace process in Nepal in 2006 that peace has returned and only after the promulgation of the constitution and elections to all 3 tiers of the state in 2017 that one can sense political stability.

Now, let us look at the northern side of our border. It is not a different story. We don't border Shanghai, Hong Kong or Guangzhou, we border Tibetan Autonomous Re-gion, specifically, we border Kerung, Nyalung, Tingri, and Tinkhe prefectures. They are also backward areas of China. The central government has poured in billions to uplift people's lives in their counties but it takes time. We can see that in the recent years, there is a massive development taking place in TAR. Not only Lhasa but also Shigatse, the second biggest town of TAR has an airport. The Lhasa railway has already been extended to Shigatse. Old cultural heritage sites such as the Potala Palace have been well-preserved in parallel to the modern development of the region.

So, when we discuss about economic cooperation, first the sub regional aspect of North India, Nepal and Tibetan Autonomous Region or North India, Nepal and South West Tibet must be understood. This is the political geography we have to realize. And it is high-time that India and China should also start concentrating on infrastructural development connectivity, roads and railways better health sector, better education in their own bordering districts, not only along the Nepal border but also the borders along other countries. Therefore, without the development of bordering areas, this marvel of rising India, rising China will not be felt in the smaller countries of the neighbourhood.

Nepalese are fascinated with the fact that a train from China will in a few years' time come to the border in Rasua. As outlined above, this train from Golmud in central China is already operational till Lhasa and then on to Shigatse. It is being extended to the Nepal border. We in Nepal need to ensure that our tourism, trade and investment are augmented by this train, maybe we can correct our trade imbalance by exporting handicraft, pashmina, carpet and other products to the huge Chinese market. Chinese tourists especially present us with enormous possibility. Currently, the Chinese tourists are already the second largest cluster of tourists (after Indians) visiting annually to Nepal.

Nepalese have had eight prime ministers in nine years, five constitutions in six decades and political uncertainty remains one of the biggest worries. We cannot build a sustainable polity and strengthen democracy without a workable constitution and without strengthening vital democratic institutions. So, we will neither be a vibrant economy nor a stable democracy if we do not focus on strengthening crucial institutions of the state and providing good governance. Nepal's current focus is stabilizing our polity, building a healthy political culture and drafting a constitution which is inclusive in nature. Only then perhaps, we can really give attention to reconstruction, attracting FDI and reinvigorating our tourism industry. Despite of the labor disputes, power shortage, incessant bandhs and strikes, Indian FDI mainly in the hydro-power sector has been forthcoming. This is a healthy trend.

Talking about our Northern neighbor, Chinese investment in Nepal is also growing, in fact its on an upward scale all over South Asia. It is for India to adjust the Chinese rising influence in South Asia just for the same reason that the Chinese have to adjust themselves to the rising Indian influence in Southeast Asia. India's expanding relations with Japan, Vietnam, the Philippines, Singapore, its involvement in ASEAN can't be divorced with China's deepening of relations with Bangladesh, Sri Lanka, The Maldives, Afghanistan and Nepal. Let's put aside Sino-Pak relations in this discussion because all of us are aware that is a different piece of cake. But China's observer status in SAARC has opened a new vista of opportunity for China and one of the several major events held each year is the Kunming South Asia Expo wherein South Asian products are show cased for Chinese buyers which is helping to generate awareness and interest about South Asian in the huge Chinese market. In the year 2010, total of 46, 360 Chinese tourists had visited Nepal. In 2013, it doubled. There is a possibility that very soon, Chinese will be the largest segment of tourists visiting Nepal. More and more Chinese cities are directly connected by flights to Kathmandu. China's Civil Aviation Construction Company is upgrading the Gautam Buddha International Airport at Bhairhawa and the second international airport at Pokhara is also being constructed by the Chinese.

The nature of geo-politics is changing not only in South Asia but the whole of the world. Therefore, whether we want to call it a trilateral alliance, a bridge state or a transit state, Nepal is emerging as a viable gateway of North India to TAR and vice versa.

India China bilateral trade itself is US $ 70 billion today. They don't need a bridge to cross over to China because your maritime trade route is already done very well. And due to rising energy prices, road transportation will be more expensive. Maritime trade will remain cheaper. Besides, there is no guarantee of transit via the Nepal terai, because of the strikes, bandhs so therefore, although the maritime trade will take place, Nepal as a vibrant bridge has to be viewed in a positive light. Some analysts in Nepal only look at the imbalance in the bilateral trade between Nepal and China. This is a negative way of looking at the larger picture. Surely, there is a huge trade imbalance as Nepal important far more than it exports with China. But this is true of almost all countries that trade with China.

Here is a figure of 2016/17 of Nepal-China Trade:

Figures: '000 NPR

| Exports | Imports Trade | Imbalance |
|---|---|---|
| 1, 719, 467 | 116, 116, 215 | – 114, 396, 748 |

This huge imbalance can only be rectified in the favour of Nepal if Nepalese exports rise and this can only be done through better road and rail connectivity. If there would be pashmina, handicraft, carpets, and Nepali tea can go to Chinese cities, this would be big boost to bilateral trade as well as to Nepal's economy. Once the Lhasa-Syafrubesi train starts operating, Chinese tourists will also come through this route.

Therefore, there is a greater need for India and China to cooperate in the neighbour-hood. Be it in Southeast Asia or South Asia. Since both are vulnerable in certain areas, there is a dire need to cooperate and stabilize the neighbourhood. Smaller countries are excited with the recent Wuhan Summit between President Xi and Prime Minister Modi. We feel that this will pave the way for cooperation and a greater deal of understanding between China and India in terms of the region and beyond.

As briefly touched upon earlier in this paper, Nepal has just got a new Constitution, completed three tiers of elections to the central, provincial and local bodies and now has an elected government. It is hoped that after years of political wrangling and instability, the country will embark on a new journey of stability, progress and prosperity. However, it is not going to be an easy task. Fraught with various factions within each of the political parties, politicization of vital state organs and grossly impacted by the devastating earthquake of 2015, Nepal needs to gear up with a multi-prong strategy on all fronts—from ensuring discipline in the bureaucracy, corruption control and good governance at home to forging better ties with neighbours, and building critical infrastructure. Fundamental is the manner with which we manage our new federal system of polity because this will directly impact not only on FDI but also our relations with our two powerful neighbors. Cartels with links to various powerful lobby groups, and red-tapism has become another hindrance in doing business in Nepal which needs to be fixed. Foreign investors are tired of hearing tall promises but there is no action on the ground.

Our ties with China is crucial for our overall economic development and this need not be debated. Sino-Nepal relations are time-tested and despite of change of Constitutions and governments in Nepal, our relations have only grown in all fronts. With an investment of $ 8. 3 billion this year alone in Nepal, Chinese investment is becoming the number one priority to focus on for every new government. The most important element of our economic relations will be the Lhasa-Shigatse-Rasuagadhi railway link, which is expected to reach the Nepal border in a few years time. Nepal has very little knowledge or experience as regards to railways. Most Nepalese have never seen a train or travelled in one. Furthermore, this rail link will open up new vistas of opportunity for Nepalese export, bring in Chinese tourists, and increase connectivity among the peoples.

Chinese Ambassador to Nepal Yu Hong has recently stated that Nepal and China are working on several fronts like cross-border railway connectivity, highways and construction of a dry port. "China has taken the request of Nepal government of building cross-border railway line seriously. A team has begun preliminary feasibility study," Yu said.

Laying emphasis on Nepal-China relations, Amb. Yu said the two countries in 2009 forged a "comprehensive partnership of cooperation featuring ever-lasting friendship".

Stating that the two countries had signed the framework agreement on cooperation under BRI in May 2017, the Chinese ambassador said that the government of China has set up a fund of 250 billion yuan to provide assistance for the countries to prepare projects to realise the Chinese President Xi Jinping's vision to connect the world through BRI.

To develop the projects under BRI, the countries can get assistance and technical support from the government of China, as well as loans from Chinese financial institutions. A total of 86 countries have signed cooperation memorandum with China to materialise the BRI for the win-win situation of those involved. The government of Nepal has formed three panels to implement the framework deal on the Belt and Road Initiative by working on project selection, technical assessment and coordination with Beijing. The three panels are headed by the foreign secretary, finance secretary and secretaries from line ministries involved with the projects identified under BRI. There have been criticism from the think-tanks and the academic community in Nepal that the Nepal government has been slow in identification of BRI projects and implementation of projects already signed with China during PM K. P. Oli's first China visit as Prime Minister a few years ago.

Recently, PM K. P. Oli embarked on his second visit to China in his capacity as an elected Prime Minister of Nepal. There was much optimism generated through this visit. Among the agreements signed during the visit the following are noteworthy: - Signing of agreement between the Investment Board of Nepal and Huaxin cement, MoU on highland foodpark for fruits and vegetables, 40. 27 MW SiuriNyadi hydro project, and an agreement to purchase 200, 000 – 500, 000 pashmina products from Nepal. These need to be implemented in a steadfast manner.

Not only railway, Nepal just opened a new optical fibre link across the Himalayan mountains to China. Today, there are direct flight connections from Kathmandu to Lhasa, Kunming, Hong Kong, Chengdu and Guangzhou. Kathmandu is the only foreign city in the world with direct links with Lhasa. Although the BRI does not directly link up with Nepal, we tend to benefit from the web of mega projects that is coming up in our immediate and extended neighborhood. If Kenya and Nigeria can benefit from Chinese investment and if the Chinese rail link can reach Tehran and London, why can't it come to Nepal which has a long border with TAR? Not just connectivity, tourism and investment but we can also benefit from other areas such as reducing emissions and promoting clean energy in Kathmandu city which has sadly become very dusty and polluted.

But there is a need to further expand practical cooperation and deepen strategic partnership between the two countries. Nepal can also play a dual role in enhancing connectivity between Tibet Autonomous Region and the land-locked Indian states of Bihar and Uttar Pradesh – two of the most populous states of India so that there is a win-win situation for China and India. For instance, TAR could need Indian cement and U. P. , Bihar could now get Chinese goods in abundance with consumers having greater variety and choice. For all these to happen, Nepal has to focus on big infrastructure projects like hydro-projects and highways, airports and railway. Until these happen, our manufacturing sector alone won't be able to move people out of poverty. Millions of Nepalese youth both men and women are currently working in the Gulf, Malaysia and South Korea. The elderly and the children left in the Nepali rural areas cannot rebuild homes and schools ravaged during the earthquake. The role of the state therefore is crucial. Foremost, we need political stability and an environment where real experts are brought in to serve the nation not just party cadres. How to stop mass migration of the Nepali youth to the Gulf and other countries needs to be given top priority by the Nepal government and for this also, building big infrastructure projects can be the solution because it is going to employ thousands of men and women.

It ought to be recalled that Sri Lanka attracts fare more tourists than Nepal despite of coming out of the shackles of the civil war after us. In order to attract more tourists, Nepal has to give top priority to the reconstruction of the UNESCO heritage sites because they are vital for our tourism. A lot of friendly countries are assisting us in this regard including China. It has been said that total outbound Chinese tourists will reach the 100 million mark by 2020. A meagre 104, 000 visited Nepal in 2017. We can attract more Chinese tourists after the operation of the China-Nepal railway. Since we have an open border with India, actually, U. P, Bihar, Uttarakhand and West Bengal could also think of bringing in Chinese tourists from the railway to Nepal and then on to their respective states. India is also building new railway lines in the Indo-Nepal border. Recently the Yogi Adityanath government in Uttar Pradesh launched three metro rail projects in his state worth Rs. 470 billion which take his state to a higher level of economic progress. The 'Seemanchal Express' train already links Nepal border at Jogbani to New Delhi. With this web of railway projects already operational and in the offing in our immediate neighborhood, we hope that there is going to be a synergy between PM Modi's dream of joining all the Buddhist religious sites and President Xi's vision of OBOR. Nepal tends to benefit from these initiatives. Again, not just tall talks but implementation in a time bond manner holds the key.

Talking more on tourism since this is a vital component of Nepalese economy, President Xi Jinping and Prime Minister Narendra Modi decided to observe 2014 as 'India Tourism Year' in China; 2015 as 'China Tourism Year' in India; and 2016 as China-India Tourism Year. But then the Sino-Indian relations nose dived due to border tensions at Dokhlam. There is nothing that creates more anxiety and insecurity in smaller South Asian countries like Nepal as when Sino-Indian relations reach a crisis point. We hope that a reset in the Sino-Indian ties will take place very soon and pragmatic leaders of the two countries realize that an Asian century is only possible if both India and China coordinate not compete in the neighborhood.

# Nepal's Economic Imperatives to join "the Belt and Road" *

Rupak Sapkota**

## Introduction

Since the rise of China, the world has witnessed the China's miraculous development and felt major opportunities thereby created. In the latest episode, "the Belt and Road Initiative" (BRI) is a fairly a new appendage principally designed to cooperate with neighboring countries and beyond, hence, the BRI is increasingly becoming pervasive foreign policy instrument under the President Xi Jinping leadership of China.

After the launching of the BRI, Nepal, as one of China's important neighbors, has manifested greater enthusiasm to be part of "the Belt and Road" project. On May 12, 2017, Nepal signed the framework agreement of the "the Belt and Road Initiative". Despite the strong support from across the political spectrum and the Nepali public, Nepal continuously strangling to fully integrated and benefit from the BRI. After successfully accomplished of the three tiers of election, Nepal has entered in a new juncture to accelerate the momentum of economic development and advances to prosperity.

Given this backdrop, it is predicable that Nepal and China together will increase

---

\* 参考译文见附录三。

\*\* PhD in International Relations from Renmin University of China, Beijing; General Secretary of Nepal Institute for Strategic Analyses (NISA), a research think-tank based in Kathmandu, Nepal.

their efforts to address the desperate need of infrastructure spending of Nepal. In this article, the geopolitical aspects of the BRI implications in Nepal-China relations would less discussed, instead highlights the economic significance and focus on exploring the areas to cooperate between two countries. Nepal is already a signatory of the BRI, but it has not yet assessed how to receive optimal benefits from the Chinese initiative. The paper argues that Nepal's inclusion in the BRI is a new impetus to the development of Nepal-China economic ties. Further, the BRI will help to spur Nepalese economy towards the greater diversification.

## Resurrecting the glory of history

Economic ties between China and Nepal along with India, and the latter's connection with the ancient Silk Road date back to the 5th or 6th century BCE, started in the Yunnan province in China and connected Myanmar, India, Nepal and China's Tibet with loop back to Yunnan, known as an ancient southern silk road. It remained active throughout, and during the Mongol Empire in 13th century this route was at its peak, but subsequently declined after 14th century as a result of the isolationist policies of the Ming dynasty, and its emphasis on maritime routes.

The ancient Silk Road have had a significant impact to Nepal's economy for many centuries. [1] The salt trade routes along the trans-Himalayan passes served as famous conduits for trade between Nepal and Tibet. [2] The presence of considerable number of Nepali origin residing in Lhasa and some other parts of the Tibet for centuries as well as a Nepalese mission, the only diplomatic presence in Lhasa, highlights the important role of the

---

[1] For instance, Nepali merchants had been travelling to Lhasa (Tibet) to get gold from Mongolia which they would sell in Kolkata. Such trade behavior of Nepali merchants was tri-polar which gives us a sense of globalization and the international trade conducted by Nepal at that time.

[2] Madhu Raman Acharya, Silk Route: Enhancing Nepal-China Connectivity, Institute of Foreign Affairs (IFA), Kathmandu, 2015, pp. 17.

Silk Road in Nepal-China's historical relations. During the Malla period (10th-18th century), Lhasa was not only emerged as a vibrant point for trade but also a center to develop cultural contacts among diverse people.

Trans-Himalayan routes between China and Nepal not only plays as an essential conduit in historical precedent, but equally carries immense prospects to enhance commercial and socio-cultural connectivity in future between our two countries and beyond. There is a need to evaluate the historic importance of the route and explore further prospects and recommend better ways to expand economic connectivity between China and Nepal.

## Changing Regional Geo-Economic Landscape

Amidst of big powers geo-economic competition, the concept of connectivity has emerged as a major component in their international relations. Although some has described connectivity that has "emerged as a theater of present day geopolitics" [1] signaling the intense implicative consequences. Recently, for instance, US together with its allies' campaign on impregnating the Indo-pacific strategy, China on the other hand, through the BRI maneuvering its global influence, India is also exaggerating on promoting sub regional cooperation, such as BIMESTEC and BBIN.

In regional aspect, despite their differences, for the meantime China and India both are struggling to improve their relations through different means, especially after Doklam stand-off which ended in an ambiguous way. After "unofficial meeting" between Chinese President Xi Jinping and Indian Prime Minister Modi in Wuhan, two countries emphasizes on mitigating their trust deficit and highlights the requisite for potential economic coopera-

---

[1] In March 2016, at the inaugural Raisina Dialogue in New Delhi, Subrahmanyam Jaishankar, former Foreign Secretary of India at Raisina Dialogue in New Delhi, March 02, 2016, http://mea.gov.in/Speeches-Statements.htm? dtl/26433/Speech_ by_ Foreign_ Secretary_ at_ Raisina_ Dialogue_ in_ New_ Delhi_ March_ 2_ 2015.

tion. As a result, despite Indian opposition in the BRI, both leaders in recent Shanghai Cooperation Organization (SCO) summit held in Qingdao, respectively has pledged to promote connectivity projects with their neighboring countries.

As a consequence of "Wuhan meeting", during the recent meeting with Nepalese Prime Minister KP Oli, China alludes to collaborate with South Asia countries through "two-plus-one" dialogue mechanism, where Beijing and New Delhi can jointly hold a dialogue with a third country in South Asia. Refer to such mechanism, more specifically, China and India would jointly conduct a dialogue with Nepal through "China-India plus Nepal" in a shape.

## Economic Imperatives

China insists that the BRI and its investment in regional infrastructure are economically motivated and argues that it will bring significant economic benefits to host countries. Related to this thesis, Chinese scholars thereby emphasizes that the BRI should focus on bilateral projects in a reciprocal manner, promote better provision of public goods, downplay the so-called security strategic quest, and highlight attributes of economic cooperation. [1] Thus, China places a lot of emphasis on those initiatives that attempt to enhance the inter-connectivity of roads and railways as the basis of economic belts and corridors.

Nepal requires generous support from its neighbors and other international donors for economic development, particularly to upgrade its infrastructure through the country for internal- regional balance and exploit the nation's resource endowment. But it would be a naive thought that the far distant major powers would be interested to pour enormous amount of investment for Nepal's economic development. Given the experiences of last sev-

---

[1]  Ye Hailin, "India's South Asia Policy and Its Impact on OBOR," *Indian Ocean Economic and Political Review*, 2016. 02, pp. 4 – 15.

en decades in Nepal, western powers have invested largely focusing on the propose of promoting the democratic and human rights value, ethnic, marginalized communities and women empowerment agendas. In recent decade, the west has significantly reduced its financial assistance to Nepal amid 2008 economic crisis.

In this backdrop, Nepal's strategy to attract financial assistance that encompasses huge investment lies on its immediate neighbors. [1] Since China and India have been already emerged as a world's new economic powerhouses, Nepal shrewdly needs to focus on its neighboring countries instead of expecting significant assistance from other major powers to address its genuine economic development issues. Given the economic strength and their investment capability, China and India could easily fulfil Nepal's aspiration of economic development and prosperity. [2]

Therefore, the initiatives led by respective neighboring countries—China and India, those are principally consisting of economic aspects are fundamentally in favor of Nepal's interest, hence, Nepal is having an enthusiastic approach to collaborate with both of them. Nepal's enthusiasm on joining the BRI is sorely driven by Nepal's national economic imperatives. Furthermore, not only the BRI, Nepal remains as a major stakeholder on the BBIN and BIMESTEC in which India has a larger incentive role. Politically, it is imperative for Nepal to maintain close ties with both its neighbors—China and India. Nepal's inclusion in the BRI, distinguish with strategic and economic imperatives for decisive and concerns issues, that are equally pivotal for Nepal to influence on taking decision on joining the BRI.

---

[1] In 2016, Nepal's total FDI reached 1. 06 billion USD (NRs. 115 billion) with 2959 projects generating employment for 192, 851 persons, top FDI sources are India (NRs. 44. 04), China (NRs 17. 97 billion), South Korea (NRs. 8. 62 billion) followed by USA (NRs. 5. 26 billion). Source, Ministry of Foreign Affairs, Government of Nepal.

[2] For instance, in Nepal Investment Summit held in Kathmandu in March 2 – 3, 2017, investors from China pledged to invest about US $ 8. 3 billion in Nepal, which represented over 61 percent of the total commitments made at the event. This amount far exceeded the commitment made by India (US $ 317 million) despite India being Nepal's largest trading partner. See https: //investmentsummitnepal. com.

China's financial and technical assistance have played a positive impact in the social and economic development of Nepal. Chinese assistance should further design to accordance with the priorities and development strategies of Nepal. Infrastructure connectivity is key for achieving sustainable development and shared prosperity. The Chinese investment ought to be poured in the infrastructure connectivity along the border, prioritized by both Nepal and China interests. The rationale behind it, merely as western powers or even the southern neighbor, India is obviously less keen interest to foster infrastructure development along the Nepal-China border. Trans-Himalayan regional and its economic development is profoundly significant to both Nepal and China. Both countries are much aware that less economically developed trans-Himalayan belt will possess enormous security challenges.

More importantly, there is an urgency of Nepal's economy to spur with global economy. Nepal's economy is slung with Indian economy for decades. Nepal's dependency towards India has jeopardized Nepal's economic, both in terms of transit or trade route. The transit transport agreement with China signed in 2016 theoretically ended the Indian transit monopoly over Nepal. In this sense, Nepal's economy has to diverse and decode in new form practically. Given China's ability to invest in Nepal, Indian options are constrained, often faces economic problems. India seems unable to play a leading role in the economic development of Nepal because of its own lack of financial resources. Likewise, Indian investment project in Nepal has drawn lots of criticism as most of them have been delayed for decades. In respect of the BRI, Nepal doesn't share Indian ambivalence towards China. The Chinese model of economic engagement without political dictation is considering more effective than Indian Prime Minister Modi's "neighborhood first" policy. [1] Therefore, if India chooses to hinder the projects within the BRI framework for its own strategic concerns which Nepal does not share, even though India might have the power to

---

[1] Hannah E. Haegeland, "Nepal's Pivot to China May Be Too Late." *The National Interest*, May 20, 2016, http: //nationalinterest. org/blog/the-buzz/nepals-pivot-china-may-be-too-late-16285? page = 2.

do so, the outcome will further antagonize people in Nepal, which can be pernicious in the long term to Indian interests.

## Debt Trap Risk or Real Game Changer

Although Nepal and China's recent agreements under the BRI framework have highlighted the economic aspects of regional cooperation, there has been some skepticism about the feasibility or potential benefits of the recommended proposals. China economic cooperation with smaller country, especially under the BRI framework, has aroused serious criticism that has encompassed big project investment. In Nepal, some has raised a genuine risk of debt trap consequences, while many criticisms and ambiguities, mainly through the prism of adjoining Indian version to response the BRI. How Nepal and China together would overcome amid anxiety concerning the risk of debt trap?

Nepal engagement in the BRI proposal, though strangling to identify and prioritize the project. It is assumed, under the framework of the "the Belt and Road Initiative", that China will assist to construct infrastructure projects in Nepal, by extending credit lines. Critics argues, "China is supporting infrastructure projects in strategically located developing countries, often by extending huge loans to their governments, as a result, some of these countries are becoming saddled with debt. " [1] Small countries like Nepal with struggling economies could be burdened with Chinese loans under the project, some cautioned. "Recent trends in bilateral aid from emerging economies point more towards loan financing for capital investment from sources like the Exim banks, whose interest rate, terms and tenure of repayment, and procurement conditions are less favorable than those of traditional international financial institutions such as the World Bank and Asian

---

[1] Brahma Chellaney, "China's Debt-trap Diplomacy," Project Syndicate, January 23, 2017, https://www.project-syndicate. org/commentary/china-one-belt-one-road-loans-debt-by-brahma-chellaney - 2017 - 01? barrier = accessreg.

Development Bank. "[1] Furthermore, some are more speculative about the proposal, and considers that China wants to use Nepal merely as a gateway to dump its goods in India. [2]

Against this backdrop, on the one hand, Nepal's strategic imperative to comprehend the BRI lies to overwhelmed its over dependency on one specific country and move beyond; on the other hand, Nepal is desperate for infrastructure spending that could be accomplished by Chinese assistances. Nepal should strategize its proactive engagement in the Chinese overture with a view to maximizing potentials for cross-border connectivity, trade, transit, investment and tourism from the countries in the region for any further risks that country undertake as its economic liability. Of course, receiving loans for infrastructure projects is not inherently bad, but equally the priority should also be underlying to achieve sustainable economic growth by creating more jobs and employments. While start working from at least one medium scale project could bring quick results, thus signaling credibility from early on. In this regard, cross-border infrastructure, especially spearheading this railway connectivity between Nepal and China can develop as a primary project.

At the same time, Nepal is in dire need of an economic transformation, which would require a shift away from remittance-fueled to growth driven by productivity and investment. Attracting and retaining foreign direct investment (FDI) will be a crucial component of Nepal's future economic growth. The National Planning Commission (NPC)'s proposal an entitled 'Vision 2030 for Nepal towards a just and lasting prosperity' has drawn a vision to convert Nepal into a middle-income country by the year 2030. In order to realize the core vision as stated above, large proportions of domestic and foreign investments are required, which is estimated of 7 – 8 billion USD (domestic investment and grands

---

① Ram Sharan Mahat, "Train of thought", The Kathmandu Post, 2018. 04. 17, http：//kathmandupost. ekantipur. com/news/2018 – 04 – 17/train-of-thought. html.

② Hari Bansh Jha, "Corridor between China, Nepal and India: Is it realistic?", Raisina Debates, Observer Research Foundation, India, June 06, 2017, http：//www. orfonline. org/expert-speaks/corridor-between-china-nepal-and-india-is-it-realistic/.

USD 2 – 3 billion and foreign investment is required of 5 – 7 billion) should have to be mobilized. [①] Since Nepal doesn't have billons to lavish on developing country's infrastructure, China led the BRI would be instrumental to provide huge investment that is required for Nepal's economic development.

To escape from the risk of debt trap, Nepal should further emphasize on exploring the possible cooperation areas. Every project should align with Nepal's national priorities. Such as Nepal's abundance tourism strengths, consisting of both adventure and religious are the key prospects that have tempted millions of tourists from all over the world to visit over the several decades. Nepal's tourism strengths mainly rest on its natural beauty, cultural assets, and religious heritage. According to the immigration of Nepal, in year 2017 Nepal received 940, 218 tourists, among them 160, 000 were Indians and 140, 000 Chinese, which shows the huge prospects of tourism. However, its potential has been severely limited by the inadequate access to infrastructure, including airports, roads, tourist-friendly facilities. In this aspect, the tourism remains vastly under-exploited and contributed just 3. 8% to Nepal's GDP in 2014. With unmet infrastructure needs, the upgrade and improvement of such infrastructure would boost the tourism industry of Nepal.

In addition, in 2017, Nepal and China signed a memorandum of understanding to construct a cross-border Special Economic Zone (SEZ) with the purpose of facilitating trade and investment between the two countries. SEZ would be another possible option to leverage mitigating the risk of debt trap. Especially, develop as a manufacturing hub that Nepal can use it as Export Promotion Zones (EPZs) or create it for domestic demand and employment generation.

Many believes, in the past, with the absence of single party that holds a majority in the Nepalese parliament has created a constant source of political instability in Nepal and thus hinder the economic development process. While Nepal has entered in a new politi-

---

① "Vision 2030 for Nepal Towards a just and lasting prosperity", National Planning Commission (NPC), Nepal.

cal juncture, to accelerate the momentum of economic development and advance to prosperity is becoming more realistic. In this direction, the BRI could offer the possibility of scientific exploitation of Nepal's natural resources to address the agendas of economic growth and prosperity.

## Budding Trans-Himalayan Connectivity

As mentioned earlier, despite the mountainous terrain, Nepal and China have shared larger sphere of economic cooperation and exchanges throughout the history. The sub regional cooperation is inherent aspect of "the Belt and Road Initiative".

Historically, South Asia and China were the largest political economies and of critical importance to each other, but they are geographically isolated by the Himalayas. In the modern era, South Asia has been less important to China compared to other regions, so the two-way trade between South Asia and China as a percentage of China's overall trade is small. However, its importance is rising in the new century due to transshipment through South Asia along Chinese global supply chains and the overall development potential of South Asia. The prospect of states with populations larger than a billion each, China and India, dominating the global political economy marks South Asia as of particular importance to China, and renders their contemporary relations of global strategic significance. [1] Moreover, after the launching of the BRI, the dynamics of South Asia Region including Indian Ocean has been significantly changed.

China's engagement with South Asia including Nepal in recent years is seen primarily in trade and investment as well as improving its linkages with South Asian states through economic agreement and bilateral cooperation. As a result, over the last decade, China

---

[1] Jonathan H. Ping, "China's Relations with India's Neighbors: From Threat Avoidance to Alternative Development Opportunity," *Asian Journal of Political Science*, 2013, Vol. 21, No. 1, pp. 21 –40.

has significantly transformed its relationships with South Asian countries —China is currently the largest trading partner of India, Pakistan and Bangladesh, and the second largest trading partner of Sri Lanka and Nepal. Most of the South Asian countries are therefore attracted to Chinese initiatives that aim to enhance the economic cooperation.

Physical connectivity between China and the South Asian region has lagged behind in comparison to the cooperation between China and other (neighboring) regions. There are reasons for optimism, however, as China goes forward with its plans to improve transport and trade infrastructure across Asia through the BRI. China's BRI consists of both overland and maritime infrastructure, to build connections between China and the South Asian region. Successful cooperation between China and the region in infrastructure development would be a major hallmark in the ongoing power shift of international politics to "Greater Asia."[1] Apart from the CPEC and the BCIM, the BRI would involve carving out a series of new pathways across South Asia, namely via the China-India-Nepal Economic Corridor (CINEC).[2]

In the beginning, the discourse about building the trans-Himalayan connectivity has been politically anchored. Nepal put forward the idea of developing itself into a land bridge between Central, South and Southeast Asia at the second South Summit in Doha in 2005. Later, in 2010, after the abolition of the monarchy, former Nepalese Prime Minister Prachanda further put forward the concept of strategic trilateral relations among China, India and Nepal, stating that all three parties should consider their respective interests and work in a collaborative manner. Likewise, on June 25, 2015, during the meeting with Indian Foreign Minister Susma Swaraj on the sidelines of an international conference on the earthquake reconstruction of Nepal, Chinese Foreign Minister Wang Yi raised the

---

[1] Bhaskar Koirala, "The Role of Infrastructure in China-SAARC Relations: Moving Towards a Partnership of Common Prosperity," *Journal of International Affairs*, 2009, Vol. 1, No. 1, pp. 57.

[2] Rupak Sapkota, Nepal in the Belt and Road: New Vista on Building a China-India-Nepal Economic Corridor, *China International Studies*, No. 67, Nov/Dec 2017, pp. 105 – 121.

issue of China's interest to collaborate with India and Nepal, and carried out trilateral co-operation for Nepal's reconstruction. ① Politically, both Chinese and Nepalese leaders are optimistic about this trilateral mechanism where China and India could adopt a cooperative framework for the economic development of Nepal.

Nepal is developing several north-south road corridors, which have the potential of increasing connectivity linked between Nepal, China and India. Noteworthy is the case of a road from Shigatse to Gyirong, which had been halted for decades, has recently been re-opened. This road consists of an ancient trade route that was operated until 1960. In 2014, the Gyirong port was re-established with new infrastructure and recently upgraded to an international port. Similarly, the construction of the proposed highway connection from Gyirong (China-Nepal border) to Raxaul (Nepal-India border) has been expedited.

More importantly, the proposed Lhasa-Shigatse-Gyirong railway line on the Nepal-China border is expected to be completed by 2020. ② Nepal has applauded China's efforts to bring its railway to the Nepalese border, and a further quest to extend it to Kathmandu, capital city. Subsequently, a separate wing, the Department of Railways (DoR) was opened at Nepal's Ministry of Transportation. While Nepal simultaneously indicates its readiness to join the China's Belt and Road Initiative, the construction of the cross-border railway connectivity between China and Nepal has turned out to be the proposal of the 'strategic cooperation'. ③ Several institutions including some think thanks have also conducted a research report in the feasibility of China-Nepal cross border railway. ④

---

① "Wang Yi: China and India jointly participate in the reconstruction of Nepal, and discuss to build a China-Nepal-India Economic Corridor," 2015 – 06 – 25, http://www. fmprc. gov. cn/mfa_ eng/wjb_ 663304/zzjg_ 663340/yzs_ 663350/gjlb_ 663354/2752_ 663508/2754_ 663512/t1276892. shtml.

② "Chinese tech to make Himalayan train possible," *China Daily*, August 06, 2016.

③ "Wang Yi: to elevate China-Nepal Cooperative Partnership to New Highs", 2017 – 09 – 07 http://www. fmprc. gov. cn/mfa_ eng/zxxx_ 662805/t1491758. shtml.

④ "Research Report on the feasibility of China-Nepal Railway and the collaborative of the " Belt and Road " by the two nations", Research report series No. 24, Chongyang Institute for Financial Studies, Remmin University of China (RDCY), 2017.

In its response to Nepal's quest to extend the Lhasa-Shigatse-Gyirong railway up to Kathmandu and Lumbini, China offered support to Nepal on conducting a research on feasibility study. ① The report suggested that the construction of railway might cost up to 8 billion USD and that it would be 550-kilometer-long connecting China's western Tibet region to Nepal's Capital of Kathmandu. After the planned completion of this railway line, Nepal will not only get a huge infrastructure boost but will also emerge as a key 'link country' for India and China to facilitate trilateral trade and exchanges. ② This is likely to contribute to reducing Nepal's trade deficit to the countries in the region. Besides that, as the gateway to South Asia for China and others on the Silk Road Economic Belt, Nepal could also be established as the safest and closest transit for India and the rest of the region. With careful articulation, Nepal can map itself as a regional financial and trading hub, further seizing additional growth opportunities. Rail connectivity with China will spur the globalization of the Nepalese economy. Once the connection with China is established, Nepalese goods can be exported to the international market through the Eurasian transportation networks.

China itself has a comparative advantage when it comes to infrastructure building, while India's position vis-à-vis Nepal- especially given the adjacent location of the Terai plains – puts it in a better spot to push cross-border connectivity projects among three countries. Within the framework of China-India-Nepal corridor, if the trans-Himalayan railway is indeed constructed, it could become a game-changing development for trade between East and South Asia. ③ The entire South Asian trade can benefit immensely through that

---

① The China CAMC Engineering Company and the China Railway Construction Corporation have already applied to Nepal's Railway Department for the construction of the Kathmandu-Rasuwa (Gyirong) railway and accomplished the Detailed Project Report. Their report shows a connection from Gyirong to Kathmandu is technically feasible.

② Rupak Sapkota, "China-India-Nepal Trilateralism: An Initiative Beyond Geopolitics," *Journal of International Security Studies*, 2016, Vol. 34, No. 4, pp. 68-92.

③ Jeremy Garlick, "Through the Himalayas, a rail route to prosperity," *Global Times*, http: //www. globaltimes. cn/content/1019562. shtml.

network. The path to further strategic cooperation among the three countries in the region and other fronts will then remain wide open. There are grounds for optimism as China goes forward with its plans to improve transport and trade infrastructure across Asia within the BRI.

An integrated rail network between China and Nepal will be a key component of a trans-Himalayan economic corridor, further need to extend up to India. This proposed railway line from Keyrung to Kathmandu (further extend to Pokhara-Lumbini) has the potential to become a flagship bilateral engagement between Nepal and China under the BRI framework. During the PM Oli China visit, the MOU on "co-operation for railway connectivity" between Nepal and China is a major step to accelerate the process of budding a such cross-border connectivity.

As mentioned above, the preliminary version of vision on jointly building "the Belt and Road" document does not encompass Nepal as in a direct physical connection[1], though the latter is expected to connect to the new Silk Road project through the Tibet Autonomous Region (TAR) of China. The economic landscape between the TAR and Nepal at present is changing rapidly.[2] In the early 1990s, the Chinese government launched a "Go West" (*xibu da kaifa*) policy, aimed at addressing the development disparity between China's coastal areas and the vast western lands, including the provinces of Xinjiang, Ningxia and Qinghai. The basic premise of that policy was that the peace, stability and development of South Asia are closely related to the stability and development of Southwest China.[3] Now, China further intends to add a further pillar to the "Go West

---

[1]  See at, "Vision and Actions on Jointly Building Silk Road Economic Belt and 21st-Century Maritime Silk Road", National Development and Reform Commission, March 28, 2015, http: //en. ndrc. gov. cn/news-release/201503/t20150330_ 669367. html.

[2]  For instance, Tibet-Nepal bilateral trade account for more than 70 percent of Tibet's total foreign trade volume in 2011, http: //news. xinhuanet. com/english/business/2012-07/15/c_ 131716978. htm.

[3]  Liu Zongyi, "China's Economic Relations with SAARC: Prospects and Hurdles," *China International Studies*, September/October 2014, pp. 112-13.

*policy*" *through* "*the Belt and Road Initiative*" ,[1] so that it could cope with the huge potential of its ties with neighboring countries further to the west. In January 2015, at the 3rd plenary session of the 10th TAR People's Congress, the government announced the launch of the "Himalayan Economic Rim Project," aiming to cooperate especially with three neighboring countries: Bhutan, India and Nepal. [2] The Himalaya Economic Rim refers to build ports in Tibet including Zham (Zhangmu), Gyirong and Purang economically supported by Shigatse and Lhasa. The TAR plans to work with these countries to develop border trade, boost international tourism, and strengthen industries such as Tibetan medicine and animal husbandry.

The TAR itself has excellent infrastructure assiduously built up over decades by China's central government, which would definitely bring certain advantages to the BRI. Besides roads, the TAR also has a growing network of first-class railway lines that later could play a particularly important role in the BRI in terms of transnational connectivity. As mentioned in earlier section, there were trade routes, including branches of the ancient Silk Road across the Himalayas to connect China and India through Nepal. Therefore, Tibet will serve as a valuable gateway for Nepal to connect South Asia and the countries of Central Asia. Additionally, Tibet's infrastructure allows it and gives it an advantage to create a new branch of the Southern Silk road.

Strategically, the construction of the BRI in South Asia has been in the slow pace—the BCIM Economic Corridor has made limited progress, while China cannot underestimate the risks surrounding the construction of the China-Pakistan Economic Corridor. [3] In this context, seriously need to consider erecting trans-Himalayan connectivity to promote the

---

[1] Zhao Minghao, "The Belt and Road Initiative and its Implications for China-Europe Relations," *The International Spectator*, 2016, DOI: 10. 1080/03932729. 2016. 1235819.

[2] "Himalaya Economic Rim project to be launched", January 23, 2015, http: //eng. tibet. cn/news/ 1449501330103. shtml.

[3] Lin Minwang, "China-Nepal-India Economic Corridor: Its strategic Significant and Developing Model," *Contemporary International Relations*, 2017. 02, pp. 31 – 39.

China-India-Nepal Economic Corridor.

## Conclusions

The cooperation and exchanges between Nepal and China in economic aspects have been significantly promoted. Especially, after "the Belt and Road Initiative" (BRI), this trend will be irreversible, and will further accelerate the economic cooperation among them.

The idea to foster cooperation under the BRI framework, means to enhance economic development, connectivity and socio-cultural proximity between Nepal and China. Nepal's geostrategic position, involvement in regional economic and connectivity initiatives such as BRI, SCO, AIIB will emerge to be gamer changing, transformative catalyst for realizing its full geo-economic potential. China's prioritizing of Nepal in such initiatives indicate that China's policy towards Nepal has gradually moved away from thinking of the sub region as merely a peripheral area to viewing it as a part of its neighborhood and as a strategically core. China considers and glances Nepal as a potential strategic partner. For Nepal, inclusion in the BRI definitely drives to spur its economy towards greater diversification.

It is strongly suggested that China and Nepal strengthen partnership and policy coordination on their development visions and strategic through seeking complementary advantages and converging interests. Bilateral communication should not merely involve government bodies, but also enterprises and industries, as well as research think tanks, media, and the general public.

In the last decade, the economic landscape between Nepal and China has developed rapidly, but cross border connectivity is at low level, compared to other dimensions of the relationship. With unmet infrastructure needs, the upgrade and improvement of such infrastructure would boost the overall economic development of Nepal. The proposed railway line between Keyrung and Kathmandu ( further to extend Pokhara-Lumbini ) has the potential to become a flagship bilateral engagement between Nepal and China under the BRI framework. This railway link from Shigatse to Kathmandu is just one link in this chain, but it is a crucial one in the process of budding trans-Himalayan connectivity.

The end of long-standing political instability and formation of majority government under one single party glance to more comfortable on decoding Nepalese economy toward greater diverse. In this backdrop, representing economic aspect of Chinese initiative, "the Belt and Road" is an opportunity for Nepal to modernize its infrastructure with China's assistance. Nepal should demonstrate its readiness to tap the opportunity created by the Chinese initiatives.

# "一带一路" 倡议下尼泊尔旅游业的发展契机

高 亮（Kalyan Raj Sharma）*

## 中尼关系历史背景

回顾 5000 年来中尼两国之间的关系，文殊菩萨从中国来到加德满都谷地辟山引水，百姓得以在加德满都谷地定居。此外，尼泊尔的禅宗也去了中国。中国因受佛教的影响，法显、玄照和玄奘分别在公元 405 年、公元 631—632 年和公元 629 年从中国到访尼泊尔，中尼两国人民从此开始了交流。阿尼哥是尼泊尔伟大的艺术家，曾访问中国并在中国传播尼泊尔艺术。此间，白塔风格的建筑从尼泊尔传到中国。尼泊尔公主尺尊公主与松赞干布联姻，中尼两国建交。自那时，两国及其人民有了交流，定期来访，多方互助。渐渐地，尼泊尔成为了中国通往印度、南亚国家、伊朗和欧洲的门户。

尼泊尔从中国学习造纸技术，促进尼泊尔在该地区的繁荣发展。同时，中国通过尼泊尔进入南亚市场。从中尼历史关系来看，尼泊尔在中国和南亚国家之间形成了强有力的关系，也成为了中国与印度之间的安全贸易路线。近 2500 年来，尼泊尔地区佛教与印度教相互交融，这一地区也通过精神和教育层面的交流，促成了该地区国家间的和平共处。在此历史基础上，尼泊尔与中国，尤其是与中国拉萨的关系越加平稳而强大。吉隆和库蒂曾是中尼两条重要的贸易路线，两地是中尼的国际边界。2015 年，尼泊尔博卡拉发生大地震，拉萨与库蒂边界关闭，吉隆边界仍

---

* 高亮，尼中友好论坛主席，上海复旦大学国际经济与贸易博士。

旧开放。

1955 年，尼泊尔与中华人民共和国建立了外交关系，并于 1960 年互派大使。1956 年，两国签署了新条约，终止了 1856 签订的《塔帕萨里条约》，尼泊尔承认西藏是中国的一部分。1960 年，尼泊尔和中国签署了一项边界和解协议，以及独立的《中尼和平友好条约》。尼泊尔也开始支持中国恢复在联合国的席位。1961 年，尼泊尔和中国达成共识，建立一条连接尼泊尔首都加德满都和中国西藏的全天候公路。尼泊尔坚定奉行一个中国政策，决不参与任何反对中国的敌对活动。

中尼两国在尼泊尔北部喜马拉雅山脉的边境长达 1414 公里。尼泊尔已经在中国北京建立了大使馆，在中国拉萨设立总领事馆，并在中国香港、广州和上海任命名誉领事。

## "一带一路" 倡议和南亚

"一带一路"是中国国家主席习近平在 2013 年宣布启动的项目，旨在构建中国与欧非之间的贸易纽带。据估计，这条路线连接了亚洲、东非、中东和欧洲 65 个国家在内的近 44 亿人。尤其是在 2017 年 10 月召开党的第十九次全国代表大会之后，"一带一路"倡议被称为"促进国际合作以创造发展动力的新平台"。实际上，中国国家主席希望与邻国建立友谊伙伴关系。

中国与南亚的印度、巴基斯坦、阿富汗、尼泊尔和不丹五国接壤。自 20 世纪 90 年代末以来，中国的贸易、投资、金融援助已在南亚合作联盟区域（南盟）地区增长。从 2000—2014 年这 15 年中，中国已成为印度、巴基斯坦和孟加拉国最大的贸易伙伴以及斯里兰卡和尼泊尔的第二大贸易伙伴。

"一带一路"倡议逐步加强南亚国家之间的经济联系。尼泊尔作为南亚和中国的门户，愿意参与此跨国项目。"一带一路"倡议投资尼泊尔和其他南亚国家的基础设施，如桥梁、公路、铁路等。"一带一路"倡议成为帮助南亚人民脱贫的主要项目。

## 尼泊尔

尼泊尔处于中印两大国之间，两国同时崛起，而此时亚洲在全球经济中扮演着重要角色。尽管尼泊尔在全球范围内经济落后，但它本身也充满了多样性和可能性。尼泊尔的水、草本、未开发的矿山等自然资源存在开发潜力，同时美丽的喜马拉雅山可以开发成徒步旅行、探险和传统文化旅游的目的地。如果尼泊尔主要城市之间能建立良好的交通设施，那么旅游业可以在 10 年内改变尼泊尔经济格局。中国的"一带一路"倡议主要目的是通过发展如公路、铁路、桥梁等基础设施加强互通，而这些基础设施正是促进经济增长的主要因素。尼泊尔可以从这些基础设施建设中受益。尼泊尔在中国与南亚国家的文化交流与贸易中发挥着重要作用。

尼泊尔旅游也充满发展契机。连通是"一带一路"倡议的主要目标。文化、交通等方面都需要连通。事实上，像尼泊尔这样的国家，其连通性很差，甚至其领土和区域内也没有接触到外部世界。在"一带一路"倡议的积极作用下，将有助于亚洲和沿海沿山的南亚国家之间连通。投资尼泊尔基础设施建设和经济特区发展，借以基础设施的发展让邻国了解尼泊尔，促进其旅游业的发展。

旅游业是尼泊尔的新兴产业。根据尼泊尔央行提供的数据，2016 的旅游业总收入为 518 500 000 美元，比 2015 高出 32%。随着旅游人数的增加，旅游业的外汇收入随之增加。2017 的旅游业发展相对较成功，也反映出政府稳定和选举成功。

尼泊尔是世界上重要的旅游目的地。人们到此是为了朝圣佛教和印度教。同样，它也是登山运动最具冒险性的目的地之一。根据 2016 尼泊尔旅游统计，65% 的人在此度假享受，11% 的人为了冒险，9% 的人出于商务目的，3% 的人出于官方访问，2% 的出于参加会议和研讨会。旅游指标表明旅游者的流入是经济发展的后盾（见图 4-1）。但如果能够提高基础设施，旅游人数还可以更多。

尼泊尔政府在 2009 年制定旅游政策以了解旅游经济和社会发展的重要性。基于这一政策，尼政府正在努力发展和扩大旅游业，旨在给人民提供优质服务，增

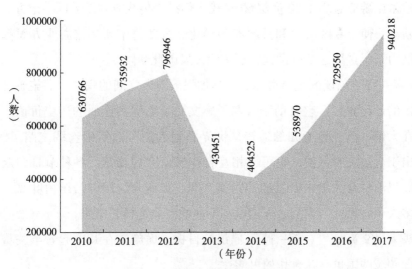

**图 4 - 1　尼泊尔入境旅游总人数**

数据来源：尼泊尔移民局。

加收入和就业机会。政府已经宣布 2020 年为"2020 访问年"，其意图明确，旨在吸引 200 万名游客。

## "一带一路" 倡议给尼泊尔的旅游业带来投资及发展机遇

　　尼泊尔商业投资较少。初期阶段的经济发展为物质基础设施、水电、酒店业等诸多领域创造了良好的投资环境。部分迹象表明适宜在尼泊尔投资。

　　尼泊尔是仅次于斯里兰卡最容易找到工作的国家，故而适宜投资尼泊尔。此外，尼泊尔在旅游和水电等行业百分百同意外国直接投资。由于地缘政治和战略地位优势，尼泊尔投资可能性更高。在 2017 大选中，2/3 的选民推选当前政府，大选之后政府稳定。随着新政府的建立，尼泊尔在政治上更加稳定。

　　水力发电和旅游业是尼泊尔潜在投资领域。旅游业是尼泊尔赚取外币的主要产业。由于旅游业的多样化，尼泊尔旅游业的投资机会越来越多，成为尼泊尔经济快速复苏的唯一潜在产业。

尼泊尔旅游业起步于20世纪60年代，仍沿用传统方式发展同一地方。尼泊尔颁布的新宪法使得专区政府和县政府多样化。因此每个州在旅游业方面都有巨大的发展潜力，但是缺乏基础设施，酒店业发展因此受阻。

"一带一路"倡议的主要目标之一是加强人与人之间的联系，而旅游是连接该地区人民的最佳方式。它有助于人们了解文化、意识到连通的历史价值。由于尼泊尔存在大量不被外界所知的遗迹，世界各地人们可以借由丝绸之路了解它们。即便是出于对遗迹的保护，也可以相互合作来研究博物馆、各种节日和众多非物质遗产。尼泊尔有大量未开发的非物质资源，如唐卡、塑像乃至树叶盘。这些将吸引更多人到此投资。无疑，人们也有更多的商业选择和机遇。

促进人民交流是"一带一路"倡议的目标，而旅游在其中起着至关重要的作用，在此领域两国也存在合作的可能性。

### ·旅游基础设施

基础设施建设作为主要项目包括在"一带一路"倡议中。尼泊尔基础设施差，但存在很大的发展潜力，如通过升级现有机场来扩大机场。加强道路、铁路、地铁、新机场、酒店、餐馆等基础设施的建设势必会增加现有的旅游人数，这将有助于尼泊尔政府完成其计划。

### ·医疗、教育和旅游

尼泊尔教育发展机会良多。教育加强人与人之间的联系。通过"一带一路"，我们可以合作建设信息技术中心、现代工程、管理项目等，尼泊尔政府可以采取公私合作伙伴方式等多种形式的合作。此外，有必要发展医疗卫生。目前加德满都、博卡拉以及其他地区的医疗设施很差。中国有世界级设备，我们可以在这方面开展合作。除此之外，尼泊尔旅游业发展潜力大，可吸引众人到此旅游从而了解尼泊尔的生活方式。旅游业势必成为尼泊尔经济发展的后盾。

## "一带一路" 倡议面临的挑战

"一带一路"是中国政府提出的重大工程，旨在21世纪连接世界经济。某些分析专家认为"一带一路"是为了让中国替代美国，扩大中国在世界的影响力，让中国获得在亚洲地区的领导权。印度是否参与中国的"一带一路"倡议呢？这是"一带一路"倡议在该地区能否取得成功关键所在。迄今为止，尼泊尔几乎在商业和经济发展等方面与印度均有密切的联系。接下来的几年，中国政府就如何与印度展开合作、让印度参与到"一带一路"倡议之中而努力。考虑到成本效益以及对印度的便捷性，尼泊尔通过基础设施建设将迫使印度通过尼泊尔与中国进行业务往来。

中国公司一直努力建设尼泊尔的水利工程、公路和其他基础设施。这些中国公司总体上在尼泊尔的业绩和完成期限方面享有一定的声誉。很少有印度分析家关注布达甘达基水电站建设协议的取消问题，但该问题可能会阻碍"一带一路"项目的实施。最后，尼泊尔应平衡中印两个经济大国之间的外交政策，在众多方面影响了该地区"一带一路"倡议的实施。

附 录

# 附录一

# 序 二（参考译文）*

"一带一路"倡议自 2013 年提出以来，得到了全世界的关注。五年来，我们清楚地看到，中国把"一带一路"作为共同繁荣的框架和基础，谋求的不仅仅是自己的发展，中国希望通过"一带一路"倡议带动沿线国家的发展，建立一个和谐、包容的全球秩序。

尼泊尔是中国的近邻和值得信赖的合作伙伴，中尼也是拥有悠久历史的好朋友。多年来，两国政治关系稳定，文化源远流长，经贸合作不断加强。尼泊尔和中国一直致力于加强两国间的关系。同时，中国在经济和技术领域取得的空前成就，以及"一带一路"倡议，也为尼泊尔提供了广阔机遇。

由于资金和技术上的短板，尼泊尔丰富的资源至今仍处于未开发阶段。尤其是水电潜力亟待开发。尼泊尔的大部分河流起源于喜马拉雅山，水流在较短的垂直距离内急剧下降到开阔的平原上，正是由于这一特点，尼泊尔在清洁水能方面有着巨大的潜力。从理论上讲，尼泊尔可以生产超过 8 万兆瓦的电力，但是目前仅开发了其中的 800 兆瓦（仅占理论发电量的 1%）。另外，在基础设施建设方面也存在类似的问题，如铁路、高速公路、机场、污水处理系统、城市垃圾管理、会议场馆、灌溉和供水等。

尼泊尔拥有世界上最多样的地形变化，存在着从高山到热带的数种气候，

* 本序由朱灿女士翻译。

这种地形几乎可以种植世界上任何种类的植物和蔬菜。但是，尼泊尔的大片土地都未开垦，粮食短缺问题严重，尼泊尔每年都需要进口数十亿美元的食品。

旅游业是尼泊尔另一个亟待充分开发的领域。尼泊尔景观独特，具备多种冒险旅游形式，如登山、滑翔伞、山地自行车、高空马拉松、跳伞、白水漂流、皮划艇、徒步旅行等等。此外，尼泊尔也有丰富多样的古代文化，独特而罕见的佛教和印度教的融合，在和平与和谐中共存。尽管尼泊尔拥有吸引游客的巨大潜力，但去年前往尼泊尔的游客数量仅为 100 万人次，略高于尼泊尔总人口的 3%。这说明旅游业的发展仍有巨大潜力。

在此背景下，《"一带一路"中国—尼泊尔商务报告》及时地将尼泊尔在上述领域的商机和潜在市场呈现给广大读者。我们相信，中国丰富的金融和技术资源能够促进尼泊尔的全面发展，特别是在跨境连通性、能源、农业和旅游业等领域。

今年 6 月，应中国国务院总理李克强的邀请，尼泊尔总理卡·普·夏尔马·奥利对中国进行了正式访问。两国领导人对于在"一带一路"倡议框架下，通过发展跨喜马拉雅多元联通网络加强互利合作方面达成了重要的共识。几千年来，喜马拉雅山一直是各国交流的重要门户。今天，尼泊尔可以成为世界上两个人口最多的国家和最有活力的经济体之间进行共赢合作的桥梁。发展跨喜马拉雅地区的联通网络，还将有助于整合区域经济一体化，促进整个地区的社会经济发展。

中尼两国签署了多项加强互联互通合作的协议，进一步加快经贸关系的发展，如避免双重征税、电力联合开发、促进产能和投资、跨境经济区发展、工业园区建设、铁路互联互通建设等。

近年来，尼泊尔经历了历史性的政治变革，由人民选举而出的新政府刚刚成立，任期五年。新政府以"繁荣尼泊尔，幸福尼泊尔人"为目标，致力于全面快速发展，实现人民追求更加繁荣的长期愿望。2018 年 7 月 20 日，卡·普·夏尔马·奥利总理在北京向中国商界发出邀请，保证中国企业在尼泊尔的合法权益，呼吁中国投资者前往尼泊尔充分开发尼泊尔的巨大潜力。

尼泊尔的目标是在 2030 之前成为中等收入国家。为了实现这一目标，除了尼泊尔人民的努力之外，还需要中国的大力支持。在这一背景下，我很高兴地看到，《"一带一路"中国—尼泊尔商务报告》将为中国企业家和投资者提供尼泊尔投资机会的有用信息。我衷心希望《"一带一路"中国—尼泊尔商务报告》的出版有助于提升中国投资者投资尼泊尔的信心。感谢所有为这份报告做出贡献的人。

利拉·马尼·鲍德尔

尼泊尔驻华大使

2018 年 7 月 18 日

# 附录二

# 尼泊尔与 "一带一路" 倡议 （参考译文）

尼斯察尔·潘迪 （Nishchal N. Pandey）[*]

尼泊尔与中国的传统关系历史悠久，并已融入贸易、投资、旅游和民间交流等领域，成果丰硕。正式双边关系在建立之初，就得到两国高层领导人的祝福；而在民间层面，通过学术交流、互派留学生、商务访问，以及中国在尼泊尔投资的蓬勃发展，使这种关系得以巩固。近年来，连通性成为尼泊尔的流行语，但正是由中国援建的阿尼哥公路 （Arniko Highway），才使尼泊尔和中国西藏自治区 （TAR） 更加接近。阿尼哥公路连接加德满都山谷的巴克塔普尔 （Bhaktapur） 与西藏自治区的樟木镇 （Khasa），在 2015 年的毁灭性地震发生前，一直是与中国连接的主要道路。

印度和中国在其历史上曾有过多次崛起，而每一次，尼泊尔都会受益。作为两国之间的中转国，尼泊尔历来都能利用两个文明的贸易往来。在繁荣的元朝和明朝以及莫卧儿王朝时代，尼泊尔也经历了由李查维王朝统治的黄金时期。因此，这背后是有历史传承的，我们认为印度崛起和中国崛起的现象，对尼泊尔来说将是至关重要的。20 世纪初，由于中国的动荡和内战以及印度的殖民化，情况有所恶化。由于贫困、动荡以及边境地区不时发生的武装叛乱，经过比姆菲迪 （Bhimfedi）、巴克塔普尔 （Bhaktapur）、拉苏瓦 （Rasua） 等尼泊尔城镇到南部的印度和北部的中国西藏的货物数量很少。随着印度和中国再次崛起，我们尼泊尔能否重

---

\* 尼斯察尔·潘迪，加德满都南亚研究中心 （CSAS） 主任，著名学者。

新振兴经济，重新建立受损的贸易关系，让我们的经济再次充满活力？

我认为，这个问题是今天的我们需要回答的，必须由当代尼泊尔人来回答。它要求国家各个领域都具有远见、行动坚定、态度诚实，鼓励选拔新人，启用能人。正如中国摆脱政治不稳定和传统农业的束缚，发展成为全球经济大国，我们尼泊尔也需要重振国民经济的各个方面。此外，我们需要关注机场、边境口岸、火车站和道路连接等基础设施建设。由于 2015 年的地震破坏了许多重要基础设施，这不是一项容易的任务。我们也不能忘记，大船经过时，可以轻易抬起附近的小船，对于尼泊尔与印度和中国的关系来说，也将发生这种情况。

但是，让我们从纯粹的学术角度，看看印度和中国的哪些地方在崛起。古尔冈、班加罗尔、德里和孟买崛起，上海、武汉、北京和广州当然也在崛起，使数百万人摆脱贫困，今天的印度人和中国人享受着几个世纪以来被剥夺的繁荣。农村人口正在向大城市迁移，使城市地区空前扩张。但这些大城市没有一个是与尼泊尔接近的。我们与印度北方邦、比哈尔邦和孟加拉邦的北部接壤，而根据所有的指数，这些地方都是当今印度最落后的地区。更具体地说，我们与印度北方邦的非利比得（Philibit）、巴哈莱希（Baharaich）、萨巴斯提（Sarbasti）、巴兰布尔（Balrampur）接壤；与比哈尔邦的东坎巴兰（Champaran）、西塔马尔希（Sitamarhi）、马杜巴尼（Madhubani）、阿拉利亚（Arariya），以及基斯杭格阿恩杰（Kishanganj）接壤。事实上，如果从健康、教育、卫生等行业的指数看，这些地区的所有指数在整个印度都处于最低点。如果你告诉印度—尼泊尔边境尼泊尔一方的普通老百姓，到 2050 年，从 GDP 角度来说，印度将成为世界第二大经济体，他/她是不会相信的，因为有成百上千的印度患者到尼泊尔的医院去做白内障手术，印度学生也拼命想上尼泊尔达蓝（Dharan）和博卡拉（Pokhara）的医学院。确实，也有成百上千的尼泊尔学生在印度学习，但严峻的现实仍然是，独立的印度并不关注边境地区的发展，无论是与尼泊尔的边境，还是与其他较小国家如不丹、孟加拉国、缅甸等国的边境。经历过 20 世纪 90 年代的自由化后，印度的大城市已经繁荣起来。印度是崛起的亚洲巨人，而我们尼泊尔仍是世界上最贫穷的国家之一，这是因为印度忽视了边境地区基础设施、互联互通、公路和铁路、教育和卫生服务的发展。印度古尔冈、海德拉巴和孟买正在崛起，但北比哈尔邦北部与尼泊尔接壤的地区并没有崛起，这就是挑战所在。另一个挑战是，21世纪90年代中期，当印度的经济发展起步之时，尼泊尔却陷入政治动荡，毛派叛乱夺走了18000个无辜的生命。2006年，尼泊尔停止敌对行动，开始和平进程之后，才恢复和平，而直到2017年宪法颁布，并通过选举产生国家的三级政府，人们才感受到政治的稳定。

现在，让我们看看北部边界，情况也没有什么不同。我们不与中国上海、香港或广州接壤，而与西藏自治区接壤。具体地说，是与中国西藏吉隆县（Kerung）、聂拉木县（Nyalung）、定日县（Tingri）和定结县（Tinkhe）接壤，这几个县也是中国的落后地区。中国政府已投入数十亿用于提高各县的生活水平，但这需要时间。我们可以看到，近年来，西藏自治区有了很大的发展。不仅拉萨有机场，西藏自治区第二大城市日喀则也建了机场。铁路已经从拉萨延伸到日喀则，布达拉宫等古老的文化遗址与西藏地区的现代化发展相得益彰。

因此，当我们讨论经济合作时，首先必须对次区域角度进行了解，即印度北部、尼泊尔与中国西藏自治区，或印度北部、尼泊尔与中国西藏西南部。这是我们必须认识到的政治地理。现在，对印度和中国来说，目前正是合适的时机，应该开始关注各自边境地区的基础设施、互联互通以及公路和铁路的建设，改善医疗卫生服务、改进教育，不仅要在与尼泊尔接壤的地区采取行动，还应在与其他国家接壤的边境地区采取此类行动。因此，如果没有边界地区的发展，邻近小国不会感受到印度崛起、中国崛起的奇迹。

一列中国火车将在几年后来到拉苏瓦边境，尼泊尔人对此非常着迷。如上所述，这趟来自中国西部格尔木的火车已经运行到拉萨，随后又到达日喀则，正在向尼泊尔边境延伸。我们尼泊尔需要通过这趟列车，以确保能扩大我们的旅游、贸易和投资，也许我们可以通过向巨大的中国市场出口手工艺品、帕什米纳山羊绒、地毯和其他产品，来纠正我们的贸易不平衡状况。中国游客尤其为我们提供了巨大的可能性。目前，每年到尼泊尔旅游的中国游客已经成为第二大游客群体（仅次于印度游客）。

尼泊尔 9 年来有过 8 位总理，60 年来有过 5 部宪法，政治上的不确定性仍然是最大的担忧之一。没有可行的宪法，不巩固重要的民主体制，我们就无法建立可持续的政体，加强民主建设。因此，如果不专注于加强国家的重要机构建设，提供良好的治理，我们既不会拥有充满活力的经济，也不会拥有稳定的民主。目前，尼泊尔的重点工作是稳定政体，建立健康的政治文化，起草一部具有包容性的宪法。也许只有这样，我们才能真正关注重建，吸引外国直接投资，重振旅游业。尽管存在劳资纠纷、电力短缺、持续不断的罢工等问题，仍有印度的投资主要流向水电部门，这是一个健康的趋势。

谈到我们的北方邻国，中国在尼泊尔的投资也在增长，实际上，中国在整个南亚的投资规模都在扩大。印度要调整中国在南亚日益增长的影响力，基于同样的原因，中国也必须调整自己，以适应印度在东南亚日益增长的影响力。印度不断扩大与日本、越南、菲律宾、新加坡的关系，参与东盟活动；而中国在加深与孟加拉国、斯里兰卡、马尔代夫、阿富汗和尼泊尔的关系，这两个方面是不能分开来看的。让我们抛开中巴关系不谈，因为大家都知道，那是另外一回事。但中国在南亚区域合作联盟（SAARC）的观察员地位已为中国开启新的机遇，而昆明南亚博览会是每年都要举办的几项重大活动之一。博览会向中国买家展示南亚产品，有助于提高巨大的中国市场对南亚的认识和兴趣。2010 年，共有 46 360 名中国游客访问尼泊尔。2013 年，这一数字增加了 1 倍。中国人可能很快将成为尼泊尔最大的游客群体。越来越多的中国城市开通飞往加德满都的直航航班。中国民航建设集团公司正在升级改造位于拜尔瓦（Bhairhawa）的乔达摩佛（Gautam Buddha）国际机场，而博卡拉的第二个国际机场也正在由中国人建造。

地缘政治的性质不仅在南亚发生变化，在整个世界都在发生变化。因此，无论称之为三方联盟、桥梁国家还是过境国，尼泊尔都正在成为印度北部通往中国西藏自治区的可行门户，反之亦然。

目前，印度与中国的双边贸易额为 700 亿美元。两国不需要中转站，因为海上贸易路线已经很好。由于能源价格上涨，公路运输将更加昂贵，海上贸易仍较便宜。此外，由于罢工，无法保证通过尼泊尔平原过境顺畅。不过，虽然有海上贸易通道，仍须以积极的眼光看待尼泊尔这一充满活力的桥梁。尼泊尔的一些分析家只关注尼泊尔与中国双边贸易的不平衡。这是以消极的方式在观察全局。当然，由于尼泊尔从中国的进口远远大于出口，确实存在巨大的贸易逆差。但几乎所有与中国进行贸易的国家都是如此。

这是 2016/17 年尼泊尔—中国贸易的数字：

数字：尼泊尔卢比

| 出口 | 进口贸易 | 逆差 |
| --- | --- | --- |
| 1 719 467 | 116 116 215 | – 114 396 748 |

只有尼泊尔出口增加，这种巨大的逆差才会向有利于尼泊尔的方向改善，这只能通过建设更好的公路和铁路连接来实现。如果帕什米纳山羊绒、手工艺品、地毯和尼泊尔茶叶可以进入中国城市，对双边贸易和尼泊尔经济都将起到很大的推动作用。一旦拉萨—沙夫鲁比西火车开始运营，中国游客也会来到这条路线。

因此，印度和中国更加需要与周边国家合作，无论是在东南亚还是南亚。由于这两个国家都存在某些脆弱的领域，因此迫切需要合作并保持邻近地区的稳定。周边小国对中国国家主席习近平和印度总理莫迪（Modi）最近的武汉峰会感到兴奋。我们认为，这将为中印在本地区及周边地区进行合作及加深理解铺平道路。

上文已简要提到，尼泊尔刚刚制定了新宪法，完成了中央、省级和地方机构的三级选举，产生了政府。希望经过多年的政治争论和不稳定，国家能走上一条稳定、进步和繁荣的新征程。然而，这并不是一件容易的事。各个政党派系繁多，重要国家机关被政治化，2015 年的地震给尼泊尔造成重大打击，尼泊尔需要在各个方面采取多管齐下的战略，包括加强政府机构的纪律，控制腐败，实现国内良好治理，与邻国建立更好的关系，建设重要基础设施。最重要的是我们管理新联邦政体的方式，因为这不仅会直接影响外国直接投资，还会影响我们与两个强大邻国的关系。与各种强大游说团体有联系的卡特尔（译者注：主要指各自独立的同类企业组成的垄断性组织）以及官僚作风已经成为在尼泊尔经商的另一个障碍，需要加以解决。外国投资者对于仅仅给出漂亮的承诺，却不采取任何实际行动的做法已经感到厌倦。

与中国的关系对我们的整体经济发展至关重要，这一点毋庸置疑。中尼关系是经过时间考验的，尽管尼泊尔的宪法和政府发生了变化，但我们的关系在各方面都有所发展。仅今年一年，中国在尼泊尔的投资就高达 83 亿美元，中国投资成为每届新政府关注的首要任务。我们的经济关系中最重要的一项是拉萨—日喀则—拉苏加迪（Rasuagadhi）铁路线，预计将在几年内到达尼泊尔边境。尼泊尔在铁路方面的知识或经验很少。大多数尼泊尔人从未见过或乘坐过火车。此外，这条铁路线将为尼泊尔出口带来新的机会，吸引中国游客，加强两国人民之间的联系。

中国驻尼泊尔大使于红最近表示，尼泊尔和中国正在多个方面共同开展工作，如跨境铁路连接、高速公路和一个陆港的建设。"中国已经在认真对待尼泊尔政府提出的建设跨境铁路线的要求。一个团队已经开始进行初步可行性研究"，于红大使说。

中尼两国都非常重视双边关系。于红大使说，2009 年，两国就决定建立"世代友好的全面合作伙伴关系"。

中国大使表示，两国已于 2017 年 5 月签署了"一带一路"倡议下的合作框架协议，并表示中国政府已设立一个 2 500 亿元的基金，为各国的项目筹备工作提供帮助，以实现中国国家主席习近平提出的，通过"一带一路"倡议将世界连接起来的愿景。

为开展"一带一路"倡议下的项目，各国可获得中国政府的援助和技术支持，并可向中国金融机构申请贷款。共有 86 个国家与中国签署了合作备忘录，以实现"一带一路"倡议，使参与各方实现双赢。尼泊尔政府已经组建三个工作组，为实施"一带一路"倡议的框架协议进行项目选择、技术评估，以及协调与北京的工作。这三个小组由外交部部长、财政部部长和"一带一路"倡议下已确定项目所涉及的各部部长担任领导。尼泊尔智库和学术界一直批评尼泊尔政府在确定"一带一路"倡议下的项目以及实施几年前奥利（K. P. Oli）作为总理首次访华时与中国签署的项目方面进展缓慢。

最近，奥利总理以尼泊尔当选总理的身份第二次访华。这次访问带来了许多乐观情绪。在访问期间签署的协议中，以下几项值得注意：尼泊尔投资委员会与中国华新水泥签署协议、关于高地果蔬食品园区的谅解备忘录、苏瑞纳迪电力有限公司（SiuriNyadi）40.27兆瓦水电项目，以及从尼泊尔采购 200 000～500 000 帕什米纳山羊绒产品的协议。这些项目需要坚定地实施。

除了铁路，尼泊尔还开辟了一条新的跨越喜马拉雅山脉到中国的光纤连接。今天，从加德满都到拉萨、昆明、香港、成都和广州都有直达航班。加德满都是世界上唯一与拉萨有直接联系的外国城市。虽然"一带一路"倡议与尼泊尔并没有直接联系，但我们乐意从远亲近邻的大型项目网络中受益。如果肯尼亚和尼日利亚可以从中国的投资中受益，如果中国的铁路可以到达德黑兰和伦敦，为什么不能到达与西藏自治区有很长边界的尼泊尔呢？不仅仅是互联互通、旅游业和投资，我们也可以在其他领域受益，比如在已经变得尘土飞扬、污染严重的加德满都减少排放，发展清洁能源。

但这需要进一步扩大务实合作，深化两国战略合作伙伴关系。尼泊尔还可以发挥双重作用，加强中国西藏自治区与印度人口最多的两个内陆邦——比哈尔邦和北方邦之间的联系，使中国和印度实现双赢。例如，中国西藏自治区可能需要印度的水泥，而印度北方邦和比哈尔邦可以获得丰富的中国商品，使消费者有更多样化的选择。为了实现所有这些目标，尼泊尔必须重点开展水电项目和高速公路、机场、铁路等大型基础设施项目。在完成这些项目前，我们是无法仅凭制造业使人民摆脱贫困的。目前，有数百万尼泊尔青年男女在海湾地区、马来西亚和韩国工作。留在尼泊尔农村地区的老人和孩子是没有能力重建在地震中被毁坏的房屋和学校的，因此，政府的作用非常关键。最重要的是，我们需要政治稳定，需要一个好的环境，使真正的专家而不仅仅是政党的骨干来到这里为国家服务。尼泊尔政府需要优先考虑如何阻止尼泊尔青年向海湾和其他国家大量迁移，建设大型基础设施项目也可以成为解决方案，因为这些项目需要雇用成千上万的男女工人。

值得一提的是，虽然斯里兰卡摆脱内战的时间晚于尼泊尔，却比我们吸引了更多的游客。为了吸引更多游客，尼泊尔必须优先重建联合国教科文组织选定的世界遗产，因为它们对我们的旅游业至关重要。包括中国在内的许多友好国家正在这方面向我们提供帮助。据说到 2020 年，中国出境游客总数将达到 1 亿人次。而在 2017 年，却仅有 104 000 人来到尼泊尔。中尼铁路开始运营后，我们可以吸引更多的中国游客。由于我们与印度有开放的边界，实际上，印度北方邦、比哈尔邦、北阿坎德邦和西孟加拉邦也可以考虑利用这条铁路，使中国游客先到尼泊尔，然后再到印度这些邦。印度也正在印、尼边境建设新的铁路线。最近，印度北方邦的约吉·阿迪特扬纳斯（Yogi Adityanath）政府投资 4 700 亿卢比，启动了三个地铁项目，使该邦的经济发展水平提升到一个新的高度。"希曼查尔特快列车"（Seemanchal Express）已将尼泊尔边境的乔格巴尼（Jogbani）与新德里连接起来。随着我们周边铁路项目网络投入使用，希望印度总理莫迪连接所有佛教圣地的梦想与中国国家主席习近平的"一带一路"倡议会产生协同效应，尼泊尔愿意从这些举措中受益。同样，关键是要不仅仅停留在高谈阔论，而要抓紧时间加以实施。

再多谈一下旅游业，因为这是尼泊尔经济的重要组成部分。习近平主席和纳伦德拉·莫迪（Narendra Modi）总理曾决定将 2014 年定为中国的"印度旅游年"，2015 年为印度"中国旅游年"，2016 年为中印旅游年。但随后，由于洞朗边境的紧张局势，中国与印度的关系急转直下。当中印关系达到危机点时，没有什么比这更令尼泊尔等南亚小国感到焦虑和不安全了。我们希望中印关系能够很快恢复，希望两国务实的领导人都认识到，印度和中国只有实现合作而不是竞争，亚洲世纪才有可能实现。

# 加入 "一带一路": 尼泊尔经济的大势所趋（参考译文）

如博·萨普科塔（Rupak Sapkota）[*]

## 引言

中国的崛起让世界见证了中国的发展奇迹，也感受到了由此带来的重要机遇。最新提出的"一带一路"倡议作为一种全新的发展助推器，主要目的在于加强中国与邻国及其他国家的合作，因此，"一带一路"倡议正日益成为习近平主席领导下的中国力推的外交政策工具。

在"一带一路"倡议提出后，尼泊尔作为中国的重要邻邦，对加入"一带一路"项目展现出极大的热情。2017 年 5 月 12 日，尼泊尔签署了"一带一路"倡议框架协议。尽管取得了政界和尼泊尔民众的强烈支持，尼泊尔政府在充分融入和受益于"一带一路"倡议的过程中仍不断遭遇困境。在三级选举顺利结束后，尼泊尔迎来了加快经济发展和推动国家繁荣的新时代。

在这一背景下，可以预见尼泊尔和中国将付出更多努力，以满足尼泊尔对基础设施投资的迫切需求。本文并未过多探讨"一带一路"倡议对尼中关系的地缘政治影响，更多的是突出其经济意义，围绕两国可以合作的领域展开讨论。

---

* 如博·萨普科塔，中国人民大学国际关系学院博士，尼泊尔战略分析研究所（坐落于尼泊尔首都加德满都的研究智库，简称"NISA"）秘书长。

尼泊尔已经签署了"一带一路"倡议，但对如何从中国的这一倡议中获得最大利益尚未做出评估。本文认为，尼泊尔加入"一带一路"倡议为尼中经济纽带的发展注入了新的活力。而且，"一带一路"倡议将有助于促进尼泊尔经济的更加多元化。

## 重现昔日辉煌

中国与尼泊尔及印度之间的经济联系以及尼泊尔与古代丝绸之路的联系可以追溯至公元前 5～6 世纪。古代丝绸丝路的起点位于中国的云南省，连接缅甸、印度、尼泊尔和中国的西藏，最后回到云南，也被称为"古代南方丝绸之路"。整个13 世纪，丝绸之路沿线的贸易活动都很活跃，更是在蒙古帝国时期达到了顶峰。但在 14 世纪后，由于明朝的闭关锁国政策以及对海上航线的重视，古代丝绸之路逐渐没落。

古代丝绸之路对尼泊尔的经济产生了长达数百年的重要影响。[①] 沿喜马拉雅山各关口分布的食盐贸易路线是尼泊尔和中国西藏进行贸易往来的著名联络线。[②] 数个世纪以来，有大量尼泊尔人在中国和西藏的拉萨及一些其他地方定居，尼泊尔使馆更是外国驻中国拉萨的唯一外交机构，这些都表明丝绸之路在尼中历史关系中具有重要地位。末罗时期（10～18 世纪），拉萨不仅是活跃的贸易枢纽，也是各民族发展文化联系的中心。

中国与尼泊尔之间跨喜马拉雅山一线不仅在历史长河中是一条重要的联络线，对未来增强两国及其他国家的商业、社会文化联系同样具有不可估量的作用。我们需要对这条线路的历史意义进行评估，挖掘更多的可能性，并为扩大中尼的经济往来寻找更好的途径。

---

① 例如，尼泊尔商人在中国拉萨（西藏）购买蒙古的黄金，然后在加尔各答出售。尼泊尔商人的这种贸易行为发生在三国之间，给人以国际化的感觉，尼泊尔人那时已经在从事国际贸易．

② Madhu Raman Acharya，《丝绸之路：加强尼中互联互通》，外交事务研究所（IFA），加德满都，2015年，第17页．

## 改变区域地缘经济格局

在大国的地缘经济竞争中，互联互通的概念已成为国际关系中的主要元素。不过，一些外交官将互联互通看成是"当今地缘政治的舞台"①，暗示了其产生的巨大影响。比如，最近美国联合其盟友为制定"印太战略"而奔走。另一方面，中国通过"一带一路"倡议展现其全球影响力，印度也在努力扩大次区域合作，比如环孟加拉湾多领域经济技术合作倡议（BIMESTEC）和孟不印尼（BBIN）② 次区域经济合作倡议。

从地区来看，尽管存在差异，但中国和印度都在努力通过不同的方法改善彼此之间的关系，尤其是在洞朗僵局悄然结束后。中国国家主席习近平和印度总理莫迪在武汉举行了"非正式会议"，之后两国强调要缩小信任赤字，突出潜在经济合作的必要性。尽管印度对"一带一路"倡议仍持反对态度，但两国领导人在最近于青岛召开的上海合作组织（SCO）峰会上，均承诺推进与邻国的互联互通项目。

作为武汉会议的成果，在近期与尼泊尔总理奥利（K. P. Oli）的会谈中，中国提出通过"二加一"对话机制与南亚国家展开合作，中印两国可携手与南亚的其他国家举行对话。具体来说，关于上述机制，中国和印度将通过"中印加尼泊尔"的形式与尼泊尔进行联合对话。

## 经济驱动力

中国坚持认为"一带一路"倡议及其对区域基础设施的投资是在经济的驱动

---

① 2016 年 3 月，在新德里录制的最早的《瑞辛纳对话》。时任印度外交部部长 Subrahmanyam Jaishankar（苏杰生）在 2016 年 3 月 2 日于新德里录制的《瑞辛纳对话》，http：//mea. gov. in/Speeches-State-ments. htm? dtl/26433/Speech_ by_ Foreign_ Secretary_ at_ Raisina_ Dialogue_ in_ New_ Delhi_ March_ 2_ 2015.

② 由孟加拉国、不丹、印度和尼泊尔组成"孟不印尼"次区域经济合作.

下产生的，并将为东道国带来显著的经济效益。就这一问题，中国学者们强调"一带一路"倡议应当以互惠的双边项目为中心，更好地提供公共物品，淡化所谓的安全战略任务，并突出经济合作的特点。① 因此，中国十分重视旨在加强公路和铁路互联并以此作为经济纽带和经济走廊基础的项目。

尼泊尔的经济发展需要其邻国和其他国际援助机构的慷慨支持，主要目的是为了升级全国的基础设施，实现内部地区间的平衡，并利用国内的固有资源。但是，不要天真地认为那些相距甚远的大国愿意为尼泊尔的经济发展投入重资。从过去 70 年尼泊尔的发展历程来看，西方国家将大部分援助投资都用于推进民主和人权价值、民族、边缘化群体和妇女的赋权议程。在最近十年中，西方国家从 2008 年经济危机期间开始显著减少了对尼泊尔的经济援助。

在此背景下，尼泊尔制定的吸引包括巨额投资在内的经济援助战略主要依赖于其最近的邻国。② 鉴于中国和印度已经成为全球新兴的经济强国，对尼泊尔而言，要想真正解决其经济发展问题，明智的做法是着重发展与邻国的合作，而不是指望得到其他大国的大量援助。考虑到经济实力和投资能力，中国和印度都能轻松满足尼泊尔对经济发展和国家繁荣的愿望。③

因此，由两大邻国——中国和印度分别主导的计划（主要包括经济方面）从根本上对尼泊尔有利，所以尼泊尔也对与两国合作热情满满。尼泊尔对加入"一带一路"倡议的热情主要源于尼泊尔国内的经济需要。另外，不仅仅是"一带一路"倡议，尼泊尔还是 BBIN 和 BIMESTEC 的主要利益攸关方，印度在后两者中起着更重要的激励作用。政治上，尼泊尔需要同时维持与中国和印度的密切联系。

---

① 叶海林，"印度南亚政策及对中国推进'一带一路'的影响"，《印度洋经济体研究》，2016 年 2 月，第 4~15 页.

② 2016 年，尼泊尔的外商直接投资总额达 10.6 亿美元（1 150 亿尼泊尔卢比），共计 2 959 个项目，为 192 851 人提供了就业岗位，资金来源国主要是印度（440.4 亿尼泊尔卢比）、中国（179.7 亿尼泊尔卢比）、韩国（86.2 亿尼泊尔卢比）以及美国（52.6 亿尼泊尔卢比）。资料来源：尼泊尔政府外交部.

③ 例如，在 2017 年 3 月 2~3 日于加德满都召开的尼泊尔投资峰会上，来自中国的投资者承诺向尼泊尔投资约 83 亿美元，占此次峰会上承诺投资总额的 61% 以上。这一数额远超印度的承诺投资额（3.17 亿美元），尽管印度目前是尼泊尔最大的贸易伙伴。参见 https://investmentsummitnepal.com.

尼泊尔加入"一带一路"倡议，主要是因为在决策和相关问题上受到战略和经济的驱使，以及这些问题对尼泊尔决定加入"一带一路"倡议起着同样关键的作用。

中国的经济和技术援助对尼泊尔的社会、经济发展产生了积极影响。中国的援助应更加契合尼泊尔的重点发展领域和发展战略。基础设施互联互通是实现可持续发展和共同繁荣的关键。中国的投资应以尼泊尔和中国的利益为先，加大对沿国界线分布的基础设施互联互通的投入。背后的原因很简单，那就是西方国家、甚至是南部邻国印度明显对发展尼中边界的基础设施兴趣寥寥。跨喜马拉雅山地区及其经济发展对尼泊尔和中国都具有深远的意义。两国越发认识到，经济欠发达的跨喜马拉雅山一带将面临巨大的安全挑战。

更为重要的是，尼泊尔经济迫切需要全球经济的刺激。尼泊尔经济已经与印度经济捆绑多年。从运输线或贸易线的角度，尼泊尔对印度的依赖已经损害了尼泊尔经济。2016 年尼中签署的过境运输协议从理论上结束了印度在尼泊尔的运输垄断。从这个意义上说，尼泊尔经济必须多样化，并在实践中发展新的形式。鉴于中国有能力投资尼泊尔，选择印度会让尼泊尔受到限制而且常常面临经济问题。由于印度本身缺少经济资源，所以它在尼泊尔的经济发展中似乎并不能起到带头作用。同样，印度投资项目在尼泊尔也受到了许多批评，因为大多数投资项目被推迟了几十年。关于"一带一路"倡议，尼泊尔并没有像印度一样对中国怀着矛盾的态度。中国不附带政治命令的经济参与模式，被认为比印度总理莫迪的"邻国优先"政策更加有效。① 因此，如果印度因自身的战略顾虑而选择阻碍"一带一路"倡议框架下的各个项目，但尼泊尔并不认同这一做法的话，即使印度可能有实力这样做，但结果将会引起尼泊尔人民更大的反感，从长远来看损害印度自己的利益。

### 是债务陷阱还是改变游戏规则的真正力量

尽管尼泊尔和中国近期在"一带一路"倡议框架下达成的各项协议主要突出

① Hannah E. Haegeland，"尼泊尔追随中国可能太迟了"，《国家利益》，2016 年 5 月 20 日，http：//nationalinterest. org/blog/the－buzz/nepals－pivot－china－may－be－too－late－16285？page＝2.

了地区合作的经济层面，还是有人对推荐方案的可行性或潜在效益存在些许疑虑。中国与小国家的经济合作，尤其是在"一带一路"倡议框架下的合作，引起了围绕大项目投资展开的严厉批判。在尼泊尔，有些人提出这种合作会带来真正的债务陷阱风险，也有很多人主要照搬邻国印度对"一带一路"倡议的态度，对此或批评或模棱两可。尼泊尔和中国将如何携手消除人们对债务陷阱风险的担忧呢？

尼泊尔加入了"一带一路"倡议项目，虽然认可和重点发展这一项目的过程十分艰难。在"一带一路"倡议框架下，中国将通过提供授信额度的方式帮助尼泊尔建设基础设施项目。批评家认为，"中国支持处于战略要地的发展中国家建设基础设施项目常常通过向其政府提供巨额贷款的方式，导致其中一些国家负债累累。"① 像尼泊尔这样经济不景气的小国家，可能因这一项目而背上对中国的债务。一些人提醒说，"近期来自新兴经济体的双边援助趋向于由进出口银行等渠道为资本投资提供贷款融资，而进出口银行这类机构在利率、贷款条件和还款期限以及采购条件等方面都不如世界银行、亚洲开发银行等传统的国际金融机构优惠。"② 此外，一些人对该项目更多地持怀疑态度，认为中国仅仅是想将尼泊尔作为向印度倾销其商品的通道。③

同样在此背景下，一方面，尼泊尔从战略上需要将"一带一路"倡议视为打破其对某一国家过度依赖的契机；另一方面，尼泊尔迫切需要基础设施投资，而这可以通过中国的援助来实现。尼泊尔应为其积极参与中国的倡议制订相应的战略计划，以期突破地区内国家的范围，将跨境互联、贸易、运输、投资和旅游的潜力发挥至最大，以防范本国可能面临的其他经济风险。当然，接受基础设施项目贷款本身并非坏事，但同样应将重点放在通过创造更多就业岗位和工作机会来

---

① Brahma Chellaney，"中国的债务陷阱外交"，《世界报业辛迪加》，2017 年 1 月 23 日，https：//www. project-syndicate. org/commentary/china-one-belt-one-road-loans-debt-by-brahma-chellaney-2017 – 01？barri-er = accessreg.

② Ram Sharan Mahat，"铁路思路"，《加德满都邮报》，2018 年 4 月 17 日，http：//kathmandupost. ekan-tipur. com/news/2018 – 04 – 17/train-of-thought. html.

③ Hari Bansh Jha，"建设中国、尼泊尔和印度走廊现实吗？"，《瑞辛纳辩论》，观察家研究基金会，印度，2017 年 6 月 6 日，http：//www. orfonline. org/expert-speaks/corridor-between-china-nepal-and-india-is-it-realistic/.

实现可持续经济增长上。从至少一个中等规模的项目开始运作可能更快地产生效果，从而尽早展现项目的可信度。为此，可以将尼中之间的跨境基础设施，尤其是铁路互联互通项目作为起点。

同时，尼泊尔迫切需要经济转型，从以汇款为驱动的增长转为以生产力和投资为驱动的增长。吸引和保留外商直接投资将成为尼泊尔未来经济增长的关键要素。尼泊尔国家计划委员会提出一项名为"尼泊尔2030愿景：良性持久的繁荣"的计划：到2030年，将尼泊尔建设成中等收入国家。为了实现这一核心愿景，需要大量的国内和国外投资，预计要调动70亿~80亿美元资金（其中国内投资和资助需要20亿~30亿美元，外国投资需要50亿~70亿美元）。[①] 由于尼泊尔缺少大量资金用于进行国家的基础设施建设，中国领导下的"一带一路"倡议将为尼泊尔经济发展所需的大量投资提供助力。

为了摆脱债务陷阱风险，尼泊尔应进一步强调探索两国可能的合作领域。每个项目均应符合尼泊尔的国家发展重点。比如尼泊尔具有显著的旅游优势，其优越的探险资源和虔诚的宗教信仰成为过去几十年中吸引全球各地无数游客前来观光的关键因素。尼泊尔的旅游优势主要在于其自然风光、文化资源和宗教遗产。根据尼泊尔移民局的数据，2017年尼泊尔共接待940 218名游客，其中包括16万名印度人和14万名中国人，彰显了其广阔的旅游业发展前景。然而，由于机场、道路、游客服务设施等基础设施供应不足，尼泊尔的旅游业潜力受到严重限制。在这方面，旅游业的开发远远不够，2014年对尼泊尔GDP的贡献率仅有3.8%。在基础设施需求未被满足的情况下，升级改造基础设施将推动尼泊尔旅游业的发展。

此外，在2017年，尼泊尔和中国签署了关于建设跨境经济特区的谅解备忘录，旨在促进两国间的贸易与投资。经济特区为降低债务陷阱风险提供了另一种可能的途径。特别是，尼泊尔可以将经济特区定位为制造中心，将其作为出口促进区或利用其满足国内需求，并创造就业机会。

---

① "尼泊尔2030愿景：良性持久的繁荣"，尼泊尔国家计划委员会（NPC），尼泊尔.

许多人认为过去没有一个政党能够在尼泊尔议会中占多数席位是导致尼泊尔一直以来政局不稳的原因所在，且因此阻碍了其经济发展进程。随着尼泊尔进入新的政治时期，加快经济发展势头和推动国家繁荣成为越发紧迫的现实问题。在这种情况下，"一带一路"倡议有可能科学地利用尼泊尔的自然资源，实现经济增长与繁荣的目标。

## 跨喜马拉雅山的互联互通在萌芽中

如上所述，尽管有群山相隔，在历史上尼泊尔和中国仍有很多的经济合作与交流。次区域合作便是"一带一路"倡议本身所包含的一个方面。

历史上，南亚和中国都是最大的政治经济体，对彼此都有至关重要的意义，但因为喜马拉雅山的阻隔，所以在地域上并不相连。到了现代，与其他地区相比，南亚对中国的重要性逐渐降低，因此南亚与中国之间的双边贸易在中国整体贸易中所占的比重很小。不过在21世纪，由于南亚是中国全球供应链上的一环，且整体发展潜力不容小觑，所以南亚的重要性不断提高。人口均超过10亿的中国和印度在全球政治经济中占据主导地位，他们的发展前景表明南亚对中国而言特别重要，也让这两个国家的当代关系具有了全球战略意义。[①] "一带一路"倡议启动后，南亚地区包括印度洋在动态上发生了重大的变化。

近年来，中国与南亚国家包括尼泊尔的往来主要是在贸易与投资方面，以及通过经济协议和双边合作方式增进与南亚国家的联系。在过去十年中，中国改善了与南亚国家的关系——目前中国是印度、巴基斯坦和孟加拉国最大的贸易伙伴，是斯里兰卡和尼泊尔的第二大贸易伙伴。因此，南亚国家纷纷被吸引加入中国提出的旨在加强经济合作的倡议。

与中国和其他（相邻）地区的合作相比，中国和南亚地区的地域连通性已经

---

① Jonathan H. Ping，"中国与印度邻国的关系：从避免威胁到另类发展机会"，《亚洲政治学学报》，2013年，第21卷，第1期，第21~40页．

落后。不过，令人乐观的是，中国计划通过"一带一路"倡议改善横跨亚洲的运输和贸易基础设施。中国的"一带一路"倡议包括陆路和海路基础设施，将在中国和南亚地区之间建设交通联络线。中国与该地区在基础设施开发方面的成功合作，将成为国际政治权力不断向"大亚洲区"转移的主要标志。① 除中巴经济走廊（CPEC）和孟中印缅（BCIM）外，"一带一路"倡议还包括开发一系列横跨南亚的新通路，即中印尼经济走廊（CINEC）。②

一开始，关于建立跨喜马拉雅山互联互通的主张具有其政治基础。2005 年，在多哈举行的第二届南方首脑会议上，尼泊尔提出将本国发展成连接中亚、南亚和东南亚的大陆桥。2010 年，在废除君主制后，尼泊尔前总理普拉昌达（Prachanda）进一步提出了中印尼三边战略关系的概念，称三方应考虑各自的利益并相互协作。同样，2015 年 6 月 25 日，在关于尼泊尔震后重建的国际会议的非正式会议期间，中国外交部长王毅在与印度外交部长苏诗马·斯瓦拉吉（Susma Swaraj）的会谈中提出中国有意与印度和尼泊尔携手，为尼泊尔的重建工作开展三边合作。③政治上，中国和尼泊尔领导人都对该三边机制持乐观态度，其中中国和印度可以建立合作框架，帮助尼泊尔发展经济。

尼泊尔正在建立若干南北公路走廊，有可能增进尼泊尔、中国和印度的互联互通。值得注意的是，已经几十年不通行的日喀则—吉隆公路最近再次开通了。这条路包含了直至 1960 年仍在使用的古代贸易路线。2014 年，吉隆港重建了新的基础设施，近期已升级为国际港口。同样，连接吉隆（中尼边境）和拉克奥尔（尼印边境）的公路也在加紧施工。

更重要的是，位于中尼边境的拉萨—日喀则—吉隆铁路线预计到 2020 年完

---

① BhaskarKoirala，"基础设施在中国和南亚区域合作联盟关系中的作用：合作实现共同繁荣"，《国际事务》，2009 年，第 1 卷，第 1 期，第 57 页.

② Rupak Sapkota，"一带一路"的尼泊尔角色：中印尼经济走廊展望，《中国国际问题研究》，卷 67，2017 年，第 6 期.

③ "王毅：中印就共同参与尼泊尔重建以及探讨中尼印三国经济走廊达成共识"，2015 年 6 月 25 日，http：//www. fmprc. gov. cn/mfa_ eng/wjb_ 663304/zzjg_ 663340/yzs_ 663350/gjlb_ 663354/2752_ 663508/2754_ 663512/t1276892. shtml.

工。① 尼泊尔对中国将铁路修到尼泊尔边境的做法大为赞赏，并希望将铁路线延伸至尼泊尔首都加德满都。为此，尼泊尔政府在其交通部下设立了专门的分支机构——铁路部。与此同时，尼泊尔表示愿意加入中国的"一带一路"倡议，而建设中尼跨境铁路线也成为了"战略合作"计划的一部分。② 包括智库在内的多家机构也就中尼跨境铁路的可行性出具了研究报告。③

对于尼泊尔希望将拉萨—日喀则—吉隆铁路延长至加德满都和蓝毗尼的想法，中国支持尼泊尔就此开展可行性研究。④ 报告显示，规划线路长达 550 公里，连接中国西藏地区和尼泊尔首都加德满都，耗资可能高达 80 亿美元。这条铁路线建成后，尼泊尔不但会在基础设施上获得巨大提升，而且将成为印度和中国的重要连接国，促进双边贸易与交流。⑤ 尼泊尔对该地区其他国家的贸易赤字也有可能因此减少。除此之外，作为中国和丝绸之路经济带上的其他国家通往南亚的门户，尼泊尔也可以在印度和南亚地区之间享有"国际枢纽"地位。如果用比较谨慎的表达，尼泊尔可以将自身定位成地区金融和贸易中心，以进一步抓住更多增长机会。与中国铁路联通将促进尼泊尔经济的全球化。一旦与中国互通，尼泊尔商品可以通过欧亚交通网络出口至国际市场。

中国本身在基础设施建设上具有比较优势，而印度的位置相对于尼泊尔而言，尤其在考虑到邻近特莱平原的情况下，更适合推进三个国家之间跨境互联互通项目。在中印尼走廊框架下，如果跨喜马拉雅山铁路真的建成，它将成为改变东亚和南亚之间贸易模式的壮举。⑥ 整个南亚都能从该铁路网中获益匪浅。三国和其他

---

① "中国科技助力喜马拉雅山隧道建设，使穿山铁路成为可能"，《中国日报》，2016 年 8 月 6 日.

② "王毅：将中尼合作伙伴关系提升到新高度"，2017 年 9 月 7 日，http：//www. fmprc. gov. cn/mfa_ eng/zxxx_ 662805/t1491758. shtml.

③ "中尼铁路可行性与中尼共建'一带一路'调研报告"，研究报告系列第 24 号，中国人民大学重阳金融研究院，2017 年.

④ 中工国际工程股份有限公司和中国铁建股份有限公司已经向尼泊尔铁路部申请建设加德满都－拉苏瓦（吉隆）铁路，并已完成详细项目报告。报告显示，连通吉隆和加德满都在技术上是可行的.

⑤ RupakSapkota，"中国—印度—尼泊尔三边主义：超越地缘政治的倡议"，《国际安全研究》，2016 年，第 34 卷，第 4 期，第 68－92 页.

⑥ Jeremy Garlick，"穿越喜马拉雅，通向繁荣的铁路线"，《环球时报》，http：//www. globaltimes. cn/content/1019562. shtml.

国家开展进一步战略合作的途径仍会完全开放。鉴于中国计划在"一带一路"倡议下改善亚洲的运输和贸易基础设施，因此前景是乐观的。

中国和尼泊尔之间的综合铁路网将成为跨喜马拉雅山经济走廊的重要组成部分，并将要进一步延伸到印度。拟修建的吉隆—加德满都（延伸至博克拉—蓝毗尼）铁路线有可能成为"一带一路"倡议框架下尼中双边合作的典范。在尼泊尔总理奥利访问中国期间，尼中签署了"关于开展铁路项目合作"的谅解备忘录。这是推进跨境互联互通建设的重要一步。

如上所述，在最初关于共同建设"一带一路"的文件中并没有将尼泊尔纳入直接连通的规划当中①，尽管后者有望通过中国西藏自治区加入新的丝绸之路项目。中国西藏自治区和尼泊尔之间的经济格局目前正在发生飞速的变化。② 20 世纪 90 年代初，中国政府推出了"西部大开发"政策，目的在于缩小中国沿海地区和广大西部内陆地区（包括新疆、宁夏、青海等）之间的发展差距。该政策的基本前提是南亚的和平、稳定与发展和中国西南部的稳定与发展密切相关。③ 如今，中国想要通过"一带一路"倡议为"西部大开发"政策增加一个新的支柱，④ 以便将其与邻国乃至西方国家的合作潜力发挥至最大。2015 年 1 月，在中国西藏自治区第十届人民代表大会第三次全体会议上，自治区政府宣布启动"环喜马拉雅经济合作带"项目，主要是为了与不丹、印度、尼泊尔三个邻国合作。⑤ 环喜马拉雅经济合作带是指在日喀则和拉萨的经济支持下，在西藏地区的樟木、吉隆和普兰建设港口。中国西藏自治区计划与上述国家合作，发展边境贸易，推动国际旅

---

① 参见"推动共建丝绸之路经济带和 21 世纪海上丝绸之路的愿景与行动"，国家发展和改革委员会，2015 年 3 月 28 日，http：//en. ndrc. gov. cn/newsrelease/201503/t20150330_ 669367. html.

② 例如，2011 年，西藏和尼泊尔的双边贸易额占西藏外贸总额的 70% 以上，http：//news. xinhuanet. com/english/business/2012 –07/15/c_ 131716978. htm.

③ 刘宗义，"中国与南亚区域合作联盟的经济关系：前景与障碍"，《国际问题研究》，2014 年 9 月/10 月刊，第 112 –113 页.

④ 赵明昊，"'一带一路'倡议及其对中欧关系的影响"，《国际观察家》，2016 年，DOI：10. 1080/ 03932729. 2016. 1235819.

⑤ "环喜马拉雅经济合作带项目即将启动"，2015 年 1 月 23 日，http：//eng. tibet. cn/news/ 1449501330103. shtml.

游，加强藏药和畜牧业等行业的发展。

过去数十年中，中国政府在西藏自治区已经逐步建立起完善的基础设施，这必将为"一带一路"倡议带来一定的优势。除公路外，中国西藏自治区还拥有不断扩大的一流铁路网，将在"一带一路"倡议中发挥尤为重要的跨国互联互通作用。在上一节已经提到，贸易路线是业已存在的，包括穿越喜马拉雅山、通过尼泊尔将中国和印度相连的古代丝绸之路的各个分支。因此，中国西藏将成为尼泊尔连接南亚和中亚国家的重要门户。此外，中国西藏的基础设施也为其建立南方丝绸之路新的分支提供了有利条件。

从战略上讲，"一带一路"倡议在南亚的建设举步维艰——孟中印缅经济走廊进展不大，同时中国不能低估围绕中巴经济走廊建设产生的相关风险。① 在这样的背景下，亟须考虑建立跨喜马拉雅山的互联互通，以推进中印尼经济走廊的发展。

## 结语

尼泊尔和中国在经济方面的合作与交流获得了显著提升。尤其是在"一带一路"倡议提出之后，这一趋势将不可逆转，并将进一步促进两国间的经济合作。

在"一带一路"倡议框架下推进合作是指加强尼中两国的经济发展、互联互通和社会文化交流。尼泊尔的地缘战略地位以及对地区经济和互联互通计划（如"一带一路"倡议、上海合作组织、亚洲基础设施投资银行）的参与，将改变当前的经济模式，成为其充分发挥地缘经济潜力的转型催化剂。中国在这些计划中对尼泊尔的重视表明，中国对尼泊尔的政策逐渐发生了变化，以前是将其视为边缘次区域，现在则将其视为一个重要邻国和战略核心区。中国将尼泊尔视为潜在的战略合作伙伴。对于尼泊尔而言，加入"一带一路"倡议必将推动其经济朝着更加多元化的方向发展。

---

① 林民旺，"中尼印经济走廊建设：战略价值及建设思路"，《现代国际关系》，2017 年 2 月，第 31 ~ 39 页.

强烈建议中尼两国通过寻求互补优势和共同利益，加强两国在发展愿景和战略上的合作与政策协调。双边交流不应仅限于两国政府机构之间，还应包括两国企业、行业、研究智库、媒体以及公众之间的交流。

在过去的十年，尼中两国之间的经济合作迅速发展。不过，跨境互联互通合作与两国关系在其他方面的发展相比仍处于较低水平。在基础设施需求未被满足的情况下，升级改造基础设施将推动尼泊尔整体经济发展。拟建设的吉隆—加德满都（延伸至博克拉—蓝毗尼）铁路线有可能成为"一带一路"倡议框架下尼中双边合作的典范。这条从日喀则通往加德满都的铁路只是这条关系链中的一环，但在建设跨喜马拉雅山互联互通的过程中却是至关重要的。

现在，长期政治动荡的局面已经结束，一党占多数席位的政府也已建立，似乎更有利于尼泊尔经济朝着更加多元化的方向发展。在此背景下，代表中国经济计划的"一带一路"倡议对尼泊尔而言是一次利用中国的援助实现基础设施现代化的机会。尼泊尔应该表明，愿意抓住中国"一带一路"倡议创造的这次机会。

# 参考文献

［1］达瓦萨珍，王发莉，才央卓玛."一带一路"背景下中国西藏与尼泊尔金融合作研究——基于跨境人民币业务视角［J］. 中国西藏大学学报（社会科学版），2017，32（04）：155－162.

［2］杨思灵，高会平."一带一路"：中国与尼泊尔合作的挑战与路径［J］. 南亚研究，2017（01）：121－155.

［3］Him lal Nyoupane."一带一路"倡议对中国外交政策的影响研究［D］. 吉林大学，2017.

［4］刘乃强. 尼泊尔，中国外交的新挑战［J］. 南风窗，2007（17）：26－27.

［5］蓝建学. 21世纪的中国—尼泊尔关系：国家利益的视角［J］. 南亚研究，2009（04）：24－34.

［6］李涛，高亮. 尼泊尔2017年大选及其影响［J］. 当代世界社会主义问题，2018（1）：82－90.

［7］林民旺. 印度、尼泊尔、中国，要选择合作共赢而非竞争博弈［J］. 世界知识，2016（04）：74.

［8］2018年6月13日外交部发言人耿爽主持例行记者会［EB/OL］. http：//aal-co-beijing. mfa. gov. cn/web/fyrbt_673021/t1568499. shtml.

［9］江村罗布，《中国西藏经济简史》.

［10］新华网：《中尼口岸小额贸易边贸活跃突破百亿元大关》，2015年2月3日.

［11］丰坤元. 浅析近现代中国西藏与尼泊尔边境贸易［J］. 中国国际财经（中英文），2018（02）：1－2.

[12] 潘俊宁. 关于中国西藏边境贸易的现状、问题及对策研究 [J]. 商贸纵横, 2015 (39)：115.

[13] 扎西, 普布次仁. 中国西藏边境贸易的历史演进与现实情况分析 [J]. 中国 西藏大学学报 (社会科学版), 2014, 29 (03)：1 – 7.

[14] 孙敏, 鲁同所, 刘重阳, 任晓飞, 朱隆. "一带一路"战略是中尼边境贸易 的新机遇 [J]. 北方经贸, 2017 (09)：16 – 18.

[15] 梁俊艳. 当代中尼贸易发展述论 [J]. 中国藏学, 2017 (03)：52 – 58.

[16] 徐萌萌. 中国与尼泊尔双边贸易研究 [D]. 东北财经大学, 2015.

[17] 张杰. 中国和尼泊尔贸易现状、问题及对策研究 [D]. 河北经贸大 学, 2014.

[18] 王培县, 董锁成, 刘欣. 立足南亚地缘战略 建设中尼陆路贸易通道 [J]. 中 国西藏研究, 2008 (01)：103 – 109.

[19] 杨思灵, 高会平. "一带一路"：中国与尼泊尔合作的挑战与路径 [J]. 南亚 研究, 2017 (01)：1 – 21 + 155.

[20] 易祥大, 李燕峰. 海外投资项目税收筹划与税收风险防范对策——以在尼泊 尔投资项目为例 [J]. 国际经济合作, 2016 (07)：67 – 70.

[21] 黄正多, 李燕. 中国—尼泊尔经贸合作：现状、问题与对策 [J]. 南亚研究 季刊, 2010 (04)：67 – 72 + 5.

[22] 宋志辉. 尼泊尔投资环境及中尼经贸现状分析 [J]. 南亚研究季刊, 2005 (03)：36 – 41 + 5.

[23] 中国自由贸易区服务网. http：//fta. mofcom. gov. cn.

[24] 尼泊尔工业、商业与供应部网站. http：//www. moc. gov. np.

[25] 中国外交部网站. http：//www. fmprc. gov. cn/web/.

[26] 世界贸易组织网站. https：//www. wto. org/.

[27] Brief on the activities of FTAWing [EB/OL]. https：//mincom. portal. gov. bd/site/page/e3690cae-ae3c – 49cd – 94e9 – 1c31c68920a5/FTA-Wing, 2017 – 06 – 22.

［28］商务部国际贸易经济合作研究院. 对外投资合作国别（地区）指南：尼泊尔（2017 年版）.［EB/OL］. http：//fec. mofcom. gov. cn/article/gbdqzn/, 2017.

［29］中华人民共和国商务部. 环孟加拉湾经合组织成员国自贸新一轮谈判昨起开幕［EB/OL］. http：//bd. mofcom. gov. cn/aarticle/jmxw/200709/20070905 136078. html, 2007 - 09 - 26.

［30］中尼签署共建"丝绸之路经济带"谅解备忘录［EB/OL］. http：//www. gov. cn/xinwen/2014 - 12/17/content_2792983. htm, 2014 - 12 - 17.

［31］中尼两国政府签署"一带一路"合作协议［EB/OL］. http：//np. mofcom. gov. cn/article/jmxw/201705/20170502575505. shtml, 2017 - 05 - 14.

［32］中华人民共和国政府和尼泊尔王国政府关于对所得避免双重征税和防止偷漏税的协定［EB/OL］. http：//www. fmprc. gov. cn/web/gjhdq_676201/gj_676203/yz_676205/1206_676812/1207_676824/t372313. shtml, 2001 - 05 - 14.

［33］中华人民共和国政府和尼泊尔政府关于边境口岸及其管理制度的协定［EB/OL］. http：//www. fmprc. gov. cn/web/wjb_673085/zzjg_673183/bjhysws_674671/bhfg_674677/t947970. shtml, 2012 - 01 - 14.

［34］中国央行和尼泊尔央行签双边结算协议［EB/OL］. http：//world. people. com. cn/n/2014/1224/c157278 - 26264483. html, 2014 - 12 - 24.

［35］习近平晤尼泊尔总统：愿同尼方尽快开启自贸协定谈判［EB/OL］. http：//fta. mofcom. gov. cn/article/chinanepal/chinanepalgfguandian/201504/21036 _ 1. html, 2015 - 03 - 30.

［36］中国与尼泊尔启动自贸协定联合可行性研究并签署谅解备忘录［EB/OL］. http：//fta. mofcom. gov. cn/article/chinanepal/chinanepalnews/201603/31018_1. html, 2016 - 03 - 22.

［37］国务院关税税则委员会关于给予科摩罗联盟等 8 个最不发达国家 97% 税目产品实施零关税的通知［EB/OL］. http：//gss. mof. gov. cn/zhengwuxinxi/zhengcefabu/201511/t20151123_1577037. html, 2015 - 11 - 19.

［38］尼泊尔海关管理规章制度［EB/OL］. http：//np. mofcom. gov. cn/article/

ddfg/sshzhd/201608/20160801376374. shtml，2016 – 08 – 10.

［39］商务部国际司负责人解读中国—马尔代夫自由贸易协定［EB/OL］. http：// fta. mofcom. gov. cn/article/chinamedf/chinamedfnews/201712/36400 _ 1. ht-ml，2017 – 12 – 08.

［40］商务部：将扩大电信行业的对外开放［EB/OL］. http：//www. cww. net. cn/article? id = 429196，2018 – 03 – 27.

［41］Posh Raj Pandey，RatnakarAdhikari and SwarnimWaglé. Nepal's Accession to the World Trade Organization：Case Study of Issues Relevant to Least Developed Coun-tries ［EB/OL］. https：//www. un. org/development/desa/dpad/wp – content/uploads/sites/45/publication/CDP – bp – 2014 – 23. pdf，2014 – 11.

［42］中华人民共和国服务贸易具体承诺减让表［EB/OL］. http：//www. gov. cn/gongbao/content/2017/content_5168131. htm，2002 – 01.

［43］中尼签署《中华人民共和国政府和尼泊尔政府关于促进投资与经济合作框架协议》［EB/OL］. http：//www. mofcom. gov. cn/article/ae/ai/201708/20170802628211. shtml，2017 – 08 – 17.